MAXIMUM RIDE

OPERATION ANGEL

JAMES PATTERSON

MAXIMUM RIDE

OPÉRATION ANGEL

Tome 1

TRADUIT DE L'ANGLAIS (ÉTATS-UNIS)
PAR AUDE LEMOINE

HACHETTE

L'édition originale de ce roman a paru en langue anglaise sous le titre :

MAXIMUM RIDE : THE ANGEL EXPERIMENT

First published by Little, Brown and Company, New York, NY.
Published by arrangement with Linda Michaels Limited,
International Literary Agents.
Produced by 17th Street Productions, an Alloy company.

Maximum Ride logo design by Jon Valk.
Jacket image of girl © Kamil Vojnar/PHOTONICA, birds © Kamil Vojnar,
city © Roger Wood/CORBIS, lightning © Royalty-Free/CORBIS.

Hachette Livre, 43 quai de Grenelle, 75015 Paris.

Avertissement

Sachez qu'en lisant cette histoire vous allez instantanément faire partie de l'expérience.

Je sais que ça a l'air un peu mystérieux, mais c'est tout ce que je peux vous dire pour le moment.

Signé : Max

Prologue

Félicitations. Si vous lisez ceci, c'est que, sans le savoir, vous venez de mettre toutes les chances de votre côté pour rester en vie jusqu'à votre prochain anniversaire. Vous ! Oui, *vous*, là ! Vous qui êtes en train de feuilleter ce livre. Ne le remettez pas là où vous l'avez pris. Je ne rigole pas. Si vous tenez à la vie, ne faites pas ça.

Ceci est mon histoire, l'histoire de ma famille, mais ça pourrait aussi bien être la vôtre. On est tous dans le même bain ici, croyez-moi.

C'est la première fois que je fais ça, alors disons que je vais tout simplement me lancer et vous, essayez de suivre, OK ?

Bon. C'est parti. Je m'appelle Max. J'ai quatorze ans. Je vis avec ma famille, cinq gosses avec lesquels je n'ai aucun lien de sang, mais qui font quand même partie de ma famille.

On est... c'est-à-dire... on est plutôt extraordinaires. Ce n'est pas pour me vanter, mais on ne ressemble à rien de ce que vous connaissez.

On est cool, on est sympas, on est intelligents et tout ça, mais en même temps, on n'est vraiment pas comme tout le monde. Tous les six – Fang, Iggy, Nudge, Gazzy, Angel et moi –, on a été fabriqués de toutes pièces par les « scientifiques » les plus malades et les plus monstrueux que vous puissiez imaginer. Nous sommes le fruit d'une de leurs expériences. Cette expérience a fait de nous des êtres à 98 % humains. Et je peux vous dire que les 2 % restants font toute la différence.

On a grandi dans des cages, faits comme des rats, au sein d'un endroit baptisé « l'École » et situé à mi-chemin entre un laboratoire et une prison. C'est plutôt incroyable qu'on arrive à penser ou à parler. Mais c'est pourtant vrai. On peut également faire des tas d'autres choses.

À l'École, ils ont aussi inventé des créatures moitié hommes, moitié loups. Ce sont des prédateurs. On les appelle les Erasers. Ils sont coriaces et rusés et difficiles à contrôler. Ils ressemblent à des hommes, mais ils sont capables de se transformer en loups quand ils en ont envie, et ils ont des poils, des crocs, des griffes et tout et tout. L'École s'en sert comme gardiens, policiers et... nettoyeurs. Des tueurs quoi !

Pour eux, nous sommes six cibles vivantes, des proies suffisamment intelligentes pour qu'ils prennent du bon temps en nous pourchassant. En bref, ils veulent nous trancher la gorge, nous arracher la tête et veiller à ce que personne au monde ne découvre notre existence.

Mais ça ne va pas se passer comme ça. Je ne me laisserai pas faire. La preuve, c'est que je suis en train de tout *vous* raconter, là.

Cette histoire pourrait être la vôtre ou celle de vos enfants. Peut-être pas aujourd'hui ni demain, mais un jour. Oui, un jour prochain. Alors je vous en supplie, prenez-la au sérieux. Je risque gros en vous parlant, mais il faut que vous sachiez.

N'arrêtez pas de lire. Ne laissez personne vous interrompre.

Ma famille : Fang, Iggy, Nudge, le Gasman, Angel et moi, Max.

Bienvenue dans notre cauchemar.

1ère Partie

Peur sur le Nid

1

C'est drôle comme le fait d'être sur le point de mourir remet drôlement les idées en place. Maintenant, par exemple :

Cours ! Allez, vas-y ! Tu peux le faire.

J'ai gonflé mes poumons à bloc. Mon cerveau bouillonnait. Je courais pour ne pas mourir. Je n'avais qu'une idée en tête : m'échapper. Tout le reste n'avait aucune importance.

Avoir les bras déchiquetés par un buisson d'épines ? De la gnognotte.

Marcher pieds nus sur des rochers tranchants, de grosses racines et des branches d'arbres pointues ? Aucun problème.

Manquer d'air et sentir mes poumons qui brûlent ? Je pouvais gérer.

En tous les cas, tant que je maintenais les Erasers à distance.

Oui, les Erasers. Des mutants : mi-hommes, mi-loups, généralement armés et toujours assoiffés de sang. À ce moment-là, ils me couraient après.

Vous voyez ? Ça remet vachement les idées en place, hein ?

Cours. Tu es plus rapide qu'eux. Plus rapide que n'importe qui.

Je ne m'étais jamais autant éloignée de l'École. J'ignorais complètement où j'étais. Mais mes bras continuaient de s'agiter le long de mon corps, mes pieds s'abîmaient dans les broussailles et mes yeux balayaient d'un regard anxieux le paysage plongé dans la pénombre. Je courais plus vite qu'eux. Je devais pouvoir trouver une clairière suffisamment grande pour me...

Oh, non ! Nonnnnnnnnnnnnnn ! Les glapissements lugubres des limiers flairant ma piste me sont parvenus entre les arbres. J'avais envie de vomir. Je pouvais semer des hommes en courant. On pouvait tous le faire, même Angel, du haut de ses six ans. Mais un gros chien ? Aucun d'entre nous ne pouvait le semer.

Allez-vous-en, les chiens ! Fichez le camp ! Laissez-moi vivre un jour de plus.

Ils se rapprochaient. Une faible lumière filtrait à travers les bois devant moi. Une clairière ? *Pitié, je vous en supplie... faites que ce soit une clairière.* J'étais peut-être sauvée.

Je me suis élancée entre les arbres, haletant, ma peau luisant sous des gouttes de sueur glacées.

Yes !

Non ! Nooooooooonnnnnnnnnnn !

J'ai fait un dérapage et me suis arrêtée net. J'ai agité les bras pour ne pas tomber en avant et j'ai tenté de faire marche arrière sur le chemin boueux et rocailleux.

Ce n'était pas une clairière. Devant moi, un mur de pierre tombait à pic dans le vide, sur des centaines de mètres. J'étais au bord d'un précipice.

Derrière moi : les bois, pleins de limiers surexcités en train de baver et d'Erasers psychopathes armés.

Devant. Derrière. Ça revenait au même : ça sentait mauvais.

Les chiens jappaient avec excitation. Ils avaient mis la patte sur leur proie : *moi*[1].

Je me suis penchée au-dessus du précipice.

Je n'avais vraiment pas le choix. À ma place, vous auriez fait pareil.

J'ai fermé les yeux, ouvert les bras... et je me suis laissée tomber.

J'ai entendu les Erasers rugir de fureur pendant que les chiens aboyaient, hystériques, et puis je n'ai plus entendu que le bruit de l'air fouettant mes oreilles.

L'espace d'une seconde, c'était vraiment tranquille. J'ai même souri.

Ensuite, j'ai pris une grande inspiration et j'ai déployé mes ailes, aussi grand et vite que j'ai pu.

L'air s'est engouffré en elles. Dans leurs quatre mètres d'envergure, claires avec des raies blanches et des points marron comme des taches de rousseur dessus. J'ai tout de suite été happée vers le haut. On aurait dit que mon parachute invisible venait de s'ouvrir. *Ouhoooooou !*

Note pour plus tard : ne plus déployer mes ailes comme ça, en un coup.

1. En français dans le texte.

Mon corps tout entier tressaillait. J'ai poussé vers le bas de toutes mes forces, puis j'ai levé mes ailes avant de pousser à nouveau vers le bas.

Oh là là ! J'étais en train de *voler*, exactement comme dans mes rêves.

Le fond du précipice, nappé de brouillard, s'est effacé sous moi. J'ai ri et me suis envolée très haut, sentant mes muscles travailler, l'air siffler à la surface de mes plumes et le vent frais sécher les gouttes de sueur sur mon visage.

Je suis montée en flèche au-dessus du précipice, survolant la meute effarouchée et les Erasers, furieux.

L'un d'entre eux, couvert de poils sur le visage, les crocs dégoulinant, a levé son arme. Un faisceau lumineux a marqué d'un point rouge ma chemise de nuit déchirée. *Pas aujourd'hui, pauvre crétin*, ai-je pensé en virant brusquement à l'ouest de sorte qu'il ait le soleil dans les yeux, dans ses yeux fous de rage.

Je ne meurs pas aujourd'hui.

2

Je me suis réveillée en sursaut, la main sur le cœur.

Je n'arrivais pas à quitter ma chemise de nuit des yeux. Pas de trace de laser rouge, pas d'impacts de balles. Je me suis laissée retomber sur mon lit, soulagée.

Ce que je pouvais détester ce rêve ! C'était toujours le même : je m'étais enfuie de l'École, j'étais pourchassée par les Erasers et par des chiens, je tombais dans un précipice lorsque tout à coup, zoum ! vlan ! mes ailes se déployaient et je m'échappais en volant. Chaque fois, c'est sur cette sensation de passer à un cheveu de la mort que je me réveillais.

Note pour plus tard : dire deux mots à mon subconscient pour faire des rêves plus beaux.

Il faisait frais, mais je me suis forcée à sortir de mon lit douillet. J'ai enfilé des vêtements propres.

Incroyable ! Nudge avait rangé le linge de la dernière lessive.

Tout le monde dormait encore : j'avais quelques minutes à moi, tranquilles, pour bien commencer la journée.

En allant dans la cuisine, j'ai jeté un œil par les fenêtres de l'entrée. J'ai toujours adoré cette vue : les premiers rayons du soleil léchant la crête des montagnes, le ciel dégagé, les ombres profondes, le sentiment d'être complètement seule, sans la moindre trace d'étrangers.

Ma famille et moi, on habitait dans les hauteurs, sur une montagne, en sécurité.

Notre maison avait la forme d'un E, tourné de l'autre côté. Les pattes du E étaient placées en cantilever sur des pilotis surplombant un canyon escarpé, aussi, quand je regardais par la fenêtre, j'avais l'impression de flotter. Sur une échelle de génialité de 1 à 10, cette maison atteignait facilement 15.

Ici, ma famille et moi, on pouvait être nous-mêmes. Ici, on pouvait vivre en liberté. Et je dis bien « *liberté* » par opposition à « captivité », au temps où l'on vivait dans des cages.

C'est une longue histoire. J'y reviendrai plus tard.

Et bien sûr, le top du top, c'est qu'ici, il n'y avait pas d'adultes. Lorsqu'on a emménagé, Jeb Batchelder s'est occupé de nous. Il a été un vrai père pour nous. C'est lui qui nous a sauvés. Aucun de nous n'avait de parents, mais Jeb a fait de son mieux pour les remplacer.

Cela faisait deux ans qu'il avait disparu. Je savais qu'il était mort, on le savait tous, mais on n'en parlait pas. Nous étions seuls, entièrement livrés à nous-mêmes.

Ouais ! Personne pour nous dire quoi faire, quoi

manger, quand aller nous coucher. Enfin, personne sauf moi. Je suis la plus âgée, alors j'essaie de faire tourner la maison comme je peux. Ce n'est pas un boulot facile et c'est plutôt ingrat, mais il faut bien que quelqu'un le fasse.

On ne va pas non plus à l'école, alors *merci* Internet parce que sans ça, on n'y connaîtrait rien à rien ! En tout cas, pas d'école, pas de médecin, pas d'assistance sociale qui frappe à la porte. C'est simple : tant que le monde ignore notre existence, on reste en vie.

Je fouinais dans la cuisine à la recherche d'un truc à manger lorsque j'ai entendu quelqu'un à moitié endormi traîner les pieds.

— 'jour, Max.

3

— Bonjour, Gazzy, ai-je répondu comme il s'écroulait sur la table, les paupières à demi fermées.

Je lui ai passé la main dans le dos et l'ai embrassé sur le haut de la tête. Gazzy a huit ans.

On l'appelle le Gasman[1] depuis qu'il est tout bébé. Qu'est-ce que vous voulez que je vous dise ? Il a un truc qui cloche dans le bide et ça pue !!! C'est horrible ! Un bon conseil : restez toujours face au vent.

Le Gasman m'a observée en clignant des yeux, des yeux d'un splendide bleu, tout ronds, tout confiants.

— Qu'est-ce qu'on mange ? m'a-t-il demandé en se redressant sur sa chaise.

Ses fins cheveux blonds qui se dressaient en bataille

1. En français, « Monsieur Prout » par exemple.

sur son crâne me faisaient penser au duvet qui recouvre les plumes d'un oisillon.

— Euh... c'est une surprise.

En fait, je n'en avais pas la moindre idée.

— Je vais nous servir du jus d'orange, a proposé le Gasman.

Et là, j'ai senti mon cœur se gonfler d'amour. C'était un gamin absolument adorable. Sa petite sœur aussi d'ailleurs. Angel, six ans, et lui étaient les seuls frères de sang parmi nous, mais nous étions tous de la même famille malgré tout.

Un peu après, ça a été au tour d'Iggy de se traîner jusqu'à la cuisine. Iggy, grand et pâle. Les yeux clos, il s'est affalé sur notre canapé miteux. En plein milieu. Les seules fois où ça lui pose un problème d'être aveugle, c'est quand l'un d'entre nous oublie ce « petit » détail et déplace les meubles ou un truc dans le genre.

— Hé, oh ! Ig ! Réveille-toi ! lui ai-je lancé.

— Lâche-moi, a-t-il marmonné, encore endormi.

— Tant pis pour toi ! Tu n'auras pas de petit déjeuner.

J'étais en train d'étudier ce qu'il y avait dans le réfrigérateur, pleine de faux espoirs – la fée du frigo était peut-être passée pendant la nuit –, lorsque j'ai senti ma nuque me picoter. Je me suis redressée aussitôt et j'ai fait volte-face.

— Tu vas arrêter, oui ou non ? me suis-je énervée.

On n'entendait jamais arriver Fang. C'était comme s'il tombait du ciel. Il m'a toisée, calme, frais et dispos, déjà habillé et coiffé, ses cheveux noirs, trop longs, rejetés en arrière. Il avait quatre mois de moins que moi, mais il me dépassait de dix centimètres déjà.

— Arrêter quoi ? a-t-il interrogé calmement. De respirer ?

J'ai levé les yeux au ciel.

— Oh, arrête ! Tu sais bien.

Iggy s'est redressé en grognant, l'air étonné, avant d'annoncer :

— Je vais faire des œufs.

Je suppose que si j'étais un peu plus « femme aux fourneaux », ça m'ennuierait qu'un mec *aveugle*, de six mois mon cadet, sache mieux cuisiner que moi. Mais ce n'est pas mon cas. Alors ça ne m'a pas dérangé.

J'ai balayé du regard la cuisine. Tout roulait presque comme sur des roulettes.

— Fang ! Je te laisse mettre la table. Moi, je vais chercher Nudge et Angel.

Les deux filles partageaient la petite chambre du fond. J'ai poussé la porte. Nudge, onze ans, dormait encore, enroulée dans ses couvertures. Elle était méconnaissable quand elle avait la bouche fermée comme ça, ai-je pensé, avec ironie. Une fois réveillée, ce serait « Nudge FM » en continu. C'est ainsi qu'on l'appelait : « Nudge FM », la radio 100 % Nudge.

— Hé, ma puce, réveille-toi, lui ai-je dit en la secouant tout doucement par l'épaule. On passe à table dans dix minutes.

Nudge a battu des paupières, dans une tentative de fixer ses yeux marron sur moi.

— Hummmmmmmm, quoi ? a-t-elle marmonné.

— Le soleil vient de se lever, encore une belle journée..., lui ai-je chantonné. Il va falloir te faire à l'idée !

Nudge s'est dépliée, façon accordéon, dans un grognement. Techniquement, elle se tenait droite, mais elle donnait quand même encore l'impression d'être chiffonnée.

Dans le coin opposé de la pièce, Angel était cachée par un rideau fin. Elle a toujours adoré les petits nids douillets, Angel. Oui, son lit, bien recouvert par le rideau, ressemblait vraiment à un nid, encombré de nounours, de livres et de la plupart de ses vêtements. J'ai souri et tiré le rideau.

— Ben, t'es déjà habillée ? ai-je constaté en me penchant vers elle pour l'embrasser.

— Bonjour, Max, a-t-elle fait tandis qu'elle dégageait ses boucles blondes de son col. Tu peux attacher mes boutons ?

— Ouais, 'sûr !

Je l'ai tournée, dos face à moi, et j'ai commencé à boutonner.

Je ne l'avais jamais dit aux autres mais Angel était ma préférée. J'étais dingue d'elle. Je l'*adorais* littéralement. C'est peut-être parce que je m'en étais occupée depuis qu'elle était bébé ou presque. Ou bien parce qu'elle était tout simplement à croquer et très affectueuse aussi.

— C'est peut-être parce que je suis un peu comme ta fille, a-t-elle lancé en se tournant pour m'observer. Mais ne t'inquiète pas, Max. Je le dirai à personne. Et puis, moi, c'est pareil, tu es ma préférée.

Elle a jeté ses petits bras maigres autour de mon cou et m'a collé un gros bisou sur la joue. À mon tour, je l'ai serrée dans mes bras. Très fort. Ah oui, j'allais oublier : c'est une autre particularité d'Angel.

Elle lit dans les pensées.

4

— Aujourd'hui, j'ai envie d'aller ramasser des fraises, a déclaré Angel, bien décidée, alors qu'elle s'apprêtait à engloutir une pleine cuillerée d'œufs brouillés. C'est maintenant qu'il faut y aller : elles sont mûres.

— Ça marche pour moi, Angel, je viens avec toi, a dit le Gasman.

Et au même moment, il a lâché une de ses traditionnelles caisses puis il s'est mis à rigoler.

— Oh, la vache, Gazzy ! j'ai fait.

— Masque à... gaz ! s'est exclamé Iggy d'une voix étranglée, la main autour du cou comme s'il s'asphyxiait.

— J'ai fini de manger, a sorti Fang en se levant tout à coup pour aller porter son assiette dans l'évier.

— Excusez, a prononcé le Gasman machinalement, tout en continuant d'avaler.

— Tu as raison, Angel, a approuvé Nudge. Je crois qu'un peu d'*air frais* ferait du bien à tout le monde. Je viens aussi.

— On y va tous, ai-je conclu.

Dehors, il faisait vraiment beau. Le ciel était dépourvu du moindre nuage et l'on sentait les premières chaleurs de mai. Avec nos seaux et nos paniers, on marchait dans le sillon d'Angel qui nous conduisait à un repaire où les fraises des bois pullulaient.

Elle me tenait la main.

— Si tu fais un gâteau, je peux faire une tarte sablée aux fraises, a-t-elle lancé gaiement.

Là, j'ai entendu Iggy dire :

— Ce n'est pas demain la veille que Max fera un gâteau ! Je le ferai, moi, ton gâteau, Angel.

Mon sang n'a fait qu'un tour.

— Oh ! Merci ! D'accord, je ne suis peut-être pas une super cuisinière, mais je peux tout de même te botter les fesses ! Compris ?

Iggy riait, les mains en l'air, en signe que ce n'était pas lui. Nudge se retenait de pouffer. Même Fang souriait tandis que le Gasman arborait cet air... malicieux.

— C'était *toi* ? lui ai-je demandé.

Il a souri et haussé les épaules, s'efforçant de ne pas avoir l'air trop satisfait de lui. Le Gasman devait avoir trois ans quand je me suis aperçue qu'il pouvait imiter à peu près tous les bruits et les voix possibles et imaginables. Je ne me souvenais plus du nombre de fois où Iggy et Fang s'étaient bagarrés avec Gazzy à cause de trucs qu'il avait dits en imitant leur voix. Il maniait avec beaucoup de plaisir ce don pervers, un de ces talents bizarres comme nous en avions tous. Quoi qu'ils fussent, ils rendaient notre vie cent fois plus intéressante, c'est certain.

À côté de moi, Angel s'est figée dans un hurlement.

Saisie, je l'ai regardée fixement. La seconde d'après, des hommes au museau de loup, aux canines immenses et aux yeux rouges, brillants sont tombés du ciel comme des araignées. Les Erasers ! Et cette fois-ci, je n'étais pas en train de rêver.

5

On n'avait pas le temps de réfléchir. Jeb nous avait appris à agir, pas à réfléchir. Je me suis jetée sur un Eraser. J'ai pris de l'élan en tournant sur moi-même et je lui ai allongé un solide coup de pied dans la cage thoracique. Le souffle coupé, il a craché un « ah ! » Son haleine empestait. Une odeur d'eaux d'égout croupies au soleil.

Après ça, tout s'est passé comme dans un film – une poignée d'images superposées qui avaient tout sauf l'air réel. J'ai flanqué un nouveau coup, mais un Eraser m'a frappée si fort que ma tête a claqué en tournant violemment. J'ai senti le sang jaillir dans ma bouche. Du coin de l'œil, je pouvais voir Fang. Il donnait le change à un Eraser. Mais bientôt ils s'y sont mis à trois contre lui et je l'ai vu disparaître sous des mains couvertes de griffes qui battaient l'air.

Iggy était toujours debout, mais il avait un œil fermé tellement il était gonflé.

Le choc passé, je me suis remise debout, quand j'ai aperçu le Gasman qui gisait face contre terre, inconscient.

J'ai fait un bond vers lui, mais deux Erasers me sont tombés dessus et m'ont coincé les bras derrière le dos. Tout de suite, un troisième s'est penché vers moi, les yeux rouges, luisants d'excitation, les mâchoires pleines de crocs, la gueule ouverte. Pour prendre de l'élan, il a reculé son coude en serrant son poing, puis il me l'a enfoncé dans le ventre. Une douleur insoutenable a irradié en moi. Je me suis pliée en deux avant de tomber comme une pierre.

J'entendais vaguement Angel crier et Nudge pleurer.

Lève-toi ! me suis-je ordonné tout en cherchant à reprendre ma respiration. *Debout !*

Pour des gosses, on est très forts. Comme on est mutants, on est bien, bien plus forts que les adultes en général. Mais les Erasers ne sont *pas* des adultes « en général ». En plus, ils étaient plus nombreux que nous. On était de la véritable pâtée pour chiens. J'ai pris appui sur mes mains et mes pieds pour me relever, en me retenant de vomir.

J'avais les jambes qui flageolaient et des envies de meurtre. Deux Erasers tenaient Nudge par les mains et les pieds. Ils l'ont balancée très fort et l'ont envoyée valser tête la première contre un arbre. Je l'ai entendue pousser un petit cri de douleur, puis elle n'a plus bougé, roulée en boule au milieu des aiguilles de pin.

J'ai poussé un rugissement rauque mais le sang, dans

ma bouche, l'a étouffé. Puis j'ai bondi sur un Eraser et j'ai plaqué mes mains d'un coup sec sur ses oreilles poilues. Il a mugi lorsque ses tympans ont éclaté et il est tombé à genoux.

— Max ! a braillé Angel d'une voix aiguë, terrifiée.

J'ai pivoté sur moi-même en un éclair : un Eraser la tenait par les bras. Je suis partie en flèche dans sa direction, sautant par-dessus Iggy, étendu sur le sol, inconscient lui aussi. Deux Erasers m'ont agrippée et m'ont jetée à terre. L'un d'entre eux me retenait en appuyant de toutes ses forces son genou sur ma poitrine. J'avais du mal à respirer. Comme je résistais, l'un d'eux m'a giflée violemment, laissant la marque profonde de ses griffes cassées sur ma joue.

Sonnée, je suis retombée en arrière. Les deux Erasers me clouaient toujours à terre, quand, incrédule, j'ai eu une vision d'horreur : trois autres Erasers fourraient Angel, mon bébé, dans un gros sac. Elle pleurait, elle hurlait, si fort que l'un d'entre eux l'a frappée.

Je me suis débattue comme une folle et j'ai également essayé de crier. Seulement, tout ce qui est sorti de ma bouche fut un sanglot rauque, inachevé.

— *Lâchez-moi*, espèces d'enfoirés de...

Mais ils m'ont à nouveau plaquée au sol.

Un Eraser s'est penché sur moi avec un sourire immonde.

— *Max !* (Mon estomac s'est serré. Est-ce que je le connaissais ?) Ça fait plaisir de te revoir, a-t-il continué sur le ton de la conversation. On dirait que tu t'es fourrée dans une belle merde. Si tu voyais ta tête ! Ma parole, pour quelqu'un qui s'en sortait tout le temps mieux que tout le monde, c'est une sacrée nouvelle. Une sacrément bonne nouvelle même.

— Qui êtes-vous ? ai-je interrogé d'une voix entrecoupée, frissonnant sous l'effet de la vague glaciale qui m'envahissait.

L'Eraser a souri. Dans sa bouche, il y avait à peine assez de place pour contenir toutes ses longues dents pointues.

— Tu ne me reconnais pas ? Je suppose que j'ai changé en grandissant.

Tout à coup, j'ai écarquillé les yeux de terreur : je l'avais reconnu.

— Ari, ai-je murmuré.

Il s'est mis à rire comme un taré. Puis il s'est levé. J'ai vu ses énormes bottes noires s'approcher à hauteur de ma tête. Il m'a frappée violemment et tout est devenu noir.

Comment un truc pareil a-t-il pu arriver ? C'est la dernière chose à laquelle j'ai pensé avant de sombrer. Ari était le fils de Jeb. Ils en avaient fait un Eraser. Il n'avait que sept ans.

6

— Max ? a appelé le Gasman d'une voix qui trahissait son jeune âge et à quel point il était terrifié.

Une plainte étouffée mais horrible est parvenue jusqu'à mes oreilles quand j'ai soudain réalisé qu'elle venait de moi.

Le Gasman et Fang m'observaient, penchés, debout, à côté. Sous les traces de sang et les bleus qui marquaient leur visage, je pouvais lire leur inquiétude.

— Ça va, ça va, ai-je maugréé, sans même savoir si c'était vrai.

C'est alors que j'ai subitement retrouvé la mémoire et j'ai tenté de me redresser pour m'asseoir.

— Où est Angel ? ai-je demandé, d'une voix tendue.

Le regard sombre de Fang a rencontré le mien.

— Ils l'ont emmenée.

J'ai bien cru que j'allais m'évanouir une seconde fois. Je me suis souvenue de l'époque où j'avais neuf ans. Dans la pénombre, je regardais les Erasers par la fenêtre en verre armé du laboratoire. Les « blouses blanches » avaient libéré des chimpanzés dans l'École et ils avaient lancé de jeunes Erasers à leurs trousses pour leur apprendre à chasser.

J'entends encore les cris de terreur et de douleur des singes.

Angel était entre les mains de ces monstres à présent.

Un flot de haine m'a envahie : pourquoi ne pas m'avoir capturée, moi ? Pourquoi une petite fille ? *Moi*, j'aurais peut-être pu m'en sortir. Peut-être.

Je me suis levée en chancelant. J'avais la tête qui tournait et j'ai dû prendre appui contre Fang. Je trouvais ma faiblesse insupportable.

— Il faut qu'on aille la chercher, ai-je déclaré sur-le-champ, alors que je cherchais à rester droite. Il faut qu'on aille la chercher avant qu'ils...

Des cauchemars éveillés me traversaient l'esprit – flashs dans lesquels Angel était pourchassée, torturée, tuée. J'ai chassé ces images en déglutissant un bon coup.

— OK, les mecs. Rassemblement : prêts pour une chasse aux loups ? ai-je lancé en les examinant tous les quatre.

On aurait cru qu'ils étaient passés sous un rouleau compresseur.

— Oui, a répondu Nudge d'une voix étouffée par les larmes.

— J'en suis, a fait Iggy avec sa lèvre fendue qui voilait sa voix.

Le Gasman m'a considérée en hochant la tête d'un air solennel.

De chaudes larmes – l'enfer ! – ont troublé ma vue pendant un instant. Je les ai essuyées en vitesse, d'un revers de la main, et j'ai convoqué ma colère pour me donner du courage.

Au même moment, Iggy a légèrement relevé la tête. J'ai compris que ça voulait dire qu'il fallait tendre l'oreille. Et puis je l'ai entendu à mon tour : un bruit de moteur au loin.

— *Là*, s'est écrié Iggy en pointant du doigt l'endroit d'où venait le bruit.

Tous les cinq, on s'est précipités par là avec maladresse. À cent mètres, dans les bois, le terrain descendait en pente raide sur une vieille route d'exploitation forestière abandonnée, un demi-kilomètre plus bas.

C'est là que je l'ai vu : un Hummer[1] couvert de poussière et de boue qui avançait, cahotant fortement sur un chemin de terre. Mon cœur battait la chamade. Je savais, j'en étais persuadée, que mon bébé, ma petite Angel, était à l'intérieur. En route vers la mort. Une mort qui semblerait bien douce en comparaison avec tout ce qu'elle allait subir entre les murs de l'École.

Je n'allais pas rester sans rien faire. Je n'allais pas les laisser tuer Angel, pas tant que je serais en vie.

— Allons la chercher ! ai-je décrété avant de reculer de trois mètres.

Les autres se sont rapidement écartés pour me faire de la place alors que je m'élançais vers le bord pour sauter dans le vide.

J'ai commencé à tomber en chute libre vers la route.

---

1. Véhicule quatre roues motrices utilisé autrefois par les militaires mais aujourd'hui reconverti en 4 × 4 au look très « sport » mais familial.

Ensuite, j'ai déployé mes ailes d'un coup et le vent s'est engouffré en elles.

Je volais.

7

Vous comprenez maintenant pourquoi il est difficile de faire la différence entre le cauchemar que je vous ai raconté tout à l'heure et la réalité de ma vie. Parce que du temps de l'École, ma famille et moi, on vivait vraiment dans un trou pourri, un véritable repaire du Diable. Là-bas, les blouses blanches, ces scientifiques cinglés dont je vous ai déjà parlé, ont greffé de l'ADN d'oiseau sur nos gènes d'homme. Il était une fois un type qui s'appelait Jeb et qui était une blouse blanche lui aussi. Mais un jour, il avait eu pitié de nous et il nous avait aidés à nous échapper et s'était occupé de nous.

J'ai poussé très fort sur mes bras, avant de les lever très haut. Les muscles de mes épaules travaillaient dur pour activer mes ailes.

J'ai viré à 90 degrés pour suivre le Hummer. En jetant

un rapide coup d'œil derrière moi, je me suis aperçue que Nudge m'avait rejointe, suivie d'Iggy, du Gasman et de Fang. Nous volions en formation serrée, en direction du véhicule. Fang a arraché une branche morte d'un arbre. Il est tombé à pic sur la voiture et il a flanqué de grands coups sur son pare-brise avant.

Elle a fait un écart. Une fenêtre s'est ouverte, d'où est sorti un canon de revolver. Partout autour, j'entendais le bruit des éclats de balles sur les arbres. Une odeur de métal chaud et de la fumée de revolver ont envahi l'air. J'ai dessiné une boucle pour remonter à hauteur de la cime des arbres, sans perdre de vue le véhicule. Fang a donné un nouveau coup sur le pare-brise. Des balles ont jailli de plusieurs fenêtres à la fois et Fang s'est mis à l'abri. Riche idée !

— Angel ! ai-je crié. On est là ! On arrive !

— Là-bas, droit devant, a sorti Fang tout fort, en me montrant une clairière, à deux cents mètres environ.

Entre les arbres, j'apercevais la silhouette verdâtre d'un hélicoptère. Le Hummer rebondissait avec fracas sur la route défoncée. J'ai croisé le regard de Fang et il a hoché la tête. Notre unique chance : agir quand ils transféreraient Angel de la voiture à l'hélicoptère.

Mais tout s'est passé si vite. Le Hummer a freiné bizarrement et il a glissé dans la boue. La porte s'est soudainement ouverte et un Eraser a surgi du véhicule. Fang a foncé sur lui, puis il a reculé dans un cri. Du sang dégoulinait de son bras. L'Eraser a piqué un sprint en direction de l'hélicoptère et il s'est jeté dans le sas ouvert. Un deuxième Eraser, aux grandes canines jaunes découvertes, a sauté de la voiture et hurlé quelque chose. Son rugissement a résonné longtemps dans l'air. Nudge a saisi la main de Fang, et tous les deux ont fait un bond en arrière au moment où une grenade explosait juste devant eux, faisant voler des éclats de métal et des morceaux d'écorce partout.

Le rotor de l'hélicoptère prenait de la vitesse, alors j'ai bondi de derrière les arbres. Ils n'allaient *pas* me prendre mon bébé. Je n'allais sûrement pas les laisser la ramener dans ce trou.

Ari a brusquement surgi du Hummer. Il portait le sac dans lequel était Angel.

J'ai filé vers l'hélicoptère, la peur au ventre, mais dans une rage terrible et prête à tout. Ari a jeté le sac à l'intérieur et il a sauté à son tour dedans. C'était vraiment un remarquable athlète.

J'ai laissé échapper un redoutable rugissement avant de bondir pour attraper le train d'atterrissage de l'engin, juste quand il décollait. Le métal était brûlant à cause du soleil et j'avais grand-peine à m'y accrocher tellement il était large. J'ai passé un bras par-dessus et j'ai fait mon possible pour me stabiliser.

Le violent courant d'air qui provenait des rotors a manqué de casser mes ailes en deux. Je les ai repliées, tandis que les Erasers se bidonnaient en me pointant du doigt comme ils fermaient le sas en verre de l'appareil. Ari se tenait parmi eux. Il a pris un fusil et m'a visée.

— Je vais te confier un secret, ma vieille, a-t-il beuglé. Tu t'es complètement plantée. Les gentils, c'est *nous*!

— Angel, ai-je soufflé, au bord des larmes.

Les griffes d'Ari se refermaient, prêtes à appuyer sur la détente. Je me doutais qu'il allait tirer. Et une fois morte, je ne serais plus d'aucune utilité.

Mon cœur s'est brisé lorsque j'ai lâché prise. Alors que j'entamais ma chute libre, j'ai aperçu une petite tête aux cheveux blonds, ébouriffés, qui se dégageait du sac par à-coups.

Mon bébé. Mon bébé avait rendez-vous avec la mort.

La mort et – je le savais mieux que personne – des choses bien pires encore.

8

Nous avons tous une vue exceptionnelle. En fait, on voit aussi bien que des rapaces. Du coup, c'était atrocc : on a pu observer l'hélicoptère emporter Angel loin, très loin, bien plus loin que des êtres humains normaux. Ma gorge s'est nouée sur un sanglot. Angel, mon Angel, dont je m'étais occupée depuis qu'elle était bébé, avec ses ailes d'oisillon un peu gauche. J'avais l'impression qu'on m'avait tranché l'aile droite, où s'ouvrait à présent une plaie béante.

— Ils ont pris ma sœur ! a gémi le Gasman en se laissant tomber au sol.

Il voulait tellement jouer les gros durs tout le temps, mais il n'avait que huit ans et sa sœur venait de se faire kidnapper sous ses yeux par la meute de l'enfer. Il a martelé la terre de ses poings. Fang s'est agenouillé à ses côtés et a passé un bras autour de son épaule dans un élan de tendresse.

— Qu'est-ce qu'on va faire, Max ? a demandé Nudge, les yeux noyés de larmes. (Elle était couverte de bleus et de sang et elle serrait et desserrait nerveusement les poings.) Ils ont Angel maintenant.

Soudain, j'ai senti que j'allais imploser. Sans dire un mot, j'ai poussé sur mes jambes, j'ai déployé mes ailes et me suis envolée au plus vite.

J'ai volé jusqu'à ce que les autres ne me voient plus, jusqu'à ce qu'ils ne m'entendent plus, surtout. En face, il y avait un immense sapin et j'ai atterri péniblement sur l'une de ses plus hautes branches, à 50 mètres environ. J'ai essayé de me raccrocher par tous les moyens parce que j'avais pris trop d'élan. Le souffle coupé, je me cramponnais à la grosse branche.

Bon, Max, essaie de réfléchir ! Trouve une solution ! Fais quelque chose.

Mon cerveau était en ébullition. Trop de choses à penser. J'avais mon compte d'émotions, de confusion, de rage et de souffrance. Il fallait que je me ressaisisse.

Mais je n'y arrivais pas.

C'était comme si je venais de perdre ma petite sœur et ma fille en même temps.

— *Oh ! Angel, Angel !*

J'ai hurlé le plus fort que j'ai pu, j'ai serré les poings et j'ai bombardé de coups les gros morceaux d'écorce du sapin. Longtemps. Très longtemps. Jusqu'à ce que la douleur fasse enfin son chemin et réveille ma conscience endurcie. J'ai examiné avec attention mes jointures, le sang et la peau arrachée, et les échardes aussi.

Mais la douleur physique n'est rien en comparaison de la douleur mentale.

On avait enlevé mon Angel, mon bébé. Elle était entre les mains d'hommes-loups, des mutants assoiffés de son sang qui allaient la livrer à d'ignobles savants fous qui la disséqueraient comme un rat. Littéralement.

Je n'ai pas pu m'empêcher de pleurer. Je m'agrippais à l'arbre comme au bateau de sauvetage du *Titanic*. Je sanglotais encore et encore. Au point de me rendre malade. Peu à peu, les sanglots se sont transformés en tremblements. J'ai essuyé mon visage avec mon T-shirt, le tachant, du même coup, de sang.

Je suis restée assise dans l'arbre jusqu'à ce que ma respiration se calme et que mon cerveau se remette à fonctionner à peu près normalement. Mes mains, pourtant, me faisaient un mal de chien.

Note pour plus tard : arrêter de prendre des objets inertes comme punching-ball.

Bon. Il était temps de redescendre et d'être forte. Il fallait rassembler tout le monde et trouver un plan B.

Autre chose : les dernières paroles d'Ari résonnaient toujours dans ma tête :

— Les gentils, c'est *nous*.

9

Je n'ai pas souvenir d'avoir volé jusqu'à la maison. J'avais le cœur brisé et le corps engourdi. Lorsque nous sommes entrés dans la cuisine, la première chose que j'ai vue, c'est le bol d'Angel sur la table du petit déjeuner.

Iggy a laissé échapper un hurlement et il a promené ses mains à tâtons sur le plan de travail de la cuisine jusqu'à trouver une tasse qu'il a projetée en l'air. Fang l'a reçue sur le coin de la tête.

— Regarde où tu vises, crétin ! a-t-il lancé, furieux.

Puis il s'est rendu compte de ce qu'il venait de dire, il a serré les dents et a levé les yeux vers moi, tout gêné.

Mon visage ruisselait de larmes salées qui me brûlaient, là où l'Eraser m'avait griffée. Comme une automate, je suis allée chercher la trousse de secours et j'ai commencé à nettoyer les plaies du Gasman. J'ai regardé autour de moi et j'ai vu que la joue de Nudge saignait. Un éclat de balle l'avait brûlée en la frôlant. Pour une fois, elle ne parlait pas, mais pleurait, recroquevillée sur le canapé.

Le Gasman a levé la tête et braqué ses yeux sur moi.

Qu'est-ce que t'as foutu, Max ? Comment c'est arrivé ?

Je me posais la même question.

C'est vrai. Le chef, c'est moi, Max l'Invincible. En même temps, je n'ai encore que quatorze ans. Et régulièrement, quand je me rends compte que Jeb ne reviendra pas, qu'on est tout seuls et que les autres comptent sur moi, je flippe. Alors, je redeviens une petite fille et je ferais n'importe quoi pour que Jeb revienne. À la limite, dans ces moments-là, je voudrais être normale ou avoir des parents, même !

Ouais, c'est ça. Tu délires complètement, ma vieille.

— Fais gaffe à ce que tu fais toi-même ! a craché Iggy à Fang. Qu'est-ce que vous foutiez ? Ce n'est pas vous les aveugles, si ? Comment vous avez fait pour rater Angel ?

— Ils avaient un hélico ! Et des revolvers aussi ! On n'est pas des gilets pare-balles ambulants ! a vociféré le Gasman, en se libérant de mon étreinte.

— Allez, allez ! On est tous sous le choc, mais on ne va pas se faire la guerre entre *nous* ! Les ennemis, ce sont *eux*, ai-je lâché, énervée.

J'ai mis son dernier pansement au Gasman et j'ai commencé à faire les cent pas.

— Est-ce que vous pourriez vous taire une minute que j'arrive à penser ? ai-je ajouté plus calmement.

Ce n'était pas leur faute si notre mission sauvetage avait complètement foiré et si Angel avait disparu.

Ce qui était *leur* faute, par contre, c'est que notre cuisine avait l'air du repaire d'une bande de chacals dégueulasses. Mais je réglerais ça plus tard, lorsque ce genre de détails recommencerait à avoir de l'importance. Si jamais c'était le cas, un jour.

Iggy est allé vers le canapé où il a failli s'asseoir sur Nudge. Elle s'est décalée en vitesse sur le côté et, une fois Iggy assis, elle a mis sa tête sur son épaule et lui, il lui a caressé les cheveux.

— Respire un bon coup, m'a conseillé le Gasman d'un air inquiet.

J'ai presque refondu en larmes. Je n'avais rien pu faire pour empêcher qu'Angel soit enlevée. Je n'avais pas réussi à sauver sa sœur, et lui, il se faisait du souci pour *moi.*

Fang restait silencieux et grave. Il ne me quittait pas des yeux tandis qu'il ouvrait une boîte de raviolis et prenait une fourchette de sa main bandée.

— Vous savez, s'ils avaient juste voulu la tuer ou nous tuer tous, ce serait déjà fait. Parce qu'ils étaient armés, a dit Nudge d'une voix chevrotante. Visiblement, ils avaient leurs raisons pour vouloir Angel vivante. Mais ils s'en fichaient qu'on soit vivants ou pas. C'est vrai, ils n'ont même pas pris la peine de nous tuer un par un. Alors je crois qu'on a encore le temps de partir à la recherche d'Angel.

— Oui, mais avec leur hélico, ils ont pris une sacrée avance. Ils pourraient être n'importe où... En Chine ou... n'importe où, a rétorqué le Gasman.

Sa lèvre inférieure tremblait, mais il gardait les mâchoires tendues.

Je me suis dirigée vers lui, puis j'ai ébouriffé un peu plus ses cheveux blonds, en bataille.

— Je doute qu'ils l'aient emmenée jusqu'en Chine, Gazzy.

— On sait parfaitement où ils l'ont emmenée.

Les mots de Fang, calmes, sont tombés comme des pierres. Il a raclé le fond de la boîte avec sa fourchette.

— Où ?

Iggy avait levé la tête, ses yeux aveugles injectés de sang et baignés de larmes, qui ne demandaient qu'à couler.

— À l'École.

Fang et moi avons répondu d'une seule voix.

Ce qui, comme vous vous en doutez, a fait aux autres l'effet d'une tonne de foutues briques reçues en pleine figure.

10

Nudge avait le souffle coupé. Elle a plaqué sa main sur sa bouche et écarquillé les yeux d'horreur.

La peur est passée sur le visage du Gasman aussi, mais il l'a vite masquée.

Iggy s'est immobilisé, droit comme un i. À l'École, ils l'avaient opéré pour essayer d'améliorer sa vision de nuit. Résultat : il était aveugle pour toujours. Autant dire qu'ils avaient vraiment raté leur coup.

— Ils ont ramené Angel à l'École ? a interrogé le Gasman, confus.

— C'est ce que je crois, ai-je confirmé de ma voix de chef la plus posée qui soit, même si, au fond de moi, je hurlais de panique.

— Mais pourquoi ? a fait Nudge à mi-voix. Au bout de quatre ans, je pensais qu'ils avaient oublié...

— Ils veulent nous récupérer, a expliqué Fang.

On n'en avait jamais parlé. Comme si on avait voulu oublier l'École pour toujours. Ou, plus exactement, comme si on avait voulu oublier l'époque où l'on était à la merci de suppôts de Satan sadiques, dans un endroit qui ressemble comme deux gouttes à l'Enfer et qui mérite d'être rasé de la surface de la Terre à coups de dynamite. Oui, c'est plutôt ça.

— Jamais ils ne nous oublieront. Jeb n'était pas franchement censé nous délivrer, ai-je rappelé au Gasman.

— Jeb savait qu'ils feraient n'importe quoi pour nous remettre la main dessus. Si jamais quelqu'un découvrait ce qu'ils nous ont fait, ce serait la fin de l'École, a ajouté Fang.

— Alors, Nudge a interrogé, pourquoi on ne les dénonce pas ? On pourrait passer à la télé et tout avouer et dire « Regardez, ils nous ont fait pousser des ailes et on n'est que des enfants, et... »

— D'accord. Ça *leur* réglerait leur compte. Mais *nous*, on serait bons pour le zoo, l'a interrompue Iggy.

— Qu'est-ce qu'on va faire alors ?

La voix du Gasman le trahissait : il commençait à perdre son sang-froid.

Fang s'était levé et avait quitté la pièce. Il revenait à présent avec une liasse de papiers jaunis et passés. Certains bords avaient été grignotés. Fang les a secoués pour en faire tomber les crottes de souris.

— Beurk, a lâché Nudge en enfouissant son nez dans sa manche. Dégueu ! C'était...

— Tiens, jette un œil, m'a lancé Fang comme il me tendait les papiers.

Il s'agissait des vieux dossiers de Jeb. Après sa disparition, on avait nettoyé son bureau et tout rangé au fond d'un placard pour ne pas tomber dessus sans arrêt.

On a étalé les papiers sur la table de la cuisine. Rien que de les regarder, j'avais les poils du cou qui se hérissaient. Sans parler de l'odeur de vieux et de pipi de souris... J'aurais donné n'importe quoi pour échanger ma place à ce moment-là.

Fang a commencé à passer en revue les documents. Parmi eux se trouvait une grosse enveloppe en papier kraft, cachetée avec de la cire. Fang m'a cherchée du regard et, voyant que j'acquiesçais d'un signe de tête, il a fait sauter le cachet de son ongle.

— C'est quoi ? voulait savoir le Gasman.

— Un plan, a répondu Fang alors qu'il dépliait le dessin tout passé.

— Un plan de quoi ? a sorti Nudge, désormais penchée par-dessus l'épaule de Fang pour mieux voir.

— C'est le plan de locaux secrets. (J'avais l'estomac noué. Je ne pensais pas avoir un jour à faire sauter ce cachet de cire, ni devoir revoir cet endroit.) C'est l'École. En Californie.

11

— Quoi ??? a lâché le Gasman.

Iggy est devenu encore plus pâle que d'habitude, si tant est que ce soit possible.

— C'est là qu'ils ont emmené Angel, j'ai fait. Et c'est là qu'il va falloir aller la récupérer.

— Ouais ! s'est écriée Nudge, dont le cerveau venait de s'emballer. Ouais ! Il faut aller chercher Angel. On ne peut pas la laisser là-bas, avec *eux*. Ce sont des monstres. Ils vont lui faire du mal et la mettre dans une cage. Ils vont la faire pleurer. Mais on est cinq. Alors on va aller la chercher et *ompf*...

J'avais la main sur sa bouche. Elle a écarté mes doigts.

— Euh... au fait, c'est loin la Californie ?

— Mille kilomètres environ, a annoncé Fang. Sept heures de vol à tout casser, sans compter les arrêts.

— Est-ce qu'au moins, on peut en parler ? a demandé Iggy sans bouger la tête. C'est vrai, ils sont bien trop nombreux par rapport à nous.

— Non, c'est tout vu.

Je balayais déjà la carte du regard et je réfléchissais à notre itinéraire, aux arrêts et aux plans de secours.

— Est-ce qu'on peut voter alors ? Parce qu'ils étaient armés. Et puis ils sont partis en hélicoptère.

La voix d'Iggy était tendue.

— Iggy. On n'est pas en démocratie, lui ai-je lancé, à la fois consciente de sa peur mais incapable d'y faire quoi que ce soit. On est en Maxocratie. Tu sais bien qu'il faut qu'on parte à la recherche d'Angel. Tu ne crois quand même pas qu'on va les laisser faire !? Tous les six, on se serre les coudes, quoi qu'il arrive. Tant que je serai en vie, aucun d'entre nous ne retournera vivre dans une cage.

J'ai pris une grande inspiration.

— Mais c'est Nudge, Fang et moi qui allons chercher Angel. Le Gasman et toi, vous restez ici. J'ai besoin de vous pour garder la maison, au cas où Angel arrive à s'échapper et qu'elle revienne.

Un ange est passé.

— Te fous pas de nous ! a craché Iggy en se tournant vers moi. C'est pas pour ça que tu veux qu'on reste ici. Pourquoi tu ne craches pas le morceau ?

J'avais des nœuds dans l'estomac. Mais je n'avais vraiment pas le temps pour ça. Non ! Angel n'avait pas le temps pour ça.

— Bon, d'accord, ai-je dit d'une voix apaisante. J'avoue, je n'ai pas envie que tu viennes. Tu es aveugle, et, si tu n'as aucun problème ici pour te déplacer parce que tu as tes marques, là-bas, ce sera une autre histoire.

Je ne peux pas me permettre de m'inquiéter de toi au beau milieu d'une rafale de coups de feu.

Le visage d'Iggy s'est déformé sous l'effet de la colère. Il a ouvert la bouche mais le Gasman lui a coupé la parole.

— Et *moi* alors ? Je m'en fiche qu'ils aient des revolvers, un hélicoptère et des Erasers. C'est *ma* sœur !

— C'est exact. Et s'ils tiennent tellement à la récupérer, ça se pourrait que ce soit pareil pour *toi*, lui ai-je fait remarquer. En plus, tu voles bien, mais tu n'as que huit ans et on va voler de longues heures.

— Jeb ne nous aurait jamais demandé de rester. Jamais de la vie !

Iggy était très en colère.

J'ai pincé les lèvres. Je faisais de mon mieux.

— Peut-être pas, ai-je admis. Mais on ne le saura jamais parce que Jeb est mort. Allez ! On se bouge maintenant.

2ème Partie

Hôtel California... enfin... si on veut

12

— Ça va, le plan B ? C'est clair ? ai-je interrogé en élevant la voix pour que Fang et Nudge m'entendent malgré le souffle du vent.

On volait vers le soleil, direction sud/sud-ouest, les montagnes *Sangre de Cristo* derrière nous. On fendait l'air, volant dans le ciel à une moyenne de 150 km/h. Grâce à certains bons courants d'air, on pouvait augmenter cette vitesse de 20 km/h. Aaaaaaaah ! C'est cool de voler !

Fang a répondu à ma question d'un hochement de tête. Décidément, il n'était pas bavard ! Ni froussard non plus d'ailleurs.

— Han-han, a fait Nudge. Qu'est-ce qu'on fait si jamais on se perd ? Je ne vois pas bien comment, sauf peut-être dans un nuage... Vous croyez que ça se peut ?

Moi, je ne suis jamais entrée dans un nuage. Je parie que ça fout les boules. Est-ce qu'on voit quelque chose quand on est à l'intérieur ?

Je lui ai fait les gros yeux. Elle s'est arrêtée aussi sec. Puis elle s'est dépêchée de terminer sa phrase :

— On se retrouve tout au nord du lac Mead.

J'ai opiné de la tête.

— Et où est l'École ?

— Dans la Vallée de la Mort, à treize kilomètres, complètement au nord du Bassin *Badwater*.

La bouche de Nudge s'est ouverte comme pour ajouter quelque chose, mais j'ai froncé les sourcils et elle a compris. J'adore Nudge. C'est une gamine extra, mais son moulin à paroles rendrait dingue Mère Teresa en personne, au point d'en faire la parfaite héroïne de *Massacre à la tronçonneuse*.

— Bonne réponse, Nudge. Impeccable !

Vous avez vu l'adresse ? On ne pouvait pas faire mieux pour l'École. *La Vallée de la Mort*. Au-dessus du Bassin *Badwater*. Comme si, une fois arrivés, on allait devoir traverser le Styx[1] pour entrer. Ça ne m'aurait pas étonnée du tout.

Le vent défaisait ma tresse et les longues mèches de cheveux qui me fouettaient au visage m'énervaient !

Note pour plus tard : me couper les cheveux. Court !

Naturellement, le Gasman et Iggy étaient loin d'être contents lorsque nous sommes partis. Mais je pensais que j'avais pris la bonne décision. Le problème, quand on est chef, c'est qu'il n'y a pas de mode d'emploi. Mais en comparaison avec ce qu'Angel devait affronter, les

1. Un des fleuves des Enfers.

états d'âme du Gasman et d'Iggy étaient le cadet de mes soucis.

En jetant un œil à Fang, j'ai remarqué qu'il avait une expression sereine, presque comme s'il était heureux – enfin, non, pas heureux, parce que Fang n'est jamais heureux – mais très calme en tout cas. Je me suis rapprochée de lui.

— Le bon côté, c'est que c'est vraiment, vraiment sensas de voler.

Il a acquiescé dans un demi-sourire. Ses ailes noires bougeaient avec force et luisaient dans des reflets pourpres sous le soleil. Le vent sifflait à nos oreilles. On pouvait voir à des kilomètres à la ronde. Un peu comme Dieu. Enfin, je suppose.

— Le mauvais côté, c'est qu'on est une bande de phénomènes de foire, des mutants qui n'auront jamais une vie normale.

Fang a haussé les épaules.

— On ne peut pas tout avoir.

Je n'étais pas ce qu'on peut appeler d'humeur à plaisanter, alors j'ai fait une espèce de grimace avant de me tourner vers Nudge. Malgré ses trois ans de moins que nous, elle tenait le coup, derrière. Comme nous tous, elle était grande pour son âge et maigre. Elle ne pesait sûrement pas plus d'une trentaine de kilos, du fait de ses petits os d'oiseau, puissants mais légers.

150 km/h, ce n'était pas suffisant. Les « scientifiques » de l'École pouvaient faire des ravages en sept heures. Pourtant, je savais qu'il faudrait qu'on s'arrête avant d'arriver à destination. Il était hors de question d'attaquer l'École épuisés et affamés.

J'ai regardé ma montre. Cela faisait bien deux heures qu'on volait maintenant. Déjà, je me sentais vide et faible. Il n'y a rien de plus crevant que voler. Après un long vol, j'ai toujours l'impression que je pourrais dévorer une vache entière. Les couverts en option. Même s'il fallait sauver Angel, on ne pouvait pas réprimer un besoin aussi naturel que celui de se nourrir.

— Max ? (Les grands yeux de Nudge, du même brun roux que ses ailes, me fixaient.) Je me disais...

Ça y est.

— Juste avant qu'on s'en aille, j'ai jeté un coup d'œil aux vieux dossiers de Jeb, tu sais ? Certains parlaient de nous. Enfin, de moi. J'ai vu mon nom sur une feuille, mon vrai nom, Monique, et puis d'autres noms et aussi la ville de Tipisco, en Arizona. C'est juste à la frontière de l'Arizona et de la Californie. Je l'ai trouvée sur la carte. Ça avait l'air drôlement petit. Bref, je me disais qu'aucun d'entre nous ne connaît ses vrais parents et, tu sais, vu qu'on se demande, enfin, moi en tout cas, mais vous aussi je suppose, je me demande s'ils m'ont abandonnée de leur plein gré ou...

— Nudge. Je sais ce que tu ressens. Mais ces noms n'ont peut-être aucun rapport avec toi. On ne sait même pas si on est des bébés-éprouvette ou pas. S'il te plaît, concentrons-nous sur Angel.

Pas de réponse.

— Nudge ?

— Ouais, ça va. Je pensais, c'est tout.

Mais je savais que je n'avais pas fini d'en entendre parler.

13

Elle avait la bouche tellement sèche. Et un horrible mal de tête. Tout son corps lui faisait mal en fait. Angel a cligné des yeux plusieurs fois, comme pour essayer de se réveiller. Au-dessus d'elle se tenait un toit en plastique marron foncé. Une cage. Elle était enfermée dans une cage. Genre cage à lapins ou niche à chien pour le jardin, taille moyenne. Des pensées confuses se bousculaient dans son esprit tandis qu'elle luttait pour s'asseoir. Elle savait où elle était. Elle aurait pu reconnaître cette odeur de désinfectant chimique les yeux fermés. À l'École. C'est là qu'on l'avait emmenée.

Nouvelle nouvelle avec ailes nouvelle nouvelle fille ailes.

Vite, Angel s'est tournée dans la direction d'où venaient ces pensées. Dans la cage près de la sienne, elle a aperçu deux autres enfants, plus jeunes qu'elle. Leurs yeux, disproportionnés par rapport à leur visage émacié, étaient rivés à elle.

— Salut, a chuchoté Angel.

Elle ne sentait pas la présence immédiate des blouses blanches. Juste les pensées embrouillées et incohérentes des deux enfants.

Bouche bruit fille ailes nouvelle nouvelle.

Tous les deux dévisageaient Angel sans répondre. Elle s'est efforcée de leur sourire, puis elle les a observés avec plus d'attention. D'après elle, il s'agissait de deux garçons. L'un avait la peau abîmée et pelait ici et là. Ces imperfections lui donnaient l'air d'un poisson, avec des écailles irrégulières, cassées par endroits. Pas très heureux comme tableau...

L'autre avait tout simplement l'air... d'être une erreur. Il avait des doigts et des orteils en trop et pratiquement pas de cou. Des yeux énormes, globuleux et des cheveux clairsemés sur le crâne. Angel en avait mal pour lui rien qu'à le regarder.

— Je m'appelle Angel, a-t-elle repris sur le même ton. Et vous ? Vous avez un nom ?

Bruit bruit méchante fille ailes méchante bruit.

Les deux garçons avaient l'air effrayé. Ils lui ont tourné le dos et se sont réfugiés au fond de leur cage.

Angel a dégluti un bon coup, mais elle est restée muette. Qu'était-il arrivé à Max et aux autres ? Les avait-on mis dans des cages eux aussi ?

Une porte s'est ouverte. Des bruits de pas ont résonné sur le lino qui recouvrait le sol. Angel a senti les garçons trembler dans leur cage et la terreur envahir leur esprit. Affolés, ils s'étaient blottis l'un contre l'autre au fond de leur cage. Mais c'est devant celle d'Angel que les deux blouses blanches se sont arrêtées.

— Bon sang ! Alors Harrison avait raison, a dit la première blouse pendant qu'il se pliait en deux pour étudier Angel au travers de la grille. Ils l'ont eu ! Vous n'imaginez pas depuis combien de temps j'essaie de mettre la main sur celui-là ! (Il s'est tourné, plein d'entrain, vers l'autre blouse blanche.) Vous avez lu le rapport protocolaire du Directeur sur l'ADN recombiné de ce groupe ?

— Oui, mais je n'étais pas sûre d'y croire, a répondu l'autre blouse blanche, une femme. Vous voulez dire qu'il s'agit du Sujet Onze ? Cette petite fille, là ?

La blouse blanche numéro 1 s'est frotté les mains en jubilant.

— Vous l'avez devant vous. (Il s'est penché en avant pour ouvrir la porte de la cage.) Viens par ici. Petit, petit... On t'attend dans le labo sept.

Oui, oui, oui, oui ! Je vais lui disséquer le cerveau...

Angel a tressailli. Au même moment, des mains calleuses se sont emparées d'elle.

Une vague de soulagement minable est passée sur les garçons. Le soulagement de voir que c'était elle qu'on emmenait. Pas eux.

Angel ne leur en a pas voulu le moins du monde.

14

— Max ? Je crève la dalle.

J'ignorais les rugissements féroces de mes propres entrailles depuis une demi-heure, alors il était hors de question que je craque la première. Et faire en plus ce plaisir à Fang ? Et puis quoi encore ? Néanmoins, en tant que chef, j'avais certaines obligations, notamment celle de veiller sur Nudge. Même si j'enrageais de devoir m'arrêter et perdre du temps, il n'y avait pas d'autre solution.

— Bon, d'accord, d'accord. On va trouver à manger. (Ça c'est de la perspicacité digne des plus grands chefs, non ?) Fang ! Il faut qu'on se ravitaille. T'as une idée ?

Fang a réfléchi. Je suis toujours sciée de voir à quel point il est capable de rester calme dans les moments les plus critiques. Parfois on dirait un androïde. Appelez-le Fang2-D2[1].

On survolait des montagnes. D'après notre carte, il s'agissait des *San Francisco Peaks*.

Nos regards se sont croisés. Ça foutait un peu les boules, cette façon qu'on avait de lire dans les pensées de l'autre, si souvent.

— Des pistes de ski, j'ai fait.

Et il a hoché la tête.

— L'avant-saison. Autrement dit, des chalets complètement vides.

— Vous croyez qu'il y aura à manger là-dedans ? a voulu savoir Nudge.

— Allons voir, ai-je tout simplement fait.

On a dessiné un grand cercle autour des crêtes des montagnes. De petits villages de stations de sports d'hiver parsemaient les collines, en bas. J'ai ouvert la voie, dans la direction opposée, là où quelques chalets semblaient comme posés entre les arbres, tels les accessoires d'un train électrique sur une maquette. L'un d'eux se tenait particulièrement à l'écart. Il n'y avait ni voiture garée devant, ni fumée sortant de la cheminée. Personne à la maison ?

J'ai fait un virage, ralenti mon allure et légèrement replié mes ailes pour entamer ma descente.

On a atterri à une centaine de mètres de la maison environ. Comme d'habitude après un vol de plusieurs heures, j'avais les jambes en coton. Je les ai secouées avant de replier mes ailes encore chaudes, bien serrées contre moi.

Nudge et Fang m'ont imitée.

1. Petit clin d'œil au robot (astro-droïde) R2-D2 du film *La Guerre des étoiles*.

On s'est faufilés tout doucement entre les arbres. Aucun signe de vie. Le porche était couvert d'aiguilles de sapin. Pas de traces récentes de pneus dans l'allée. Et les arbustes n'avaient pas été taillés depuis une éternité.

J'ai levé le pouce en direction de Nudge. Elle m'a souri, mais à mon grand étonnement, elle n'a rien dit du tout. *Dieu te bénisse, mon enfant.*

Après inspection, j'ai conclu qu'il n'y avait pas de système d'alarme. Pas de lumières rouges clignotantes à l'intérieur qui auraient fait office de détecteurs de mouvements. Ce n'était probablement pas le genre de maison luxueuse qu'on équipait d'une alarme, quoi qu'il en soit. Juste un minuscule chalet de vacances.

D'un coup de canif, j'ai fait une fente dans la moustiquaire et j'ai déverrouillé le loquet. J'ai pu retirer le panneau de la moustiquaire sans problème et le poser par terre, contre la maison. Un cambrioleur plein de délicatesse : c'est tout moi, ça !

Ensuite, avec Fang, on a secoué le vieux cadre en bois de la fenêtre jusqu'à ce que le verrou du haut cède. Fang est entré le premier, suivi de Nudge à qui j'ai fait la courte échelle. Je me suis hissée à l'intérieur la dernière et j'ai refermé la fenêtre.

Une couche de poussière recouvrait tout, partout. Le frigo était éteint, la porte entrouverte. J'ai commencé à ouvrir les placards de la cuisine.

— Bingo, me suis-je exclamée, une vieille boîte de soupe pleine de poussière à la main.

— *Yes !* C'est une mine d'or ici ! Youpi ! (Boîtes de flageolets, de fruits au sirop, de lait concentré. Peu importe de quoi il s'agissait, ça avait l'air infect. Les traditionnels raviolis.) Y'a pas à dire ! On est vernis !

Fang a trouvé des vieilles bouteilles d'Orangina, toutes sales, qu'on s'est dépêchés d'ouvrir. Mais faut que vous sachiez un truc : si sur la bouteille, il y a écrit « servir bien frais », ce n'est pas pour rien.

Une demi-heure plus tard, on s'est affalés sur les canapés moisis, les yeux explosés de fatigue, l'estomac plein à craquer.

— Aaaaaaaaaaaaaaaaaaaaaah, a gémi Nudge. J'ai le ventre dur... dur comme du béton.

— Reposons-nous un instant, a proposé Fang au moment de fermer les yeux. (En position couchée, il a croisé ses longues jambes sur le canapé.) Digérons un peu. Après, ça ira mieux.

— 100 % d'accord, ai-je marmonné tout en fermant les yeux à mon tour.

On arrive, Angel. Deux secondes.

15

— On n'a qu'à jeter toutes leurs affaires dans le canyon ! a lancé Iggy avec fureur, flanquant son poing dans une porte.

Écouter le reste de la bande s'en aller sans rien dire, rester assis à rien faire, sans rien voir *du tout* de ce qui se passait, c'était plus qu'il n'en pouvait supporter !

— À mon avis, même leurs lits passent par la fenêtre de l'entrée.

Le Gasman l'a regardé, l'air mauvais.

— J'arrive pas à croire que je dois rester ici pendant qu'ils partent sauver ma propre sœur.

Il a envoyé balader une basket rouge usée contre le plan de travail central de la cuisine. La maison semblait vide et trop calme. Par réflexe, il tendait l'oreille, à l'affût de la voix d'Angel, en train de chanter tout bas ou de parler à ses nounours. C'était sa petite sœur tout de même. Elle était sous *sa* responsabilité.

Sur le plan de travail, il y avait un paquet de céréales, ouvert. Il a plongé une main à l'intérieur et s'en est servi une poignée qu'il a enfournée dans sa bouche. Mais, juste après, il s'est emparé du paquet et l'a projeté contre le mur. Le paquet a explosé, crachant des céréales partout par terre.

— Ça craint ! a crié le Gasman.

— Oh ! Tu te réveilles, toi ? a fait Iggy avec sarcasme. J'oubliais que le Gasman, on ne la lui fait pas. Il n'a peut-être pas l'air d'une lumière comme ça, mais...

— Ferme-la ! a lâché le Gasman. (Iggy avait les sourcils circonflexes sous le coup de la surprise.) Écoute. Ça craint à fond, je sais. Max nous a laissés ici parce qu'elle pensait qu'on ne pourrait pas suivre.

Le visage d'Iggy s'est fermé.

— Mais tu crois qu'elle aurait pensé à ce qui allait se passer si les Erasers revenaient ? a interrogé le Gasman. C'est vrai, ils ont enlevé Angel pas loin d'ici et ils nous ont tous vus à ce moment-là. Alors ils doivent savoir qu'on vit dans le coin. Qu'est-ce qui nous dit qu'ils ne reviendront pas pour nous ?

— Han, a fait Iggy, l'air pensif. Ouais, mais ce sera dur de trouver notre maison et encore plus dur d'arriver jusque-là.

— Pas avec un hélico..., a fait remarquer le Gasman.

— Han, a refait Iggy, ce qui a rempli le Gasman de fierté d'avoir songé à tout ce scénario avant Iggy, bien que celui-ci soit plus âgé que lui, de l'âge de Max et Fang en fait. Autant dire un ancêtre ou presque.

— Et on devrait rester assis, plantés là à attendre sans rien dire ? a tempêté le Gasman tandis qu'il martelait de son poing la table de la cuisine. Certainement pas ! On ne va pas attendre que les Erasers viennent nous chercher. Nous aussi, on peut faire des trucs, faire des plans. C'est la vérité, on n'est pas des incapables, quoi qu'en pense Max.

— Absolument, a approuvé Iggy d'un hochement de tête.

Il est venu s'asseoir sur le tabouret à côté du Gasman, écrasant les pétales secs de céréales au passage.

— Ouais, je vois ce que tu veux dire. Façon de parler évidemment...

— Après tout, on n'est pas des cons. On en a là-dedans. Et puis on a la peau dure. Max n'a même pas pensé à mettre la maison en sécurité, mais nous oui. Et on peut le faire !

— Ouais... bien parlé ! Euh...... mais comment ?

— On pourrait faire des pièges ! Saboter des trucs ! Fabriquer des bombes !

Le Gasman se frottait les mains d'excitation.

Un large sourire s'est dessiné sur le visage d'Iggy.

— C'est le pied, les bombes. Moi, j'adore ! Tu te rappelles celle de l'automne dernier ? Pour un peu, je déclenchais une avalanche.

— Oui, mais c'était pour faire un sentier dans les bois. On l'a fait exprès et Max était d'accord.

Le Gasman s'est mis à inspecter une pile de vieux journaux, des vieilles chaussettes, un bol oublié depuis longtemps et qui avait dû autrefois contenir un semblant de nourriture, tous les vieux trucs qui lui tombaient sous la main jusqu'à ce qu'il trouve un carnet couvert de taches de graisse éparses.

— Je savais qu'il était quelque part par là, a-t-il marmonné en arrachant les pages utilisées. (Finalement, il a fait une seconde trouvaille : un petit bout de crayon de papier.) Maintenant, il nous faut un bon plan. Quels sont les objectifs ?

Iggy a poussé un gémissement.

— Oh nooooooon... Toutes ces années passées auprès de Max ont laissé des traces. Tu parles exactement comme elle. On dirait un clone de Max. Un Maxquetaire. Un... un...

Le Gasman a fait les gros yeux à Iggy, puis il s'est mis à écrire.

— Objectif numéro un : fabriquer des bombes incendiaires – pour notre protection exclusivement. Objectif numéro deux : faire exploser ces monstres démoniaques d'Erasers quand ils reviennent. (Il a approché le papier de ses yeux pour se relire et il a souri.) Ouais ! Enfin, ça ressemble à quelque chose. Tout ça, c'est pour toi, Angel.

16

Angel savait qu'ellc ne tiendrait pas longtemps comme ça.

Ses poumons la brûlaient terriblement depuis une heure déjà. Et depuis plus longtemps encore, elle ne sentait plus les muscles de ses jambes. Mais chaque fois qu'elle s'arrêtait de courir, un sadique du clan des blouses blanches – un certain Reilly – la piquait avec une espèce de bâton pour lui envoyer une décharge électrique, ce qui la faisait crier et bondir. Elle avait déjà quatre marques de brûlures qui faisaient atrocement mal. Mais le pire, c'était qu'elle le sentait venir... Elle percevait ses envies de lui faire mal.

Eh bien, il pouvait la piquer un milliard de millions de fois s'il voulait. C'était terminé. Là, elle n'en pouvait vraiment plus.

Ça soulageait de lâcher prise. Angel a vu tout ce qui l'entourait se réduire à un petit tube flou. Elle s'est en quelque sorte sentie tomber, ses pieds emmêlés dans la ceinture du tapis de course. La piqûre est revenue une fois, deux fois, trois fois, mais elle semblait lointaine, plus proche du picotement que de la douleur réelle. Angel a fini par s'évanouir, perdue dans un rêve. Dedans, elle voyait Max en train de caresser ses cheveux mouillés de sueur tout en pleurant.

Angel avait compris que ce n'était qu'un rêve, car Max ne pleure *jamais*. Max, c'est la personne la plus forte qu'elle connaisse. Ce n'est pas qu'elle en connaisse beaucoup, mais quand même.

Le bruit de quelque chose qu'on déchire et une nouvelle douleur fulgurante sur sa peau ont fait revenir Angel à elle. Au-dessus de sa tête, de fortes lumières blanches la faisaient cligner des yeux. Des lumières d'hôpital. Des lumières de prison. Cette odeur infâme lui est revenue tout à coup et elle a eu un haut-le-cœur. Des mains retiraient toutes les électrodes de sa peau. Scratch. Scratch. Scratch.

— Ben ça alors ! Trois heures et demie, a soufflé Reilly. Et il a le rythme cardiaque qui a augmenté de dix-sept pour cent seulement. En plus, à la fin, ce n'est que pendant les vingt dernières minutes que ses pics d'oxygène se sont interrompus.

Il ! a pensé Angel en se retenant de crier. *Je ne suis pas un truc, un objet.*

— Je n'arrive pas à croire qu'on ait la chance d'étudier le Sujet Onze. Ça fait quatre ans que j'essaie de disséquer ce recombiné, a dit une autre voix tout bas. Les tests de Q.I. sont intéressants. J'ai hâte d'avoir un échantillon de cervelle.

Angel sentait leur excitation, leur petit plaisir minable. Ce qu'ils préféraient, c'était tout ce qui n'allait *pas* chez elle, toutes ces choses qui faisaient qu'elle n'était pas normale. Et tout ce vocabulaire débile, ce jargon à rallonge autour d'une seule et même chose : *Angel n'était qu'une expérience.* Pour les blouses blanches, elle n'était qu'un vulgaire accessoire, comme un tube de laboratoire. Un truc qu'on appelle « il ».

On lui a mis une paille dans la bouche. De l'eau. Angel s'est empressée de boire. Elle mourait de soif ! Avait la sensation d'avoir mangé du sable. Puis une autre blouse blanche s'est emparée d'elle. Angel était trop fatiguée pour lutter.

Il faut que je réfléchisse à un moyen de sortir d'ici. Mais, pour l'instant, elle n'avait vraiment pas les idées claires.

Quelqu'un a ouvert la porte de sa cage et l'a laissée tomber à l'intérieur. Angel, couchée à l'endroit exact où on l'avait posée, ne bougeait pas. Au moins, elle était allongée maintenant. Après avoir dormi un peu, elle verrait comment s'enfuir.

Lasse, elle a eu un battement de paupières et aperçu le garçon poisson qui l'observait. L'autre garçon était parti. Le pauvre s'en était allé ce matin et n'était toujours pas revenu. Il ne reviendrait peut-être jamais.

Pas moi..., s'est dit Angel. *Je vais... me battre... dès... que... je... me... se-rai... re-posée.*

17

— Onnnnnnnnh !

Quel lit épouvantable ! Comment ce truc pouvait-il être aussi inconfortable ?

Énervée, j'ai donné des coups de poing dans mon oreiller pour lui redonner sa forme. Mais très vite, je me suis mise à éternuer comme une cinglée à cause des nuages de poussière qui s'en dégageaient.

— Aaa... aaaaaaaaaa... atchoum !

Je me suis bouché les narines pour empêcher mon cerveau de s'enfuir par les trous, mais ce mouvement soudain m'a fait perdre l'équilibre et je suis tombée comme une crêpe sur le sol. *Boum !*

— Ouille ! Bordel de... (Je me suis redressée avec peine. J'ai tâté un tissu rugueux et une table. Je me sentais complètement paumée. Puis j'ai ouvert péniblement mes yeux encore voilés pour regarder autour de moi.) Qu'est-ce que...

Où étais-je ? J'ai scruté partout. Un... chalet. Mais oui ! Le chalet. C'est vrai !

Il ne faisait pas tout à fait jour.

J'ai sauté sur mes pieds. Pas de quoi s'inquiéter. Si ce n'est peut-être à propos du fait que Fang, Nudge et moi venions de gaspiller de précieuses heures en dormant.

C'est pas vrai ! J'ai bondi sur Nudge, vautrée sur une chaise longue.

— Nudge ! Nudge ! Réveille-toi !

Je me suis tournée vers Fang qui balançait ses pieds dans le vide, à l'extrémité d'un canapé. Il a éternué avant de secouer la tête.

— Il est quelle heure ? a-t-il demandé, placide.

— Le soleil va presque se lever ! j'ai fait, totalement chamboulée. On a dormi *toute* la nuit !

Il se dirigeait déjà vers les placards de la cuisine pour remplir soigneusement de boîtes de thon,de sacs hermétiques de crackers et de fruits secs le vieux sac à dos taché qu'il avait trouvé dans une armoire.

— Qu'est-ce qui s'passe ? a interrogé Nudge comme elle battait des paupières, l'air sonné.

— On s'est endormis ! ai-je répondu en lui prenant les mains pour la mettre debout. Allez ! Faut y aller !

À quatre pattes, j'ai ratissé le dessous du canapé à la recherche de mes chaussures. J'ai ôté les mitons de poussière qu'il y avait dessus en soufflant un bon coup.

— Fang, tu ne peux pas porter tout ça. Le poids va te ralentir. Il n'y a rien de plus lourd que des boîtes de conserve.

Il a haussé les épaules avant de mettre le sac sur son dos. Quelle tête de mule celui-là ! Ensuite, il a traversé la pièce sans un bruit et s'est glissé par la fenêtre telle une ombre.

Moi, j'étais occupée à visser les chaussures de Nudge à ses pieds et à lui frotter le dos pour tenter de la réveiller. Nudge met toujours une éterrrrrrrrrnité à émerger le matin. En règle générale, j'appréciais que le moulin à paroles soit encore un peu éteint, le temps qu'elle se réveille. Mais à ce moment précis, il fallait bouger. Vite ! Vite !

J'ai presque jeté Nudge par la fenêtre avant de glisser par l'ouverture à mon tour. Enfin, j'ai remis la moustiquaire en place du mieux que je pouvais.

On a pris notre élan en courant sur une petite route de campagne et on a décollé dans de grands mouvements de bras, poussant sur nos ailes.

Pardonne-moi, Angel. Pardon, mon bébé. Pardon, pardon, pardon.

18

Malgré le soleil qui déjà se levait, j'ai éprouvé un soulagement en volant au-dessus de la cime des arbres.

Mais quand même ! Comment avais-je pu être aussi stupide ? Il fallait vraiment être conne pour s'endormir au beau milieu d'une *opération de sauvetage* ! Pauvre Angel qui attendait qu'on vienne la sauver... Mon cœur s'est serré à cette pensée.

La peur au ventre en songeant à tout ce qui avait pu se passer pendant qu'on dormait, j'ai viré direction sud-ouest, dix-douze degrés. C'est l'angoisse et la peur qui me faisaient avancer. De temps à autre, je devais également profiter de bons courants d'air, maintenir mes ailes à un angle correct et me relâcher pour me laisser porter un peu.

— On était bien obligés de se reposer, m'a rappelé Fang, une fois à mes côtés.

Je lui ai lancé un regard de reproche.

— Pendant *dix* heures ?

— On en a encore pour quatre heures environ aujourd'hui, peut-être même plus, a-t-il rétorqué. On ne pouvait pas y aller en une fois. Et puis on est partis tard. De toute façon, il va encore falloir qu'on s'arrête avant d'arriver pour recharger les batteries et se ravitailler.

Il n'y a rien de plus énervant que d'avoir quelqu'un qui vous dit d'être rationnel et raisonnable quand tout ce que vous voulez, c'est continuer à pester en paix !

Fang avait raison, évidemment. Pffffffffffff ! C'était clair qu'il allait falloir s'arrêter une autre fois. On n'était même pas arrivés à la frontière de la Californie. Loin de là.

— On va prendre l'École d'assaut ou quoi ? a interrogé Fang, une heure plus tard.

— Ouais, Max, moi aussi, je me demandais... C'est quoi au juste ton plan ? en a remis une couche Nudge comme elle me rattrapait. C'est vrai, on n'est que trois et eux, ils sont super nombreux. En plus, les Erasers sont armés. Est-ce qu'on pourrait forcer la porte avec un camion ou un truc dans le style ? Ou carrément foncer à l'intérieur de l'École en camion ? Ou alors, on pourrait attendre que la nuit tombe, nous faufiler à l'intérieur et faire sortir Angel sans que personne remarque rien.

Cette idée folle lui remontait visiblement le moral. Moi, je ne pipais pas. Je n'avais pas le cœur de lui dire qu'on avait à peu près autant de chances d'y parvenir que de faire un aller-retour Terre-Lune. Mais, dans le pire des cas, j'avais un plan C. S'il marchait, tout le monde pourrait s'échapper. Sauf moi. Mais ça ne faisait rien.

19

Malgré mon angoisse croissante, je dois admettre qu'il faisait superbe ici, en haut. À cette altitude, il n'y avait pas beaucoup d'oiseaux à part quelques faucons, des aigles et autres rapaces. De temps en temps, l'un d'eux venait nous examiner de plus près ; il se disait probablement : *Eh ben, tu parles de mochetés ! Quelle honte pour notre race !*

Vue d'ici, la terre ressemblait à un échiquier aux couleurs de Robin des bois : camaïeu de marron et de vert. Les voitures avaient l'air de fourmis qui avançaient, l'air résolu. Régulièrement, mon regard s'arrêtait sur un petit truc, que je fixais pendant un long moment. C'était marrant, cette façon dont un machin minuscule comme une piscine ou un tracteur grossissait à vue d'œil, rien qu'à force de l'observer. Mais, heureusement, ces tarés à l'École n'avaient pas eu le temps de « mettre ma vue au point » comme il l'avait fait avec Iggy...

— Je me demande bien ce qu'Iggy et Gazzy font à l'heure qu'il est, a bredouillé Nudge. Ça se trouve, ils ont réparé la télé. J'espère qu'ils ne se sentent pas trop mal. Moi, à leur place, j'aurais les boules, même si c'est clair que c'est plus facile de rester à la maison. Mais je parie qu'ils n'en fichent pas une, ni le ménage, ni couper du bois. Rien du tout.

Je parie qu'ils me traitent de tous les noms, du matin au soir, oui ! Mais au moins, ils sont en sécurité. À moitié distraite, j'ai remarqué une forme qui dansait comme une flamme sous moi et je me suis concentrée dessus. Peu à peu, la tache s'est matérialisée en un groupe de gens. Je pouvais distinguer leurs vêtements, les traits de leurs visages. C'était une bande de gamins. Mon âge environ. Ou peut-être plus vieux. En tout cas, qui ressemblaient à tout sauf à moi.

Et alors ? me suis-je dit. Il ne s'agissait jamais que d'une bande de gosses ennuyeux, cloués au sol, condamnés à faire leurs devoirs. Avec des millions d'adultes pendus à leurs basques, à leur rabâcher quand aller se coucher, comment faire ceci et pas cela, et patati et patata. En plus, il y avait le réveil, les matins, et puis l'école, et après, encore le job d'étudiant. Gros nigauds, va ! Nous, au moins, on était *libres*. Libres comme l'air. Libres comme le vent. Bercés par la brise. On faisait ce qu'on voulait, quand on voulait.

Pas mal, hein ? ai-je tenté en vain de me persuader.

J'ai jeté un nouveau coup d'œil en bas, fixant le même endroit. Ma mine, cependant, a changé, elle s'est renfrognée. Ce qui, à première vue, m'avait semblé être une banale bande de sales gosses en train d'aller à l'école à pinces s'avérait être une troupe de grands gamins encerclant un plus petit qu'eux. J'étais peut-être parano, O.K. Du style qui voit le danger partout. Mais j'aurais mis ma main au feu que les plus grands menaçaient l'autre, le tout petit.

Les grands, c'était des garçons. L'autre, une fille.

Un hasard, vous croyez ? Ça m'aurait étonnée.

Moi, il ne faut pas me brancher sur le chromosome Y et tout et tout, parce que si je commence, on ne peut plus m'arrêter. Je vis avec trois mecs, vous vous souvenez ? Ils ne sont *pas* méchants d'accord. N'empêche, des fois, ils sont odieux comme pas deux.

J'ai pris l'une de mes célèbres décisions éclairs, le genre dont tout le monde se souvient longtemps après, soit parce que c'était le truc le plus débile qu'ils aient jamais vu, soit parce qu'elles leur ont miraculeusement sauvé les fesses. Bizarrement, c'est toujours des premières que j'entends parler. C'est comme ça qu'on me remercie !

Je me suis tournée vers Fang mais je n'ai pas eu le temps d'ouvrir la bouche.

— Non, m'a-t-il coupée dans mon élan.

J'ai plissé les yeux et j'ai rouvert la bouche.

— NON !

— Rendez-vous plein nord, tout en haut du lac Mead, ai-je lancé.

— Quoi ? De quoi tu parles ? a interrogé Nudge. On s'arrête ? J'ai encore faim, moi !

— Max a décidé de jouer les *Wonderwoman*, défenseur des pauvres et des opprimés, a expliqué Fang, visiblement irrité.

— Ah !

Nudge a regardé vers le bas en fronçant les sourcils,

comme si les réponses à ses interrogations étaient inscrites quelque part, par terre.

Moi, je faisais déjà demi-tour dans une grande boucle pour retourner près de la fille de tout à l'heure. Je ne pouvais pas m'empêcher de penser : *Et si cette fille avait des ennuis, comme Angel, et que personne ne vienne l'aider ?*

— Hé ! Max ! Tu te souviens quand tu as sauvé ce petit lapin du renard et qu'on l'a mis dans un carton, dans la cuisine jusqu'à ce qu'il aille mieux et qu'on le relâche ? C'était extra. (Nudge a marqué une pause.) T'as aperçu un autre lapin ?

— Si on veut, ai-je répondu, perdant patience. J'en ai pour deux secondes.

Puis, à l'intention de Fang, j'ai ajouté :

— Je vais vous rattraper avant que vous ayez eu le temps de faire 60 kilomètres. Continuez ! Et si jamais il arrive quelque chose, je vous retrouve au lac Mead.

Fang a braqué les yeux devant. Le vent le fouettait au visage, balayait ses cheveux. Je sentais que la situation l'énervait.

Oui, eh bien on ne peut pas plaire à *tout* le monde.

— Bon, ai-je fait brusquement. À tout' !

20

Le problème avec Iggy, c'est qu'il était parfois aussi doué qu'un vrai scientifique. Un vrai petit génie. Du genre génie maboul qui fout les boules.

— Est-ce qu'on a du chlore ? le Gasman lui a demandé. Je crois bien que c'est explosif quand on le mélange.

Iggy a froncé les sourcils.

— Explosifs comme quoi ? Tes chaussettes ? Non, on n'en a pas. On n'est pas à la piscine, là. De quelle couleur il est, ce fil ?

Le Gasman s'est penché au-dessus de la table pour y examiner les entrailles de fils emmêlés qui sortaient de la radio.

— On dirait du vomi de robot, a-t-il observé. Le fil est jaune.

— Bien. Ne le perds pas de vue. C'est très important. Ne le confonds pas avec le fil rouge.

Le Gasman a consulté les schémas qu'il avait téléchargés sur Internet. Le matin même, Iggy avait débloqué le réseau de fichiers du compresseur dans l'unité centrale pour que l'ordinateur arrête de s'éteindre n'importe quand, n'importe comment. Il avait « réparé » l'ordi comme par magie.

— Cool Raoul, a marmonné Gazzy pendant qu'il feuilletait des pages. Étape suivante : trouver un minuteur ou un truc dans le style.

Iggy a réfléchi un moment avant de sourire. Ses yeux aussi semblaient sourire.

— Tu me fous les boules quand tu fais cette tête-là, a dit Gazzy, mal à l'aise.

— Va me chercher le réveil de Max. Son réveil Mickey.

21

L'atterrissage en douceur, ce serait pour une autre fois... Alors j'ai dû courir le plus vite que j'ai pu pour éviter de me ramasser face contre terre. Je savais seulement que j'étais quelque part en Arizona, en train de sauter entre des broussailles, derrière un entrepôt désaffecté. J'ai replié mes ailes, pleines de la chaleur de l'effort. Je les ai rangées en accordéon de chaque côté de ma colonne vertébrale. J'ai attaché mon coupe-vent autour de mon cou. *Là. Impeccable. L'air super normal.*

En tournant au coin de l'entrepôt, j'ai vu que les garçons étaient trois. Quinze ans environ, peut-être seize. La fille avait l'air plus jeune. J'aurais dit douze ans.

— Je t'avais prévenue de la fermer au sujet de mon

petit problème avec Ortiz, lui criait un garçon. Il avait mérité une leçon, mais ce ne sont pas tes oignons.

La fille s'est mordu la lèvre. Elle avait l'air d'être en colère mais d'avoir peur aussi.

— Et il fallait que tu le frappes ? On dirait qu'une voiture lui est passée dessus. En plus, il ne t'avait rien fait, a-t-elle répliqué tandis qu'en moi, je pensais, *Vas-y ma fille. Attaque !*

— Si ! Il me crache son baratin toute la journée. Rien que le fait qu'il existe et qu'il me bouffe mon oxygène, ça m'énerve, a rétorqué le mec pendant que ses crétins de copains rigolaient, l'air sadique.

Quels sales types ! Vraiment ! Et armés en plus ! L'un d'entre eux tenait un fusil de chasse dans son coude à moitié replié. L'Amérique, patrie du permis de port d'armes et bla bla bla. Quel âge avaient au juste ces brutes ? Leurs parents étaient-ils au courant qu'ils avaient un fusil ?

C'est pénible à la fin, cette façon qu'ont les plus forts de toujours s'en prendre aux plus faibles. C'est l'histoire de ma vie. Littéralement. Et on aurait dit que dans l'autre monde, celui de l'extérieur, c'était toujours la même histoire aussi. J'en avais marre. Marre de ce genre de mecs, des débiles et des brutes.

J'ai émergé de l'arrière du bâtiment et la fille m'a aperçue. Surprise, ses yeux se sont écarquillés. Pas longtemps. Une fraction de seconde. Mais ça a suffi. Les mecs ont fait volte-face pour voir ce qui se passait.

Encore une gamine stupide, ont-ils estimé, soulagés. Leurs regards se sont attardés un moment sur mon visage écorché et mon œil au beurre noir, mais ils les ont vite détournés. Erreur numéro un.

— Alors, Ella, t'as rien d'autre à dire pour ta

défense ? (Le chef parlait d'un ton sarcastique.) Tu vois une raison que je ne te donne pas à ton tour une bonne leçon ?

— Trois mecs contre une fille. Ça m'a l'air équitable, ai-je lancé d'un seul coup, en m'approchant à grandes enjambées.

J'avais du mal à masquer la rage sur mon visage. Je bouillonnais.

— Toi, gamine, on t'a pas causé, m'a rembarrée l'un des garçons. Tu ferais mieux de foutre le camp si tu tiens à tes fesses.

— Peux pas, ai-je répondu au moment de me placer aux côtés de la fille nommée Ella. (Elle m'a jeté un œil, paniquée.) D'ailleurs, je crois plutôt que c'est moi qui vais vous botter vos fesses de crétins.

Ils se sont mis à se bidonner. Erreur numéro deux.

Comme les autres, je suis bien plus forte qu'un adulte, même un homme, rapport à la mécanique génétique. En plus, on avait tous appris les techniques d'autodéfense avec Jeb et j'étais plutôt douée. Mais jusqu'à ce jour, je n'avais jamais eu à mettre la théorie en pratique pour de vrai. Si seulement je pouvais tirer Ella de ce pétrin...

— Je vais t'apprendre moi. Tu vas voir ce que je fais aux grandes gueules comme toi ! a fait le chef pendant que les deux autres s'avançaient pour m'encercler.

Et là, ça a été l'erreur numéro trois. Et pan ! *Sayonara,* les gars !

J'ai agi en vitesse. Plus rapide que mon ombre et sans prévenir. J'ai envoyé un coup de pied en plein dans la poitrine du chef. Fang, ça lui aurait simplement coupé la respiration. Mais celui-là, visiblement, je venais de lui casser une côte. J'ai entendu « crac », puis le mec s'est figé, choqué, avant de s'effondrer en arrière.

Les deux types qui restaient se sont jetés sur moi en même temps. J'ai tourné sur moi-même et j'ai arraché le fusil des mains d'un des mecs. Je le tenais par le canon et je l'ai fait tourner dans un grand cercle avant de lui flanquer sur la tempe. Vlan ! Abasourdi, le type a vacillé tandis qu'un filet de sang rouge vif coulait de son crâne.

J'ai regardé autour de moi et j'ai vu Ella. Elle était toujours debout, au même endroit, l'air effrayé. Pas par moi, j'espérais.

— Va-t'en ! lui ai-je crié. Ne reste pas là !

Après une courte hésitation, elle est partie en courant dans la direction opposée, un petit nuage de poussière rougeâtre flottant sur ses talons.

Le troisième type m'a saisie par le bras mais je me suis dégagée. Aussitôt, j'ai fait une pirouette pour lui flanquer mon poing sur le... nez. Je visais son menton, mais j'ai ripé. J'ai grimacé de douleur – ouille – en sentant son nez se casser. À la suite d'un ralenti d'une micro-seconde, il a commencé à pisser le sang. Eh ben dites donc, les humains, c'est aussi fragile que de la porcelaine, on dirait.

Les trois brutes étaient dans un sale état. Pourtant ils sont parvenus à se remettre sur leurs jambes, le visage ravagé par la colère et l'humiliation. L'un d'eux a ramassé le fusil et l'a armé de son bras droit, celui qui était encore en état.

— Tu vas le regretter, m'a-t-il avertie tout en crachant du sang, de plus en plus près de moi.

— Ça m'étonnerait, ai-je répondu avant de prendre mes jambes à mon cou, direction les bois. Fissa !

22

Évidemment, si j'avais pu m'envoler, je n'aurais déjà plus été qu'un petit point dans le ciel à l'heure qu'il était. Mais je ne voulais pas que ces gros ballots voient mes ailes et puis j'ai rejoint les bois en quelques secondes, de toute façon.

J'ai traversé les sous-bois en courant, écartant violemment les branches sur mon passage. Une chance que je portais des chaussures... J'avançais droit devant, sans savoir où j'allais.

Les voix des crétins me parvenaient dans mon dos. Ils criaient, juraient, me menaçaient. J'avais bien envie de rire mais, honnêtement, je n'avais pas de temps à perdre avec ça. Peu à peu, je les distançais.

C'est alors que j'ai entendu un énorme *bang !* L'un des mecs avait tiré, faisant voler en éclats des bouts d'écorces, tout autour de moi. Ce satané fusil, je l'avais oublié !

Vous pensez ce que je pense que vous pensez ? Vous vous demandez si j'ai remarqué les similitudes entre cette situation débile et mon rêve ? La réponse est *oui*. Je ne suis pas idiote. Quant à ce que ça signifiait, je m'en occuperais plus tard, OK ?

La seconde suivante, un autre bruit de détonation a retenti et, presque au même moment, j'ai senti une douleur vive et atroce dans mon épaule gauche. Ça m'a coupé le souffle. En jetant un œil par-dessus mon épaule, j'ai vu le sang qui se répandait sur ma chemise. Ce crétin avait réussi son coup : j'étais touchée !

J'avais vraiment la poisse, parce que, tout de suite après, je suis tombée en me prenant les pieds dans la racine d'un arbre. J'ai atterri sur mon épaule blessée et j'ai entamé un roulé-boulé au milieu des buissons, broussailles, autres plantes grimpantes et cailloux. J'avais beau essayer de me rattraper à quelque chose, ma main, à l'extrémité de mon bras gauche amoché, tâtonnait dans le vide.

Après cette dégringolade, j'ai fini par m'arrêter au bord d'un ravin envahi par les ronces. En levant les yeux, je n'ai vu que du vert : j'étais couverte d'herbes et de bouts d'arbrisseaux.

Je suis restée étendue, sans bouger un moment. Il fallait que je reprenne mon souffle. Il fallait que je réfléchisse. Loin, au-dessus de moi, j'ai entendu les trois sauvages crier et tirer encore. Ils me faisaient l'effet d'un troupeau d'éléphants en train de traverser la forêt. Je n'ai eu aucun problème à les localiser au moment où ils passaient à l'endroit exact où j'étais tombée.

Pour ma part, j'avais l'impression qu'un ogre venait

de me cribler de coups de matraque sur tout le corps. Je pouvais à peine bouger le bras gauche. Il me faisait mal à pleurer. J'ai tenté de déployer mon aile, mais la douleur a irradié en moi, me coupant la respiration. Mon aile était touchée aussi. Je ne la voyais pas bien par-dessus mon épaule, mais je le savais, vu la douleur insoutenable qui la traversait.

J'étais couverte de blessures, j'avais perdu mon coupe-vent et, si mes soupçons étaient bons, j'avais les fesses dans un buisson d'orties.

Très lentement, je me suis mise debout, réprimant des sursauts de douleur. Il ne fallait pas rester là. J'ai jeté un œil au soleil et j'ai pris la direction du nord. J'ai étouffé un gémissement en réalisant que Nudge et Fang se demandaient sans doute où j'avais bien pu passer.

J'avais complètement foiré. Et Angel qui m'attendait elle aussi... à supposer qu'elle soit encore en vie. Je les avais tous laissés tomber.

Par-dessus le marché, j'étais solidement blessée et j'avais des cinglés armés à mes trousses. Merde.

Maintenant, j'étais de mauvaise humeur. Je suis comme ça, je n'y peux rien, il faut toujours que je prenne la défense des opprimés. Jeb me disait tout le temps que ça me perdrait.

Et Jeb avait raison.

23

— Fang ? J'ai vraiment faim ! Vraiment !

Max les avait quittés depuis presque une heure. Nudge n'avait toujours pas bien compris ce qui s'était passé au juste et où Max était partie.

Fang a hoché la tête sèchement avant de la faire pivoter dans la direction vers laquelle il voulait aller. Nudge a légèrement viré elle aussi et l'a suivi.

Ils remontaient le long de falaises en roche striée et plates sur le dessus. Fang s'est dirigé vers un renfoncement ombragé tandis que Nudge s'est mise à rétropédaler pour ralentir et pouvoir atterrir. En s'approchant, il s'est avéré que le renfoncement était en fait une grotte large, mais peu profonde. Nudge s'est légèrement baissée au moment de s'y poser.

Fang a atterri à côté, presque sans bruit.

La grotte faisait environ six mètres de large et quatre de profondeur, avec une forme effilée aux deux extrémités. Le sol était sec et sablonneux. Nudge n'était pas mécontente de s'y asseoir.

Fang a retiré son sac à dos et il a commencé à passer à Nudge de quoi manger.

— Hummmmmm, ouais ! a-t-elle fait en ouvrant un sachet de fruits secs.

Fang a agité une barre de chocolat sous son nez et elle a laissé échapper un petit cri de joie aigu.

— Hé ! Fang ! Où t'as trouvé ça ? T'as bien caché ton jeu, hein ? Tout ce temps, avec du chocolat dans ton sac ! Oh ! La vache, c'est trop bon !

Fang lui a décoché un léger sourire et puis il s'est assis. Il a croqué son morceau de chocolat avant de fermer ses yeux sombres pendant quelques instants, mâchant lentement.

— Elle est où, Max ? a voulu savoir Nudge, quelques minutes plus tard. Pourquoi est-ce qu'il a fallu qu'elle aille là-bas ? Elle devrait être rentrée à l'heure qu'il est. Et je croyais qu'on devait se retrouver tout en haut du lac Mead... Qu'est-ce qu'on va faire si elle ne revient pas très vite ?

Elle s'est interrompue instantanément en voyant que Fang venait de lever la main.

— Max a vu quelqu'un qui avait des ennuis, alors elle est allée lui donner un coup de main, a-t-il répondu de sa voix calme et posée. On va l'attendre ici. Le lac Mead est juste en dessous.

Nudge ne pouvait s'empêcher de se faire du souci. Chaque seconde comptait. Mais qu'est-ce qu'ils faisaient, coincés ici, dans ce trou ? Que pouvait bien faire

Max de plus important que sauver Angel ? Elle a fini son dernier abricot avant d'examiner les alentours.

C'est vrai, maintenant que Fang le disait, elle apercevait les contours bleus du lac Mead sur la gauche. Nudge s'est mise debout, sa tête touchant presque le plafond de la grotte. De chaque côté de celle-ci, il y avait une corniche assez large. Nudge a choisi celle de gauche pour aller voir le lac de plus près.

Là, elle s'est figée, comme paralysée.

— Euh... Fang ?

24

Fang a rejoint Nudge avant de s'immobiliser à son tour. La corniche pointait vers le ciel, en direction du sommet de la falaise. L'endroit était parsemé de petites herbes broussailleuses et de gros galets qui ressortaient sur un tapis d'argile compacte et de roche.

Sur les rochers, les plantes et entre eux se trouvaient de larges nids, d'une soixantaine de centimètres. De grands oisillons duveteux occupaient la majorité des nids, flanqués le plus souvent de leurs parents, de grands oiseaux couleur rouille qui, pour la plupart, fixaient, tendus, de leurs yeux de prédateurs, Nudge et Fang.

— Qu'est-ce que c'est ? a murmuré cette dernière en tordant sa bouche de côté.

— Des buses rouilleuses, a expliqué Fang tout doucement. Le plus grand rapace des États-Unis. Assieds-toi. Len-te-ment. Pas de mouvements brusques ou on va tous les deux leur servir de dîner.

Pigéééééé, a pensé Nudge comme elle se laissait tomber sur ses genoux au ralenti. Elle n'avait qu'une envie : faire demi-tour et partir en courant. Mais elle risquait d'être attaquée. Les quelques serres qu'elle distinguait avaient l'air mortelles... dans le premier sens du terme. Sans parler des becs archicrochus, coupants et menaçants.

— Tu crois... a-t-elle commencé à mi-voix, mais Fang lui a fait signe de se taire... une bonne fois pour toutes.

Il s'est accroupi près d'elle, sans quitter les buses des yeux. L'une d'entre elles avait un rat à moitié démembré dans le bec. Ses petits piaillaient tant qu'ils pouvaient pour en avoir un morceau.

Après quelques minutes, Nudge ressentait déjà le besoin de crier. Elle ne supportait pas de devoir rester immobile, sans pouvoir poser son milliard de questions, ni savoir combien de temps elle tiendrait encore sans bouger.

Un petit mouvement attira son attention. Fang, très délicatement, était en train de déployer l'une de ses ailes. Tous les rapaces ont tourné la tête en même temps, leurs regards assassins scotchés à son aile.

— C'est pour qu'ils me sentent.

Les lèvres de Fang bougeaient à peine.

Au bout d'un certain temps, qui parut une éternité, les buses ont semblé se détendre légèrement. Elles étaient immenses, avec des ailes d'une envergure d'un mètre cinquante environ et un air glacial tout-puissant. Les plumes de leurs ailes étaient brunes avec des bandes d'un brun-roux en haut, tandis qu'en dessous, elles étaient parcourues de bandes blanches. Un peu comme les ailes de Nudge, à un détail près : les siennes étaient plus grandes que les leurs. À peu près deux fois plus grandes.

— Pouah, Nudge ne put s'empêcher de lâcher tout bas quand l'un des rapaces ramena un serpent qui gigotait encore.

Sa vue excita les jeunes buses au point qu'elles se marchèrent presque sur la tête pour essayer d'accéder à la première bouchée.

— Re-pouah.

Fang tourna lentement la tête vers Nudge pour lui sourire. Elle sourit en retour, non sans surprise.

Ça la démangeait solidement de partir. Et elle était impatiente que Max revienne. Elle aurait voulu qu'il y ait un brin plus à manger aussi. Mais en même temps, c'était assez génial d'être assise là, au soleil, entourée d'oiseaux majestueux, gigantesques, à se dégourdir les ailes. Ça ne pouvait pas lui faire de mal de rester encore un peu, pensa-t-elle.

25

Mais pas trop longtemps quand même.

— Angel nous *attend*, a fait Nudge un peu plus tard. C'est vrai, c'est comme notre petite sœur à tous.

Elle a frotté la poudre de roche de ses jambes bronzées déjà poussiéreuses, puis elle s'est mise à gratter une croûte sur son genou, avec une petite moue.

— Le soir, au lieu de dormir, Angel et moi, on parle. On se raconte des blagues et aussi des tas d'histoires. (Ses grands yeux noisette ont rencontré ceux de Fang.) Et maintenant quoi, alors ? Est-ce qu'il va falloir que je dorme dans cette chambre toute seule, une fois rentrée à la maison ? Il faut que Max revienne. Elle ne va pas laisser tomber Angel, si ?

— Non, l'a rassurée Fang. Elle ne va pas la laisser tomber. Tu vois cette grande buse – celle avec la bande noire sur l'épaule –, tu vois comme elle a l'air d'avoir une aile plus rapide que l'autre quand elle vire ? Du coup, son virage est serré, régulier mais sans heurt. On devrait essayer.

Nudge l'a examiné. À sa connaissance, c'était l'une des plus longues tirades de Fang.

Elle s'est tournée pour observer la buse dont Fang venait de parler.

— Han, han... Je vois ce que tu veux dire.

Mais à peine avait-elle fini sa phrase que déjà Fang s'était levé pour courir, léger, vers le bord de la falaise où il sauta. Le vent s'est engouffré dans ses grandes ailes noires, si puissantes, et il est monté en flèche. Il s'est rapproché des rapaces qui formaient un cercle, une sorte de ballet volant.

Nudge a laissé échapper un soupir. Elle aurait tellement voulu, tellement, tellement, que Max soit là. Était-elle blessée ? Valait-il mieux qu'ils rebroussent chemin ? Impatiente, elle a attendu que Fang revienne pour lui poser la question.

Au même moment, il est passé à côté d'elle dans une trajectoire circulaire, à hauteur de la grotte.

— Allez ! Viens ! a-t-il lancé. Essaie ! Tu verras, tu voleras mieux.

Nudge a poussé un nouveau soupir avant d'épousseter des éclats de chocolat de sa chemise. Et Angel alors, il s'en fichait ? D'un autre côté, si c'était le cas, il ne le montrerait probablement pas, se dit-elle. Mais elle savait que Fang adorait Angel. Il avait l'habitude de lui lire des histoires avant qu'elle apprenne à lire et, aujourd'hui encore, il la prenait dans ses bras pour la consoler.

Bon, eh bien, autant m'entraîner moi aussi. C'est tou-

jours mieux que de rester à rien faire ici. Elle s'est jetée du bord, sans parvenir à chasser la joie, même teintée d'amertume, qui irradia à ce moment-là dans sa poitrine. C'était tellement... merveilleux de flotter dans les airs, de sentir ses ailes, fortes et agiles, la faire planer en toute liberté.

Elle a rejoint Fang pour qu'il lui fasse une démonstration. Ensuite elle a fait comme lui. C'était vrai que ça marchait.

Elle a dessiné d'immenses boucles dans le ciel pour s'entraîner, se rapprochant petit à petit des rapaces qui, semblait-il, l'avaient acceptée. Tant qu'elle ne penserait pas à Max ou à Angel, ça devrait aller.

Ce soir-là, Nudge s'allongea sur le ventre, ses ailes à plat, de chaque côté, et observa les buses faire la toilette de leurs petits. Elles étaient tellement attentionnées envers eux. C'était presque incroyable que des rapaces si féroces et violents lissent tendrement les plumes blanches tachetées de leurs oisillons, les nourrissent et les aident à sortir du nid pour aller s'entraîner à voler.

Tout à coup, sa gorge s'est serrée et elle a reniflé.

— Qu'est-ce qu'il y a ? a interrogé Fang.

— Ces oiseaux, a expliqué Nudge comme elle essuyait ses yeux, l'impression d'être stupide. Ils ont une mère, eux, au moins. Pas comme moi. Les parents s'occupent des petits. Moi, je n'ai jamais connu ça. Enfin, sauf avec Max. Mais ce n'est pas une maman.

— Ouais. Je sais.

Fang ne la regardait pas. Il avait dans la voix quelque chose qui ressemblait à de la tristesse.

Le soleil s'est couché, et les rapaces dans leurs nids l'ont imité. Les oisillons ont fini par se taire. Une heure après la tombée de la nuit, Fang s'est rapproché de

Nudge et lui a tendu son poing gauche. Nudge a levé les yeux vers lui, puis elle a posé son poing gauche sur le sien. Tous les six, ils faisaient toujours ça avant d'aller dormir.

Sauf la veille au soir, dans le chalet, quand ils s'étaient endormis. Et maintenant, il ne restait plus qu'eux deux.

Nudge a donné une petite tape sur le poing de Fang avec sa main droite, et Fang a fait de même.

— Bonne nuit, a-t-elle réussi à murmurer en dépit de ce sentiment d'avoir été amputée, privée de la présence de tous ceux qu'elle aimait.

En silence, elle s'est roulée en boule contre la paroi de la grotte.

— Bonne nuit, Nudge, a répondu Fang en chuchotant à son tour.

26

Eh ben ! J'avais connu des jours meilleurs. Mon épaule continuait à saigner un peu, même si j'appuyais à l'endroit de la blessure depuis plusieurs heures. Chaque fois que je la bougeais légèrement, un filet de sang chaud coulait entre mes doigts.

Heureusement, je n'avais pas recroisé la bande de clowns et leur fusil, mais de temps à autre, leurs voix parvenaient jusqu'à moi. Je remontais vers le nord en zigzaguant pour brouiller les pistes. Chaque fois que je les entendais, je m'arrêtais et restais là sans bouger un cil pendant d'interminables minutes, à essayer de me fondre dans le paysage.

Finalement, pleine de crampes et de fourmis dans les jambes, je me remettais sagement en route. Au cas où ils soient allés chercher des chiens, j'avais pris soin de m'asperger d'eau au moins quatre fois dans des ruisseaux. Et croyez-moi, ne pas perdre l'équilibre, avec une épaule blessée, sur des rochers glissants couverts de mousse et bordés d'eau glacée, c'est du sport !

J'avais tâtonné mon épaule et mon aile. D'après moi, la balle avait arraché un morceau de chair et d'aile sur son passage mais ne s'y était pas logée. Impossible – quoi qu'il en soit – d'espérer me servir de mon bras et de mon aile, lesquels me faisaient tous les deux terriblement souffrir.

L'heure tournait. Angel était quelque part, à plusieurs heures de là, en train de subir Dieu sait quels trucs horribles en se demandant où je pouvais bien être. J'ai pincé les lèvres pour ne pas pleurer. Je ne pouvais pas voler, pas rattraper Fang et Nudge non plus, qui, à l'heure actuelle, étaient probablement furax. Ce n'était pas comme si je pouvais les appeler sur leur portable ou un truc dans le genre. C'était vraiment trop con.

J'étais dans une mouise sans nom et je ne pouvais m'en prendre qu'à moi-même, ce qui ne faisait qu'empirer les choses.

Après, comme par hasard, il s'est mis à pleuvoir. Ben voyons !

J'en étais rendue à me traîner entre les arbres et les broussailles trempés, dans une boue argileuse rougeâtre, essuyant les gouttes sur mon visage, de plus en plus frigorifiée, pitoyable, affamée et prête à m'arracher les yeux.

Je n'entendais plus les trois mecs depuis longtemps, vraisemblablement rentrés chez eux pour se mettre à l'abri.

Une minute plus tard, j'ai cligné des yeux avant de

les essuyer pour mieux voir. Là, droit devant, j'apercevais de la lumière.

Si c'était un magasin ou un appentis, je n'aurais qu'à attendre que tout le monde soit parti et passer la nuit à l'intérieur. Bientôt, je me suis retrouvée à une dizaine de mètres de distance seulement, pliée en deux, en train d'épier entre les arbres. Ce n'était ni un commerce, ni un hangar, mais une maison.

Une silhouette est passée devant la fenêtre. J'ai ouvert grand les yeux de surprise. C'était cette fille. Ella. J'ai supposé qu'elle vivait là.

J'ai mordu ma lèvre. Elle habitait sûrement avec son papa gâteau et sa maman poule, ainsi qu'avec son frère ou sa sœur. Elle en avait de la chance ! Bref, l'important, c'était qu'elle était rentrée chez elle, saine et sauve. Parce que je m'en serais voulu à mort d'avoir laissé ces monstres la tabasser.

Je tremblais comme une feuille, trempée jusqu'aux os par la pluie glacée qui coulait entre mes omoplates. J'étais sur le point de m'écrouler. *Fais quelque chose, trouve une idée*, me suis-je ordonné.

Je cherchais un éclair de génie quand une porte s'est ouverte, sur le côté de la maison. Ella est sortie, un immense parapluie dans la main. À ses pieds courait une ombre. Un chien. Gras et court sur pattes.

— Allez, Magnolia, a lancé Ella. Dépêche-toi sinon tu vas être toute mouillée.

La chienne a commencé à renifler tout autour du jardin, humant les mauvaises herbes, sans se soucier le moins du monde de la pluie. Sa jeune maîtresse a fait demi-tour avant de se mettre à faire les cent pas, attentive à son jardin, tout en faisant tourner son parapluie dans la main, dos à moi.

À situation désespérée, actions désespérées. Je ne sais pas de qui c'est, mais c'est tout à fait vrai. J'ai pris une grande inspiration avant de m'approcher d'Ella à tout petits pas.

27

— Bon. Encore deux autres échantillons de sang et on aura fini avec les analyses de glucose. On pourra alors passer à l'électro-encéphalogramme.

C'est pas bientôt fini !? Max, où es-tu ? a pensé Angel avec tristesse pendant que la blouse blanche approchait d'elle. La grille de la cage d'Angel s'est ouverte et un type s'est accroupi pour l'observer de plus près. Elle s'est tapie au fond de la cage, aussi loin qu'elle pouvait.

Mais il a tendu le bras pour lui attraper la main, à l'endroit du cathéter, quand il a remarqué son visage. Il s'est tourné vers son collègue :

— Qu'est-ce qui lui est arrivé ?

— Il a mordu Reilly tout à l'heure, quelqu'un a répondu. C'est pour ça que Reilly l'a frappé.

Angel essayait de se faire la plus petite possible,

pelotonnée dans son coin. Tout le côté gauche de son visage la lançait, mais elle était quand même contente de l'avoir mordu. Elle le haïssait. Lui et tous les autres.

— Quel connard, ce Reilly ! Ce mec n'est bon qu'à travailler dans un garage, à laver les voitures. S'il me bousille ce spécimen-là, je le tue.

— Est-ce qu'il réalise de quel spécimen il s'agit ? a demandé la blouse blanche en colère. C'est le Sujet Onze, bon sang. Un spécimen unique. Ça fait une éternité qu'on essaie de mettre la main dessus. Il n'est pas au courant ? Dis à Reilly de ma part de ne pas s'aviser d'abîmer la marchandise.

Il a repassé sa main à l'intérieur pour saisir Angel par la sienne.

Elle ne savait pas quoi faire. Le cathéter en plastique sur le dos de sa main était douloureux. Elle avait recroquevillé cette dernière contre sa poitrine. On ne lui avait rien donné à boire ni à manger de la journée si ce n'est un truc orange écœurant, archisucré. Après, on lui avait prélevé du sang du bras gauche, mais elle s'était débattue et avait mordu ce type. C'est pour ça qu'ils lui avaient posé un cathéter. Pour pouvoir prélever son sang plus facilement. Ça faisait trois fois déjà.

Angel sentit les larmes monter mais serra les dents.

Lentement, elle se déplia un peu pour se rapprocher de l'ouverture et tendit la main vers le type du labo.

— Voilà, dit-il d'un ton apaisant tandis qu'il prenait une aiguille avec un tube en verre à son extrémité. (Il enleva le bouchon du cathéter pour y insérer l'aiguille.) Ça ne fera pas mal. C'est promis.

Angel tourna la tête, toujours dos à lui, sa main en arrière.

Ça ne dura pas longtemps et ne fit pas mal. Peut-être que celui-là était un gentil, comme Jeb. Mais peut-être aussi que les poules avaient des dents...

28

— Bon, a fait Iggy. Alors, on fait super attention, OK ? Gazzy, t'as compris ? On fait vraiment gaffe.

— C'est bon. J'ai, a lancé le Gasman en donnant une petite tape sur le sac d'explosifs qu'ils avaient baptisé BB, la *Big* Bombe.

— Clous ?

Le Gasman a secoué le pot.

— J'ai.

— Pétrole ?

— Oui, c'est bon, c'est bon. (Le Gasman a hoché la tête.) On est de vrais petits génies. Ces crétins d'Erasers ne vont pas comprendre ce qui leur arrive. Ce serait trop si on pouvait creuser un trou.

— Tu parles ! Et on mettrait des pieux empoisonnés au fond ! a acquiescé Iggy. Mais ce qu'on a fera l'affaire.

Maintenant il faut y aller. On va voler sans se faire repérer et vérifier l'état des routes. Et si les Erasers ont un campement quelque part aussi.

— OK. Alors on pourra mettre des clous sur les routes et préparer la nappe de pétrole, a réfléchi Gazzy tout haut, en souriant. Il faut juste faire attention de ne pas se faire prendre.

— C'est clair. Ce serait pas cool, a reconnu Iggy, sérieux. Bon. Ça y est, il fait nuit ?

Presque. Tiens, voilà des vêtements sombres, a fait le Gasman en mettant une chemise et un pantalon dans les mains d'Iggy. J'en ai aussi. Prêt pour le grand saut ?

Il espérait qu'Iggy ne sente pas la peur dans sa voix. C'était un super plan. Et il fallait qu'ils fassent quelque chose. Mais s'ils échouaient, ce serait catastrophique. Et probablement fatal par la même occasion.

— Ouais. Je prends BB au cas où...

Iggy s'est changé avant de glisser leur bombe artisanale dans son sac à dos qu'il a passé sur son épaule.

— T'inquiète, a-t-il fait comme s'il pouvait lire l'expression du Gasman malgré ses yeux fermés. Elle ne peut pas se déclencher avant que j'aie enclenché la minuterie. C'est comme une bombe avec un cran de sûreté.

Le Gasman s'est efforcé de sourire. Il a ouvert la fenêtre de l'entrée en grand et il est allé se jucher sur le rebord. Il transpirait des mains et sentait ses boyaux se tordre. Mais il n'avait pas le choix. Il faisait ça pour Angel. Pour montrer de quoi il était capable à ceux qui touchaient à un cheveu de sa famille.

Il a dégluti un grand coup avant de s'élancer dans l'air de la nuit. Quelle sensation géniale ! Pouvoir déployer ses ailes et voler. En sentant le souffle du soir sur son visage, le Gasman a repris courage. Il avait soudain le sentiment d'être fort, tout-puissant et même... dangereux. Tout le contraire d'un petit mutant de huit ans.

29

— Hum, hum... Ella ?

La fillette s'est raidie, puis a fait un bond en arrière.

J'ai avancé encore un peu plus près, quittant les sous-bois pour qu'elle voie mon visage.

— C'est moi, ai-je dit d'un air idiot, la fille de tout à l'heure.

Il faisait de plus en plus noir et la pluie continuait à tomber. J'espérais qu'elle allait me reconnaître. La chienne s'est approchée au petit trot. En m'apercevant, elle m'a lancé un « wouf » pour m'intimider, mais j'ai bien vu qu'elle n'était qu'à moitié rassurée.

— Oh, oui. Hé, merci... de m'avoir aidée, a dit Ella qui plissait ses yeux mouillés par la pluie pour mieux me voir. Ça va ? Qu'est-ce que tu fabriques ici ?

Sa voix trahissait son inquiétude. Sur ses gardes, elle

jetait des regards tout autour, des fois que j'aie changé de camp depuis la dernière fois qu'elle m'avait vue.

— Ça va, j'ai répondu sans conviction. Enfin, à dire vrai, j'aurais besoin d'un coup de main.

C'était la première fois que je demandais de l'aide à quelqu'un. Dieu merci, Jeb n'était pas là pour voir ça, moi en train de jouer les abruties et les faibles.

— Oh ! a fait Ella. Je vois. Bien sûr. Est-ce que ces types... ?

— Tu ne vas pas le croire, mais l'un d'entre eux a réussi à me toucher avec son fusil, ai-je expliqué, en continuant à m'approcher d'elle petit à petit.

— Oh non ! a-t-elle suffoqué dans un sursaut de surprise, la main plaquée sur la bouche. Fallait le dire plus tôt ! Tu es blessée ? Pourquoi est-ce que tu n'es pas allée à l'hôpital ? Oh, mon dieu ! Viens ! Rentrons !

Elle s'est reculée pour me laisser passer devant, tout en chassant Magnolia qui s'était rapprochée d'une patte lourde pour renifler, l'air fort intéressé, mes vêtements imbibés de pluie.

Et vous savez quoi ? Eh bien, j'ai eu un instant d'hésitation. C'était le moment ou jamais. Jusqu'à ce que j'entre dans cette maison, je pouvais encore faire une pirouette et m'enfuir en courant. Une fois à l'intérieur, ce serait une autre paire de manches. Mettez ça sur le compte de mon excentricité si vous voulez, mais j'ai tendance à baliser lorsque je suis coincée entre quatre murs. On est tous pareils. Le reste de la bande aussi, je veux dire. Voilà ce qui arrive quand on passe son enfance en cage.

Mais ça ne servait à rien de me jouer la comédie et penser que j'arriverais à continuer comme ça, trempée, grelottante, affamée et titubant légèrement à cause du sang que j'avais perdu. Il fallait que je prenne sur moi et que j'accepte de l'aide. Même venant d'étrangers.

— Tes parents sont rentrés ? ai-je interrogé.

— Il n'y a que ma mère, a expliqué Ella. On vit seules toutes les deux. Viens. Rentre. Maman va pouvoir t'aider. Magnolia, au pied, fi-fille. (Ella a pivoté et marché à grandes enjambées vers la maison où elle a grimpé les marches en bois de l'escalier d'un pas lourd. Une fois en haut, elle s'est retournée pour m'observer.) Tu arrives à marcher, ça va ?

— Han han.

Lentement, je me suis dirigée vers la petite maison d'Ella, qu'une lumière baignait, rouge et chaude. Je me sentais étourdie. Et prise de panique. C'était peut-être la dernière grosse bourde de la journée que je faisais. Celle qui viendrait couronner toutes les autres depuis que le jour s'était levé.

De mon bras valide, j'ai entouré celui qui était blessé.

— Mais, mais... tu saignes ?! s'est exclamée Ella comme elle fixait mon sweat-shirt bleu ciel. Oh, non ! Viens vite. Dépêche-toi de rentrer ! (Elle a ouvert la porte d'un coup d'épaule, manquant de trébucher sur Magnolia qui entrait elle aussi au grand trot.) M'man ! M'man ! Tu peux venir ? J'ai besoin de toi !

Je n'ai plus bougé. Rester ou partir ? Rester ou partir ? Rester ?

30

— Tu crois que ça tiendra ? a lancé le Gasman à voix basse.

Iggy a hoché la tête, tout en fronçant les sourcils tandis qu'il enroulait les extrémités des deux fils ensemble au moyen d'une pince. Il a pris appui contre un sapin pour tirer et, une fois le câble bien serré, il l'a noué grâce à son outil.

— Ouais, ça devrait tenir, a-t-il fait à mi-voix. Jusqu'à ce qu'un certain Hummer le frappe de plein fouet, à toute allure.

Le Gasman a acquiescé d'un air menaçant. Quelle nuit ! Ils n'avaient pas chômé. Max n'aurait pas fait mieux. Il espérait qu'à cette heure-ci elle avait déjà sauvé Angel. *Pourvu qu'il ne soit rien arrivé*, pensa-t-il. Si les blouses blanches avaient mis la main sur Angel...

L'espace d'un instant, il l'imagina, pâle et sans vie, couchée sur une grande plaque de métal froide pendant que les blouses blanches dissertaient sur sa structure osseuse atypique. Il avala sa salive et chassa en vitesse cette vision d'horreur. Une fois de plus, il balaya du regard les alentours, à l'affût du moindre bruit.

— On rentre à la maison ? a chuchoté Iggy.

— Ouais.

Une fois debout, le Gasman a décollé du sol, en restant dans l'ombre des arbres. Il suivait la silhouette d'Iggy qui venait de freiner pour prendre à l'ouest en direction de la maison. De là-haut, le Gasman ne pouvait voir aucun de leurs bricolages, ce qui était plutôt une bonne nouvelle. L'objectif, c'était que, de leur hélicoptère, les Erasers ne puissent pas distinguer la nappe de pétrole ou le câble tendu pour les piéger avant qu'il ne soit trop tard.

— On a balisé le terrain en long, en large et en travers, a-t-il dit à Iggy, une fois atteinte leur hauteur idéale. Nappe de pétrole, clous sur la route, câble tendu. Ça devrait faire l'affaire.

Iggy a opiné de la tête.

— C'est trop con qu'on n'ait pas pu se servir de BB, a-t-il lâché. Mais je ne veux pas qu'on la gaspille. Il faut d'abord qu'on les voie. Enfin... *toi*.

— Demain peut-être, a proposé le Gasman d'une voix encourageante. On ira voir quels dégâts on a faits.

Le Gasman respirait profondément l'air frais du soir, impatient que Max apprenne leurs exploits.

31

Une femme à la chevelure foncée et aux yeux inquiets a ouvert la porte en grand.

— Que se passe-t-il ici, Ella? Qu'est-ce qui ne va pas ?

— M'man, je te présente...

Coupée dans son élan, la main d'Ella s'est arrêtée en route.

— Max, ai-je fini sa phrase.

J'aurais peut-être dû donner un faux nom ? *Réfléchis à deux fois avant de parler, Max !*

— Max, une amie. C'est la fille dont je t'ai parlé, celle qui m'a sauvée de la bande de José et Dwayne. Moi, je m'en suis sortie, mais ils lui ont tiré dessus.

— Oh non ! s'est exclamée la mère d'Ella. Viens par ici, Max. Tu veux que je téléphone à tes parents ?

J'étais debout sur le paillasson, gênée à l'idée de tremper le sol de pluie et de sang.

— Euh...

À ce moment précis, la mère d'Ella a vu le sang sur mon sweat-shirt. Elle a aussitôt porté son attention sur mon visage où elle a découvert ma joue éraflée et mon œil au beurre noir. Du coup, il n'était plus question d'appeler qui que ce soit pour l'instant. Heureusement.

— Je vais chercher mes affaires, a-t-elle dit d'une voix douce. Enlève tes chaussures et va avec Ella dans la salle de bains.

Les chaussettes dégoulinantes, je l'ai suivie dans le couloir. Ça faisait *flic floc* lorsque je marchais.

— Qu'est-ce qu'elle est partie chercher, ta mère ? l'ai-je questionnée tout bas.

Ella a allumé la lumière et m'a fait entrer dans une salle de bains vieillotte, au carrelage vert et au tuyau d'évier rouillé.

— Sa trousse de médecin, a murmuré Ella en retour. Ma mère est vétérinaire, alors elle s'y connaît en blessures. Même quand il s'agit d'humains.

Un vétérinaire ! J'ai été prise d'un rire débile, qui m'a contrainte à m'asseoir sur le bord de la baignoire. Un vétérinaire. Attendez un peu qu'elles s'aperçoivent à quel point, dans mon cas, c'était approprié.

La mère d'Ella est arrivée, une boîte à pharmacie en plastique à la main.

— Ella, va chercher quelque chose à boire pour Max. Quelque chose de sucré, comme du jus d'orange.

— Du jus d'orange, c'est parfait, ai-je fait avec émotion.

Ella, instantanément, a fait oui de la tête et s'est précipitée dans le couloir.

— Si j'ai bien compris, tu ne veux pas que je téléphone à tes parents ? a doucement demandé la mère d'Ella pendant qu'elle commençait à couper le col de mon sweat-shirt.

— Euh… non.

Allô, le labo ? Pourrais-je parler à l'éprouvette qui a enfanté ce bébé, s'il vous plaît ?

— Ni à la police non plus, n'est-ce pas ?

— Pas la peine de les mêler à ça, ai-je confirmé avant de retenir ma respiration au moment où ses doigts délicats trouvaient la blessure en haut de mon bras. Je pense que la balle m'a seulement effleurée.

— Oui, tu as sûrement raison, mais la blessure est quand même profonde et pas jolie, jolie. Et là…

Je me suis figée d'un coup, le regard droit devant, tous mes sens crispés simultanément. J'étais en train de prendre de gros risques. D'énormes risques, vous n'imaginez pas. À part aux autres, je n'avais jamais montré mes ailes à personne. Mais cette fois-ci, je ne pouvais pas m'en sortir seule. Et je détestais ça.

La mère d'Ella a eu un léger froncement de sourcil. Elle a terminé de couper mon col et puis elle a déchiré mon sweat-shirt, découvrant mon T-shirt sans manches en dessous. J'étais toujours assise, telle une statue. Je sentais une vague de froid m'envahir, qui n'avait rien à voir avec le fait que j'étais mouillée.

— Tiens.

Ella m'a tendu un grand verre de jus d'orange. J'ai failli m'étouffer à vouloir tout boire en un coup. Wahouuuuu. C'était trop bon.

— Qu'est-ce… a commencé la mère d'Ella pendant

qu'elle promenait ses doigts tout le long de mon aile, au niveau de sa jointure, près de ma colonne vertébrale.

Elle s'est penchée pour mieux voir.

Moi, je fixais mes chaussettes trempées, les doigts de pied recroquevillés. Elle m'a légèrement tournée. Je l'ai laissée faire.

— Max. (Ses yeux marron foncé trahissaient sa surprise, sa fatigue, son inquiétude. Tout ça à la fois.) Max, de quoi s'agit-il ? a-t-elle fait avec la même douceur tandis qu'elle touchait du doigt mes plumes quasi visibles.

J'ai péniblement dégluti. Plus la peine d'espérer avoir une relation normale avec Ella et sa mère maintenant. Dans ma tête, j'ai passé en revue le plan de la maison : à droite dans le couloir, puis à gauche toute, et tout droit en direction de la porte d'entrée. Ça ne prendrait pas plus de quelques secondes. C'était faisable. J'aurais même sûrement le temps d'attraper mes bottes au passage.

— C'est... une aile, ai-je soufflé. (Du coin de l'œil, j'ai aperçu Ella qui fronçait les sourcils.) C'est... euh... c'est mon aile. (Silence...) Elle est touchée aussi.

J'ai pris une inspiration profonde qui s'est mêlée à un haut-le-cœur. Ensuite, j'ai lentement déplié mon aile. Un petit peu. Pour que la mère d'Ella voie où j'avais été touchée. C'était douloureux.

Elle a ouvert grand les yeux. Grand. Très grand. Au point que je m'attendais à ce qu'ils jaillissent de leurs orbites pour rebondir sur le sol.

— Ouah..., a fait Ella, estomaquée.

Sa mère s'est pliée encore davantage pour m'examiner de plus près. Chose étonnante, elle essayait d'agir normalement, du style « OK, tu as une *aile*. On ne va pas en faire toute une histoire ».

Au bord de l'hyperventilation, prise de vertiges, je ne voyais plus tout à fait clair.

— En effet, ton aile aussi a été touchée, a fait la mère d'Ella à mi-voix tout en déployant un peu plus mon aile, en douceur. Et on dirait que la balle a arraché un morceau d'os.

Elle s'est rassise, puis m'a regardée.

J'avais toujours les yeux rivés au sol, mais je sentais son regard peser sur moi. Je m'étais fourrée dans de beaux draps ! Fang allait me trucider. Et une fois morte, il me zigouillerait encore.

Et tout ça, je l'avais bien cherché.

La mère d'Ella a inspiré profondément avant d'expirer complètement.

— Bon, Max, a-t-elle lancé d'une voix calme, posée. On va commencer par nettoyer tes plaies et arrêter l'hémorragie. À quand remonte ton dernier vaccin contre le tétanos ?

J'ai levé les yeux à la rencontre des siens. Cette femme était pleine de bon sens et surtout... incroyablement bienveillante et chaleureuse. Envers moi. Depuis quelques jours, j'étais devenue une vraie pleurnicheuse, alors quand j'ai senti des larmes embuer mes yeux, je n'ai pas franchement été étonnée.

— Euh... jamais.

— OK. On va en profiter pour arranger ça.

32

— Viens vite, dépêche, a haleté le Gasman.

Il pressait la branche de sapin tellement fort qu'il ne sentait presque plus ses doigts.

— Qu'est-ce qui se passe ? a interrogé Iggy au bord de l'impatience. Accouche !

Il était encore tôt. Tous les deux, ils s'étaient perchés près du sommet d'un vieux et grand sapin surplombant l'une des routes menant à une exploitation forestière abandonnée. Ils étaient allés repérer les lieux et le Gasman avait vu juste : au moins deux Erasers, peut-être plus, s'étaient fait un campement de fortune non loin de l'endroit où l'hélicoptère avait atterri. C'était évident qu'ils cherchaient le reste de la bande. Peu importe qu'ils aient voulu les tuer ou juste les kidnapper : il n'était pas question qu'ils se fassent prendre tous les deux.

Le Gasman continuait de faire des cauchemars dans lesquels il se retrouvait à l'École. Il rêvait que les blouses blanches lui prélevaient du sang, qu'ils lui injectaient diverses drogues pour voir comment il réagissait, qu'ils le forçaient à courir et à sauter avant de lui faire ingurgiter un colorant radioactif pour pouvoir étudier sa circulation. Des jours, des semaines, des années passées à souffrir, à vomir, malade, exténué, enfermé dans une cage. Le Gasman préférerait mourir plutôt que de retourner là-bas. Angel aussi aurait préféré mourir, il le savait, mais elle n'avait pas eu le choix.

— Le Hummer arrive, a sifflé le Gasman entre ses dents.

— Il est sur la *bonne* route ?

— Han, han. Et il va trop vite.

Gazzy a eu un sourire pincé, un peu inquiet.

— S'ils ne sont pas très à cheval sur les limitations de vitesse, tant pis pour eux !

— OK, ils approchent, a marmonné le Gasman. Encore cinq cents mètres.

— Tu vois le piège ?

— Non.

Le Gasman ne quittait pas des yeux le 4 × 4 noir, couvert de boue, tandis qu'il accélérait sur le chemin de terre.

— Dans une petite seconde, a-t-il commenté à voix basse pour Iggy qui vibrait presque sous l'effet de l'excitation.

— J'espère pour eux qu'ils ont mis leur ceinture. Ah, ah !

Et puis c'est arrivé.

Comme dans un film. À un moment, le véhicule noir en forme de caisse à savon filait à toute allure sur la route. L'instant d'après, il faisait une violente embardée à gauche, dans un redoutable crissement de pneus. La voiture a entamé une série de tête-à-queue maladroits et saccadés avant de faire un saut complètement inattendu et de heurter un arbre sur le côté, avant un atterrissage fracassant sur le capot, à quelques centaines de mètres plus loin.

— Wahouuuuuuuuuuuuuu, s'est exclamé le Gasman dans sa barbe. Hallucinant !

— T'as deux secondes pour me faire un topo, a fait Iggy, irrité.

— La voiture a glissé sur la nappe de pétrole. Elle est partie en vrille, a heurté un arbre et s'est retournée, lui a raconté le Gasman. Là, elle est sur le toit. On dirait un gros cafard mort.

— *Yes !* (Iggy a levé le poing en l'air, faisant bouger la branche sur laquelle ils étaient.) Tu vois quelqu'un bouger ?

— Attends... Ah, oui ! Là ! Il y en a un qui vient d'enfoncer une fenêtre pour sortir. Ça y est, ils sont tous sortis. Ils ont l'air furax. Ils marchent, alors ils ne sont pas très blessés.

Le Gasman voulait se débarrasser des Erasers une bonne fois pour toutes, ne plus devoir s'en inquiéter. D'un autre côté, il se demandait ce que ça lui ferait s'ils étaient tous morts à cet instant précis.

Mais il s'est rappelé qu'ils avaient enlevé Angel.

Et il a fini par se dire qu'un accident mortel des Erasers ne lui poserait probablement pas de problème.

— Crotte ! (La voix d'Iggy trahissait sa déception.) Est-ce qu'on pourrait leur balancer BB maintenant ?

Gazzy a fait non de la tête, puis il s'est souvenu qu'Iggy ne pouvait pas voir.

— Je ne crois pas. Ils sont en train de parler dans des talkies-walkies. Et en ce moment, ils se dirigent droit vers les bois. Tout ce qu'on ferait, c'est déclencher un gigantesque feu de forêt.

— Hummm. (Iggy a froncé les sourcils.) Bon, replions-nous et passons à la phase deux. On pourrait aller un peu à la vieille cabane, qu'est-ce que tu en dis ?

— Bonne idée, a répondu le Gasman. Allons-y. On a assez travaillé pour aujourd'hui.

33

Quatre-vingts ans auparavant, pendant la saison de la coupe, les bûcherons élisaient domicile dans un abri de fortune tout proche.

À l'abandon depuis trente ans, il tombait presque en ruines à présent, ce qui en faisait un parfait refuge pour Max et sa bande.

— Donc, la phase un est terminée, a conclu Iggy, assis dans une chaise de jardin en plastique déglinguée. (Il huma l'air.) Ça fait une éternité qu'on n'est pas venus ici.

— Han, han, a lâché le Gasman comme il lançait des regards tout autour. Au cas où tu te poses la question, c'est toujours le même dépotoir.

— Ce n'est pas nouveau, a fait Iggy. C'est bien pour ça qu'on l'aime cet endroit.

— Je n'en reviens toujours pas que cette nappe de

pétrole ait envoyé le Hummer valser comme ça, a reconnu le Gasman. Ça fichait un peu la trouille de le faire pour de vrai.

Iggy a ouvert le sac à dos d'où il a sorti BB. Il baladait ses doigts délicats sur la minuterie, attachée au système d'explosifs par un ruban adhésif.

— On doit éliminer les Erasers, a-t-il soufflé. Comme ça, ils ne s'en prendront plus jamais à nous.

— Et ils ne pourront plus jamais enlever Angel, a ajouté le Gasman, les yeux plissés. Moi je dis qu'il faut lancer la bombe sur l'hélico.

Iggy a opiné de la tête avant de se lever.

— Ouais. Écoute, on rentre à la maison et on prépare la suite en faisant un nouveau plan.

L'instant d'après, les lattes du plancher vibrèrent très légèrement et Iggy se figea sur place. Le Gasman l'observait cligner des yeux frénétiquement.

— T'as entendu ? a fait le Gasman, tout bas. (Iggy a fait « oui » de la tête, la main levée.) C'est peut-être un raton laveur...

— Pas en plein jour, a répondu Iggy du bout des lèvres.

Le sang du Gasman s'est glacé en entendant un petit bruit de griffe qui grattait la porte. Sûr, ce n'était qu'un animal, un écureuil ou un...

— Petits, petits... Ouvrez la porte.

Le chuchotement, serein et angélique, transperçait les fissures de la porte comme un gaz toxique. C'était la voix d'un Eraser. Une voix au son de laquelle, si on vous avait demandé de sauter d'une falaise, vous l'auriez fait.

Le cœur battant, le Gasman s'est dépêché de balayer la pièce du regard. Une porte. Deux fenêtres, l'une dans la pièce principale, l'autre, petite, dans les toilettes.

D'après lui, il ne passerait pas par celle de la salle de bains. Sans parler d'Iggy.

L'Eraser s'est remis à gratter la porte. Les poils du Gasman se sont hérissés à la base de son cou. « Bon, allons-y pour cette fenêtre-ci alors. » Il s'est glissé sur la pointe des pieds dans cette direction, sachant qu'Iggy serait capable de le suivre à l'oreille, même s'il ne faisait presque pas de bruit.

Crac ! La porte s'est ouverte en grand, faisant voler en éclats des morceaux de bois au travers de la pièce, tel un jeu de fléchettes.

— À huit heures ! a lancé le Gasman à Iggy dans un murmure pour lui indiquer la fenêtre.

Au même moment, son cerveau enregistrait l'information en rapport avec le colosse qui obstruait désormais l'encadrement de la porte. Gazzy a contracté ses muscles pour bondir par la fenêtre et s'enfuir, mais cette dernière a soudain été bouchée par une énorme tête enfoncée d'un rictus.

— Petits, petits, petits, petits, a raillé un second Eraser par la fenêtre sale.

Le souvenir de plusieurs années d'entraînement intensif à la Max est revenu en même temps que l'adrénaline qui montait dans le corps du Gasman. La porte : bloquée. La fenêtre : bouchée. Ils étaient pris au piège. *A priori,* aucune issue possible. Il allait falloir se battre, a-t-il songé tout en se préparant déjà.

Se battre jusqu'au bout. Jusqu'à la mort surtout.

34

Nudge s'est vaguement réveillée quatre fois avant de finir par se retourner et ouvrir les yeux.

Il faisait à peine jour. Fang avait disparu. D'abord Angel, ensuite Max... et maintenant Fang.

Disparu ! Nudge a regardé autour d'elle, puis elle s'est traînée à quatre pattes jusqu'à l'entrée de la grotte. Rien de tel qu'une crise de panique pour vous sortir une bonne fois pour toutes de votre sommeil et mettre tous vos sens en éveil. Nudge était particulièrement attentive, en même temps qu'effrayée, le cerveau bouillonnant de mille et une pensées.

Un mouvement a attiré son attention et sa tête a pivoté en direction d'une formation de rapaces tournoyant dans le ciel d'un bleu et d'un blanc aveuglants. Ils étaient tellement beaux, la puissance et la grâce à la fois. Ils ne faisaient qu'un avec le ciel, la terre, la falaise escarpée.

Fang volait parmi eux.

Nudge s'est mise debout en vitesse, évitant de justesse de se cogner la tête contre le plafond bas de la grotte. Sans hésiter, elle s'est élancée dans le ciel. Ses ailes se sont déployées, le vent s'y engouffrant comme dans les voiles d'un bateau. Soudain, c'était elle, le petit voilier brun, fendant l'infini d'une mer bleue.

Elle s'est avancée près des buses qui, après lui avoir jeté des regards noirs et perçants, ont évolué de sorte qu'elle puisse se joindre à elles. Fang l'observait. Son visage surprit Nudge, la façon dont il avait l'air si vivant, si... détendu. Fang avait toujours l'air tellement coincé d'habitude, tendu comme la corde d'un arc.

— 'jour, a-t-il lâché.

— J'ai faim, a lancé Nudge à son tour.

Il a hoché la tête.

— On est à trois minutes de la ville. Suis-moi.

Il a changé l'inclinaison de son corps pour pouvoir avancer et prendre de la hauteur sans bouger les ailes. C'était chouette. Comme un avion. Nudge essaya mais eut moins de succès. Elle allait devoir s'entraîner encore un peu.

En dessous d'eux serpentait une petite autoroute à deux voies, bordée ici et là des derniers magasins et bureaux avant qu'elle s'engouffre dans le désert. Fang a indiqué d'un signe de tête un fast-food flanqué d'une grande benne à ordures à l'arrière. Même d'aussi haut, Nudge pouvait distinguer un employé y fourrer des cartons pleins avant de commencer une nouvelle journée de travail.

Ils ont continué encore un instant à voler en cercle

au-dessus du fast-food jusqu'à ce qu'ils soient sûrs que l'employé n'allait pas revenir, puis ils ont commencé leur descente rapide, telles deux bombes, collant leurs ailes contre eux avec juste la pointe qui dépassait pour guider leur chute. À un mètre environ de la benne, ils les ont rouvertes, ont freiné d'un coup sec avant d'atterrir, presque sans un bruit, sur son arête métallique.

— Eh ! C'est le paradis ici ! a fait Fang en tripotant la nourriture, invendable mais toujours comestible. Hamburger ?

Nudge réfléchit, puis finit par secouer la tête.

— Je ne sais pas... depuis que j'ai vu les rapaces déchiqueter des petits animaux... Eh ! Mais, regarde ! Il y a des salades. Et des tartes aux pommes ! Jackpot !

Ils ont serré les cordons de leurs coupe-vent autour de leur taille et se sont hâtés de remplir leurs poches. Tout ce qui pouvait voyager ferait l'affaire. Trois minutes après avoir décollé, ils flottaient à nouveau dans les airs, le corps couvert des bosses de leurs poches pleines et le visage souriant.

Nudge se sentit tellement mieux après avoir mangé. Elle poussa un soupir et s'assit en tailleur à l'entrée de la grotte d'où elle observa le vol des buses.

Fang, quant à lui, venait de finir son cinquième hamburger et s'essuyait les mains sur son jean.

— Tu sais, je crois bien que la façon dont ils descendent en piqué veut dire quelque chose entre eux, dit-il. Comme s'ils se disaient où il y a à manger ou un truc dans le genre. Je n'ai pas encore tout capté, mais ça va venir.

Nudge se rassit sur ses genoux et déploya ses ailes, savourant la sensation de chaleur solaire sur elles. Elle essayait de ne rien dire, de ne pas déranger Fang, mais après cinq minutes, elle frôlait déjà la crise.

— Fang ? Il faut qu'on aille chercher Max, lança-t-elle. Ou bien tu crois qu'on doit continuer seuls et aller délivrer Angel nous-mêmes ?

Fang détacha péniblement ses yeux des rapaces.

— On va faire demi-tour et chercher Max, répondit-il. Il a dû... lui arriver un truc.

Nudge opina de la tête avec une expression toute solennelle sans pour autant réussir à mettre le doigt sur ce qui avait bien pu retenir Max. Elle n'avait pas envie d'y penser, quoi qu'il en soit.

Fang se mit debout. Sa silhouette, longue et sombre, ressortait d'autant plus sur les parois érodées de la falaise en grès. Il posa son regard sur elle, le visage empreint de calme, de patience, les yeux dépourvus du moindre éclat de lumière.

— T'es prête ?

Nudge bondit sur ses pieds, puis se frotta les fesses pour faire partir le sable collé.

— Sûr. Hummm... par où tu crois qu'il faut... ?

Mais Fang, déjà, était parti, happé par le vent, porté par le souffle qui montait de la gorge du canyon.

Nudge prit un tout petit peu d'élan avant de s'élancer à sa suite.

— Oyoyoooooooooo-yo-yo ! cria-t-elle sur un air de Tarzan.

Peu importe ce que ça voulait dire.

35

Je me suis réveillée couverte de pansements. Il faisait chaud, j'étais au sec et en sécurité.

Mais j'avais aussi envie de mourir.

Comme d'habitude quand je me réveillais, j'ai paniqué un court instant, le temps de comprendre où j'étais. Mon cerveau a traité l'information « papier-peint-à-fleurs » ainsi que « lit-douillet-au-parfum-de-lessive ». J'ai regardé en direction de mes pieds. Je portais un T-shirt trop grand pour moi sur lequel il y avait un personnage de dessin animé que je ne connaissais pas.

J'étais chez Ella. Alors que j'aurais dû être en train de secourir Angel, sous réserve qu'elle soit toujours en vie. Quant à Fang et Nudge, ils étaient probablement occupés à enfoncer des aiguilles dans une poupée vaudou baptisée Max. Je ne pouvais pas leur en vouloir.

Maintenant que j'étais complètement réveillée, la douleur cuisante dans mon épaule et dans mon aile a recommencé à me lancer, irradiant comme une étoile. Arrgh. Je me souvenais de la fois où je m'étais démis l'épaule, alors que Fang et moi on se battait pour rire. Ça m'avait fait tellement mal. Je baladais la main sur mon épaule d'un pas chancelant, au bord des larmes. Jeb m'avait calmée en me parlant, en détournant mon attention jusqu'au moment où, quand je m'y attendais le moins, il l'avait remise en place d'un coup sec. La douleur avait instantanément disparu. Il m'avait souri, avait dégagé les mèches trempées de sueur sur mon front et il était allé me chercher de la limonade. À l'époque, je m'étais dit : *C'est un truc de Papa. En fait, c'est même mieux qu'un papa.*

Jeb continuait de me manquer cruellement. Ma gorge s'est serrée rien que d'y penser.

Quand tout à coup, je me suis figée en voyant la porte de ma chambre s'ouvrir très, très délicatement, en silence.

Va-t'en ! m'envoyait comme message mon cerveau tandis que je serrais les draps dans mes poings. *Envole-toi !*

J'ai aperçu les yeux noisette d'Ella, curieux et impatients, qui regardaient par la porte entrebâillée. Elle s'est retournée et a chuchoté par-dessus son épaule :

— Je crois qu'elle est réveillée.

La mère d'Ella est aussitôt entrée.

— Bonjour, Max. Tu as faim ? Tu veux des *pancakes* ?

— Des saucisses ? a ajouté Ella. Des fruits ?

J'espérais que l'impression que j'avais de baver sur mon T-shirt n'était... qu'une impression. J'ai répondu d'un hochement de tête et elles sont parties en souriant. Tout de suite après, j'ai remarqué les vêtements sur mon lit. On avait lavé mon jean et mes chaussettes. Et il y avait un sweat-shirt mauve avec de grandes incisions toutes fraîches dans le dos.

La mère d'Ella prenait soin de moi exactement comme Jeb. Et moi, je ne savais pas quoi dire ni comment réagir.

J'avais peur d'y prendre goût. Je n'étais qu'une fille après tout.

36

Peu importait la vitesse à laquelle les Erasers allaient les tuer, le Gasman était persuadé que ça semblerait durer une éternité.

— On décolle, lui a soufflé Iggy tandis qu'il se pressait un peu plus contre lui.

On décolle ? a pensé le Gasman, les sourcils froncés. Iggy plaisantait sûrement. Décoller, *ici*, maintenant ?

Boum ! Crac ! Le Gasman a reculé juste au moment où la fenêtre, derrière lui, volait en éclats de verre et de bois. Un Eraser est apparu dans ce qui restait de l'encadrement de la porte. Silencieux, souriant.

— Vous savez quoi ?! a lancé le premier Eraser avec un sourire jovial. On a déjà la gamine... alors on n'a plus besoin de vous vivants.

Ils se sont esclaffés et leurs rires ont résonné comme

de grosses cloches lourdes, puis l'expression, sur leur visage, a changé. Le Gasman n'a pas pu s'empêcher de grimacer pendant cette métamorphose : leur museau de loup s'allongeait, leurs dents aussi, qui s'épanouissaient en un bouquet de couteaux.

— Voyons, les enfants, a presque roucoulé l'un d'entre eux. On ne vous a jamais expliqué la différence entre s'enfuir et se cacher ? OK, le premier, ça va, vous gérez, mais dans le second cas, vous repasserez.

Ses cheveux noirs, luisants, s'épaississaient et d'horribles touffes de poils poussaient partout sur ses bras et ses mains. Il s'est littéralement léché les bajoues, puis il a frotté ses mains disproportionnées et poilues comme s'il avait appris son rôle de méchant en s'entraînant avec un dessin animé à la télé.

— *Prêt ?*

La voix d'Iggy était quasi imperceptible et ses lèvres presque immobiles, à tel point que le Gasman n'était pas sûr d'avoir bien entendu. Le temps semblait s'écouler au ralenti. C'était bizarre. Il a serré les poings le long de son corps. Il était prêt. Fin prêt.

— Celui-là ne voit rien, a lâché un Eraser en gesticulant devant Iggy. T'en fais pas, gamin. C'est bientôt fini. Dans pas longtemps, ça n'aura plus d'importance que tu sois aveugle ou pas. C'est quand même dommage qu'on ne t'ait pas filé de nouveaux yeux. Ils sont super. J'en ai un, moi !

Le Gasman a levé les yeux vers lui, dégoûté en comprenant où l'autre voulait en venir. L'Eraser avait une bille en acier inoxydable enfoncée profond dans l'orbite. Sous une lueur rouge qui ressemblait au faisceau lumineux d'un laser, la bille a paru se remplir de sang. L'Eraser a souri et il a tourné son œil vers le Gasman.

Un poing rouge est apparu sur son T-shirt et, rien qu'en le regardant, l'Eraser a réussi à faire brûler un petit morceau de tissu à cet endroit-là.

Les deux monstres se sont marrés.

— Tu es parti avant qu'ils aient le temps de t'équiper de leur dernière invention – un bijou de technologie, a fait l'un d'entre eux. Dommage pour toi.

Ouais, c'est ça, a pensé le Gasman, complètement écœuré.

— Alors, mes lapins ? On veut courir un peu ? a sorti le premier Eraser. Qui sait, vous pourriez avoir de la chance ? Du moins au début.

Déjà excités à cette idée, les Erasers s'avançaient en souriant.

— À trois.

Une fois de plus, le Gasman n'était pas sûr d'avoir entendu Iggy ou bien de l'avoir imaginé.

— Un.

Les doigts de pied du Gasman se sont contractés dans ses baskets.

— Deux.

Quand Iggy a crié « Trois !, le Gasman a bondi en l'air, déployant ses ailes au son d'un grand *fouuuuum*. Un Eraser a empoigné le pied du Gasman dans un rugissement de colère et il a tiré un coup sec. Au-dessus de lui, Iggy venait de passer à travers le toit de la cabane et se dirigeait vers le ciel. Le Gasman a pu faire lâcher prise à l'espèce de loup et il a pris le même chemin que son ami.

L'instant d'après, il essayait de se frayer un passage par le trou du toit, ses ailes collées contre lui. Une fois sorti, il a perdu de l'altitude trop vite et atterri maladroitement sur l'arête minuscule d'un toit. Il a glissé sur le côté, s'agrippant à des tuiles qui lui restaient chaque fois dans les mains.

Iggy, six cents mètres plus haut, lui a crié :

— Gazzy ! Reste pas là !

Parvenu à se glisser au sommet du toit, le Gasman a ouvert les ailes et plié les genoux pour prendre de l'élan. Finalement, il a sauté et s'est mis à battre des ailes. Alors qu'il s'empressait d'aller rejoindre Iggy, ce dernier a jeté le sac à dos sur la cabane.

— Ramène-toi ! Dépêche ! Viiiiiiiiite ! a crié Iggy qui battait des ailes comme un fou.

En quelques secondes seulement, ils s'étaient élevés à plusieurs centaines de mètres.

Boum ! Enfin, ça a plutôt fait comme ça : *ba-da-boum !*

Les garçons ont été éjectés en arrière par l'onde de choc. Le Gasman s'est redressé, les yeux grands ouverts, pendant qu'une boule de feu de dix mètres de diamètre montait au-dessus de la cabane. Enfin, ce qu'il en restait.

Il restait sans voix.

Une fois la boule de feu désintégrée, la cabane a brûlé dans un grand feu de joie, ses vieilles planches de bois pourries flambant comme du petit bois. De grandes flammes semblaient vouloir lécher le ciel, qui caressaient les arbres sur leur passage et serpentaient le long des aiguilles de pin à mesure qu'elles s'embrasaient au sol.

Quel merveilleux spectacle !

— Bien, a fait Iggy après un long moment. Ça leur règle leur compte à *ceux-là*.

Le Gasman a opiné de la tête. Il avait la nausée. Un des corps, carbonisé, avait été projeté dans l'explosion avant de retomber sur le sol comme le morceau de charbon de bois qu'il était devenu. L'autre Eraser avait rampé à quelques mètres de la cabane. Ce n'était plus qu'une silhouette imprécise qui gisait par terre, aux contours brouillés par les flammes.

— En tout cas, jusqu'à ce qu'ils se fassent la malle, a ajouté Iggy.

Évidemment, celui-ci n'avait rien vu. Le Gasman s'est éclairci la voix.

— Non, ils sont morts.

Il se sentait mal à l'aise, honteux même, voire carrément coupable. Puis il s'est souvenu d'Angel. Elle et lui avaient fini le pot de glace ensemble, trois jours plus tôt. Elle était si petite. Il préférait ne pas trop penser à ce qu'on devait lui faire subir au même moment.

— Ça, c'était de la part de ma sœur Angel, tas d'ordures ! a-t-il grommelé pour finir.

Ensuite, il a entraperçu le Hummer noir, la capote rabattue, qui roulait à vive allure en direction de la cabane en feu. Il y avait un Eraser penché par la fenêtre du côté passager, des jumelles devant les yeux.

— Viens, Iggy, a-t-il lancé. Faut pas rester ici.

37

La cloche a émis un son métallique, criard et des mains rugueuses ont poussé Angel vers l'avant. Elle a trébuché et s'est rattrapée au dernier moment, passant à deux doigts d'un rouleau de fil de fer barbelé.

Angel avait envie de pleurer. Son cauchemar avait commencé le matin et l'après-midi touchait désormais à sa fin.

Affamée, elle avait également le tournis et mal partout. Pourtant, ils continuaient à la faire courir.

Dans un labyrinthe. Angel l'avait compris.

Ils l'avaient construit dans un immense gymnase, à l'intérieur même de l'École. Ils faisaient sonner une cloche et la poussaient en avant pour lui signifier de courir aussi vite qu'elle pouvait jusqu'à la sortie. Chaque fois, le labyrinthe était différent et ils changeaient la sortie de place. Si elle ralentissait, soit elle recevait une décharge électrique, si forte que son cerveau en tremblait, soit des câbles chauffés au rouge lui brûlaient les pieds. Alors, les yeux embués de larmes, Angel courait sans réfléchir, tournant ici, puis là, jusqu'à rejoindre la sortie en titubant.

Là, elle avait droit à une petite gorgée d'eau et à une pause de cinq minutes le temps qu'ils fabriquent un nouveau labyrinthe.

Angel a reniflé en essayant de ne pas faire de bruit. Elle détestait ça ! Si seulement elle connaissait dès le départ le chemin de la sortie, elle pourrait s'y précipiter sans se faire électrocuter ou brûler.

Elle a redressé le dos, assise, excitée par cette perspective. A fermé les yeux pour se concentrer et tenter de deviner les pensées des blouses blanches.

L'un d'eux voulait lâcher un Eraser dans le labyrinthe et provoquer un combat entre elle et lui afin de voir un peu quelle était sa force. Un autre pensait qu'il faudrait augmenter la chaleur des câbles. Ainsi, il pourrait étudier les effets du stress sur son taux d'adrénaline.

Angel aurait voulu les voir rôtir en enfer.

L'un d'entre eux montrait du doigt le prochain labyrinthe. Sale type.

Angel s'est concentrée, faisant mine de se reposer. On lui a donné une autre petite gorgée d'eau qu'elle a ingurgitée aussitôt. Elle pouvait visualiser le plan du labyrinthe. Elle le voyait parce que l'une des blouses blanches l'avait en tête. Angel a fait exprès d'inspirer et d'expirer profondément, l'air épuisé, mais au fond d'elle, un sursaut d'espoir venait de la ranimer.

Elle avait pigé. Elle savait à quoi allait ressembler le nouveau labyrinthe. Clignant des yeux, la mine fatiguée,

Angel se redressa une nouvelle fois, les yeux toujours dans le vide. Dans sa tête, elle révisait le plan en question : rapide virage à droite, puis droite encore, ensuite gauche, puis la quatrième à droite, etc., jusqu'à la sortie.

Elle pouvait visualiser tous les pièges, les culs-de-sac.

Elle était impatiente de leur en mettre plein la vue. Ça promettait !

Une blouse blanche la saisit et la força à se mettre debout, à l'entrée du labyrinthe.

La cloche retentit.

Quelqu'un la poussa.

Angel démarra au quart de tour, courant aussi vite qu'elle pouvait au cas où tous les câbles aient été brûlants. Elle tourna rapidement à droite et puis encore à droite et puis à gauche et ainsi de suite. Elle cavalait dans le labyrinthe, plus rapide que l'éclair, sans l'ombre d'une hésitation. Elle n'avait pas reçu une seule décharge électrique ni senti le moindre câble brûler ses pieds.

Elle sortit en trombe du labyrinthe avant de s'écrouler sur le plancher frais, en bois.

Le temps passa.

Des mots lui parvinrent aux oreilles, flottant comme des bulles de savon : *Incroyable. Aptitude cognitive. Compétences interprétatives. Créativité dans la résolution de problèmes. Disséquer son cerveau. Préserver ses organes. Extraire son ADN.*

Une voix s'éleva :

— Non, non, non, on ne peut pas déjà lui disséquer le cerveau.

L'homme qui parlait éclata de rire, comme s'il y avait quelque chose de drôle. Sa voix... Cette voix, elle la connaissait. Elle l'avait entendue dans des contes de fées, ou peut-être le soir, dans son lit, à la maison ou bien avec Max...

Angel reprit lentement ses esprits quand elle eut le malheur de lever les yeux. Un homme âgé se tenait près d'elle. Il portait des lunettes à monture métallique et il lui souriait. Aucune des pensées de l'homme ne lui était jusqu'ici parvenue. On aurait dit...

— Salut, Angel, fit Jeb Batchelder d'une voix toute gentille. Ça fait longtemps, hein ? Tu m'as manqué, petite.

38

Nudge ne savait pas au juste ce que Fang s'attendait à voir. Max, volant vers eux peut-être ? Ou bien Max, debout, en bas, agitant les bras pour attirer leur attention ? Son corps étendu par terre, en boule ? Nudge a chassé cette idée de son esprit. Elle n'avait qu'à attendre. Fang était plus âgé qu'elle. Et il était intelligent en plus. Max lui faisait confiance. Tout comme Nudge d'ailleurs.

Quelle distance pouvait bien les séparer de Max ? Nudge ne se souvenait pas de l'endroit où Max les avait laissés. Pendant des heures, elle et Fang avaient volé en cercles concentriques de diamètre croissant. Comment savoir si Max ne les avait pas déjà dépassés et si, en ce moment même, elle n'était pas en train de les attendre au lac Mead ?

— Fang ? Tu te souviens de l'endroit où on s'est séparés avec Max ?

— Oui.

— Est-ce que c'est là qu'on va ?

Silence...

— Pas si on peut l'éviter.

— Mais pourquoi ? Max est peut-être blessée. Elle pourrait avoir besoin d'aide. Et s'il fallait qu'on aille la secourir avant de secourir Angel ?

Pas facile de ne pas mélanger les deux missions. D'abord Angel. Et puis Max. Et puis encore Angel.

Fang a viré à gauche. Un virage serré, à la manière des rapaces qu'il avait observés. Nudge le suivait. En dessous, le sol avait l'air desséché, jonché ici et là de routes, de cactus et de buissons.

— Je ne vois pas comment Max aurait pu se blesser toute seule, dit Fang doucement. Ce n'est pas comme si elle avait foncé dans un arbre ou qu'elle s'était écrasée par terre. Donc, si elle est retard parce qu'elle est blessée, c'est probablement que quelqu'un lui a fait ça. Ce qui signifie que quelqu'un est au courant pour elle. Et il ne faut pas que cette personne soit au courant pour nous aussi, ce qui risque d'arriver si on allait chercher Max où elle est.

Nudge restait sans voix, la bouche ouverte.

— Et si Max est en retard parce qu'elle a des trucs à faire, alors ça ne servira à rien d'aller à sa rencontre. Ça ne fera que nous retarder. Elle nous rejoindra quand elle sera prête, que tout ira bien. Donc, pour le moment, on jette juste un œil. On ne va pas refaire tout le chemin à l'envers.

Nudge entendait la voix de Max dans sa tête : *Tourne sept fois ta langue dans ta bouche avant de parler*. Elle a donc refermé la bouche et s'est mise à réfléchir. Elle ne comprenait vraiment pas comment Fang pouvait ne pas aller la chercher, même si c'est vrai qu'ils risquaient d'être capturés ou blessés. Ils prenaient tous le risque de se faire prendre ou blesser en délivrant Angel, pas vrai ? Pourquoi n'était-ce pas pareil pour Max ? Max comptait plus qu'Angel, pensait Nudge, non sans culpabiliser. Max veillait sur eux. Max était leur chef, leur guide.

Elle a lancé un regard furtif à Fang. Il avait bon cœur, même s'il n'était pas du genre démonstratif ni chaleureux. Il était fort et beau et vaillant. Mais serait-il capable de s'occuper de tout le monde comme Max si elle ne revenait pas ? Ou bien les abandonnerait-il pour aller vivre seul et avoir la paix, loin d'eux ? Nudge se demandait ce qui pouvait bien passer par la tête de Fang.

Quand soudain elle sentit les larmes monter, une boule dans sa gorge se former, son nez se boucher. Elle ne pouvait pas supporter l'idée de vivre sans Max. Les paupières battantes, elle s'efforça de reprendre ses esprits et de se débarrasser de cette pensée. En regardant en dessous, elle aperçut un camion blanc et fixa son attention sur lui, essayant de deviner ce qu'il transportait et d'où il venait. Comme si ça changeait quelque chose...

Elle prenait de grandes inspirations, puis bloquait sa respiration. Elle s'interdisait de pleurer devant Fang. Bientôt, il allait peut-être falloir qu'elle grandisse un peu. Qu'elle s'endurcisse surtout. Alors, autant s'y mettre dès maintenant.

Le camion se dirigeait vers un carrefour balisé par des pancartes. Nudge a plissé les yeux jusqu'à ce qu'elle puisse lire le nom des villes. L'une disait « Centre d'accueil de Californie, 29 kilomètres ». Une autre disait « Las Vegas, 158 kilomètres », tandis que sur une troisième, il y avait écrit : « Tipisco, 5 kilomètres ».

Tipisco ! Tipisco, Arizona ! C'était là que Nudge était née. De là que venaient ses parents. Si seulement elle pouvait les retrouver !!! Voudraient-ils encore d'elle ? Est-ce qu'elle leur avait manqué atrocement pendant toutes ces années ?

— Fang ! a-t-elle crié alors qu'elle avait déjà entamé sa descente. C'est Tipisco là-bas. Il faut que j'aille voir !

— Hors de question, Nudge ! a répliqué Fang qui se rapprochait d'elle. Ce n'est pas le moment de se laisser distraire. Tu restes avec moi !

— Non ! a lâché Nudge, pleine d'audace tout à coup, mais au bord du désespoir aussi. (Elle a enroulé ses épaules, rentré sa tête dans son cou et elle a commencé à perdre de l'altitude.) Je dois partir à la recherche de mes parents. Si Max n'est plus là, je vais avoir besoin d'eux.

Fang a écarquillé ses yeux sombres de surprise.

— Quoi ? Ça va pas ? Nudge ! Allez, viens, il faut qu'on parle, toi et moi. On fait une pause. Viens par là.

— Non ! a refusé de céder Nudge, de nouveau au bord des larmes. Je descends... et ce n'est pas toi qui m'en empêcheras !

39

— On ne risque rien, sauf si les Erasers nous sentent, a fait le Gasman à Iggy, tout bas.

Ils étaient tous les deux cachés à l'intérieur de la fente étroite de la paroi d'une falaise, près de son sommet. Des buissons touffus masquaient l'entrée de leur cachette. Pour les attraper, il faudrait que les Erasers escaladent la paroi ou qu'ils volent en hélicoptère.

Iggy se reposait, les mains sur les genoux.

— Hé bé, tu parles d'un plan foireux, fit-il d'un ton maussade. Moi qui croyais qu'avec les deux Erasers hors service on serait tranquilles, au moins pour un petit temps. Ils ont dû envoyer du renfort avant même d'attaquer la cabane.

Le Gasman broyait de la terre entre ses doigts.

— Au moins, on en a eu deux.

Il se demandait si Iggy se sentait bizarre et coupable comme lui. Impossible à dire.

— Oui, mais maintenant, on fait quoi ? On est là, tout beaux avec nos vêtements sombres et on n'a nulle part où aller, a constaté Iggy. Rentrer à la maison ? On n'y pense même pas ! Ils sont probablement partout à l'heure qu'il est. Qu'est-ce qu'on va faire de notre peau ? Et si Max et les autres reviennent et tombent droit dans le panneau ?

— Je n'en sais rien, a admis le Gasman, très frustré. Mon plan s'arrêtait au moment de les faire sauter. *Tu* n'as qu'à trouver un plan pour la suite !

Les deux garçons étaient assis dans la pénombre de la fente rocailleuse, à respirer l'air fétide. L'estomac du Gasman a gargouillé.

— Tu peux parler, toi ! a rétorqué Iggy, la tête sur les genoux.

— Bon, d'accord, a soudain fait le Gasman. J'ai une idée. Mais c'est risqué et Max va nous tuer quand elle saura.

Iggy a illico levé la main.

— Je sens que ton idée va me plaire.

40

Jamais au cours des quatorze années de ma loooonnnnnguc cxistence je ne m'étais sentie normale le moins du monde. À une exception près tout de même : ma journée avec Ella et sa mère, le Dr Martinez.

On a commencé par prendre le petit déjeuner – un vrai ! – ensemble, à la table de la cuisine. On a mangé dans des assiettes, avec des fourchettes, des couteaux et des serviettes. Au lieu d'un hot-dog carbonisé sur un barbecue improvisé, ou de céréales sans la moindre goutte de lait, ou de beurre de cacahuètes léché à même le couteau, ou de cassoulet mangé directement dans la boîte.

Après, Ella a dû partir à l'école. J'étais inquiète au sujet des crétins de la veille, mais elle m'a assuré que sa prof était plutôt douée pour faire se tenir les élèves à carreau, de même que le chauffeur du bus. Elle prenait un vrai bus scolaire ! Comme à la télé.

Je suis donc restée seule avec le Dr Martinez.

— Bon, Max, m'a-t-elle lancé comme elle vidait le lave-vaisselle.

Je me suis automatiquement raidie.

— Est-ce qu'il n'y a pas quelque chose... dont tu voudrais me parler ?

Je l'ai regardée dans les yeux. Elle avait la peau mate et un visage doux, qui respirait la gentillesse et l'empathie. Mais je me doutais que, si je commençais à parler, je ne pourrais jamais m'arrêter. Je craquerais et finirais par pleurer. Je paniquerais. Et alors, je cesserais d'être Max la forte, je serais impuissante, incapable de prendre soin des autres. Incapable de sauver Angel, à supposer qu'il ne fût pas déjà trop tard.

— Pas vraiment, ai-je répondu.

Elle a hoché la tête et s'est mise à empiler les assiettes propres. Je me faisais des films, rêvant qu'Ella, sa mère et moi étions toujours amies, longtemps après mon séjour avec elles et mon retour à la maison. Je me disais que je pourrais venir leur rendre visite de temps en temps... Ouais, on pourrait faire des pique-niques, s'envoyer des cartes de vœux... Ben voyons. Je perdais complètement le sens des réalités. Il fallait que je m'en aille d'ici au plus vite.

Le Dr Martinez a rangé les assiettes propres, puis elle a placé les sales dans le lave-vaisselle.

— As-tu un nom de famille ?

J'ai réfléchi. Étant donné que je n'avais pas d'identité « officielle », elle ne pourrait pas faire grand-chose avec cette information. J'ai massé mes tempes. J'avais de plus en plus mal à la tête depuis le petit déjeuner.

— Ouais, ai-je fini par dire, en haussant les épaules. C'est moi qui l'ai inventé.

Le jour de mes onze ans (encore une chose que j'avais inventée, ma date de naissance), j'avais abordé la question de mon nom de famille avec Jeb. Je suppose que j'espérais qu'il réponde « Tu t'appelles Batchelder, comme moi », ce que bien sûr, il n'avait pas fait. Au contraire, il m'a suggéré de choisir mon nom de famille moi-même.

J'avais donc pris le temps de la réflexion, en songeant au fait que je savais voler et à quel genre de personnalité j'avais.

— Mon nom de famille, c'est Ride, ai-je répondu à la mère d'Ella. Comme Sally Ride, l'astronaute. Je m'appelle Maximum Ride.

Elle a fait un petit signe de tête.

— C'est un bon choix. Y en a-t-il d'autres comme toi ?

J'ai pincé les lèvres et détourné le regard. Ma tête me lançait. J'avais tellement envie de tout lui raconter, c'était ça le pire. Mais c'était impossible. Pas après toutes ces années passées à écouter Jeb : « Ne fais confiance à personne. Personne », il disait toujours.

— As-tu besoin d'aide ?

J'ai aussitôt remis mes yeux dans les siens.

— Max... avec tes ailes... est-ce que tu peux voler ?

— Ben... ouais.

Je m'étonnais moi-même. Moi, Maximum-muette-comme-une-tombe. D'ordinaire, il fallait solidement ruser pour me faire parler. Mais là, bon sang. Je supposais que c'était le prix à payer pour une nuit dans un lit douillet et un petit déjeuner maison.

— C'est vrai ? Tu peux voler ? Vraiment ?

Elle semblait fascinée en même temps qu'alarmée, et un rien envieuse aussi.

J'ai fait oui de la tête.

— Mes os sont... tout fins, ai-je commencé. (Je m'en voulais à mort d'être si bavarde. *Ferme-la, Max !*) Fins et légers. J'ai certains muscles en plus et des poumons plus gros que la normale. Mon cœur est d'une plus grande efficacité. Mais il faut que je mange beaucoup. Ce n'est pas facile.

Soudain, je me suis tue. J'avais les joues en feu. Je peux vous dire, les amis, que je n'avais jamais été bavarde à ce point-là avec quelqu'un ne faisant pas partie de ma famille. Mais il faut croire que lorsque je crache le morceau, je le crache pour de bon ! Pour le même prix, j'aurais pu mandater un avion messager pour agiter une grande banderole dans le ciel avec l'inscription « Coucou, c'est moi Max, le monstre ! La mutante ! »

— Comment est-ce arrivé ? a interrogé la mère d'Ella, d'une voix paisible.

Mes yeux se sont machinalement fermés, comme si c'était eux qui l'avaient décidé. S'il n'y avait eu que moi, j'aurais plaqué mes mains sur mes oreilles avant de me rouler en boule par terre. Dans ma tête se bousculaient des fragments d'images, des bouts de souvenirs mélangés à la peur et à la souffrance. Vous trouvez que l'adolescence est une période douloureuse ? Essayez, pour voir, avec un ADN qui n'est pas le vôtre, pas même celui d'un mammifère.

— J'ai oublié, ai-je menti.

41

Le Dr Martinez avait l'air soucieux.

— Max, tu es sûre que je ne peux rien faire pour toi ?

J'ai secoué la tête, furieuse contre moi et contre elle pour avoir abordé le sujet.

— Nan. C'est fini quoi qu'il en soit. *Finito*. Terminé. Mais... il faut que je m'en aille. J'ai des amis qui m'attendent. C'est très important.

— Comment vas-tu les retrouver ? Est-ce que je peux t'emmener quelque part ?

— Non, ai-je fait les sourcils froncés, en frottant mon épaule blessée. Il faut que j'y aille en... euh... en volant. Mais je crois que c'est encore un peu tôt.

Le Dr Martinez a plissé le front, l'air songeur.

— C'est dangereux de te surmener avant que ta blessure soit guérie. Ce n'est pas évident de savoir jusqu'où elle va. Il faudrait que je te fasse une radio pour ça.

Je l'ai regardée gravement.

— Et vous faites ça avec vos yeux ?

Elle s'est mise à rire sous l'effet de la surprise. Je n'ai pas pu m'empêcher de sourire légèrement. Et dire qu'Ella passait tous ses jours auprès d'elle ! Une vraie maman.

— Non. On n'est pas tous dotés de super pouvoirs, a-t-elle sorti sur le ton de la plaisanterie. Par contre, on a accès à des machines qui font les radios pour nous.

Le Dr Martinez partageait son cabinet avec un confrère. Ce jour-là, elle était en congé, mais d'après elle, il n'y aurait aucun problème à ce qu'on fasse un saut au cabinet. Elle me donna un coupe-vent pour cacher mes ailes, mais j'avais quand même toujours les boules de voir d'autres gens de si près.

— Bonjour, tout le monde, a lancé le Dr Martinez au moment où nous entrions dans le cabinet. J'amène une copine d'Ella qui fait un exposé sur le métier de vétérinaire. Je lui ai promis que je lui montrerais un peu le cabinet.

Les trois personnes derrière le comptoir ont souri et hoché la tête comme si cette histoire était tout à fait crédible. Peut-être l'était-elle en effet. Comment le saurais-je ?

Deux secondes seulement après notre arrivée, je me suis immobilisée sur place dans l'entrée, l'air soudain livide, terrifié.

Il y avait un homme.

Il portait une *blouse blanche*.

Le Dr Martinez s'est tournée vers moi.

— Max ?

Je l'ai fixée, incapable de parler. Gentiment, elle m'a prise par le bras pour m'emmener dans une salle d'examen.

— Tu vois, c'est là qu'on consulte nos patients, fit-elle d'un ton enjoué en refermant la porte derrière nous. (Alors, elle me fit face et reprit la parole à voix basse.) Max ? Qu'est-ce qui t'arrive ? Qu'est-ce qui ne va pas ?

Je me suis obligée à prendre de petites inspirations, lentement, tout en desserrant les poings le long de mes hanches.

— C'est cette odeur, ai-je répondu dans un chuchotement, embarrassée. Cette odeur chimique, comme dans un laboratoire. Et puis le type en blouse blanche. Il faut que je m'en aille, vous comprenez ? Est-ce qu'on peut y aller, maintenant ? Tout de suite.

Je cherchais des yeux une sortie, une fenêtre.

Elle m'a caressé le dos.

— Je t'assure que tu ne risques absolument rien ici. Est-ce que tu peux tenir le temps que je te fasse une radio en vitesse ? On partira juste après, c'est d'accord ?

J'ai tenté de déglutir, mais j'avais la bouche complètement sèche. Mon cœur battait la chamade au point de résonner dans mes tempes.

— Sil te plaît, Max.

J'ai fait oui de la tête, contrainte et forcée. Le Dr Martinez s'est assurée que je ne portais pas de bijoux — non mais, vraiment... — avant de me placer sur la table avec précaution. Une machine a coulissé au-dessus de moi. Mes nerfs, j'avais l'impression, étaient sur le point de lâcher.

Le docteur a quitté la pièce. J'ai entendu un petit *nnnuuut*. Et puis ça a été tout.

Deux minutes plus tard, elle m'a montré une grande

feuille sombre avec les os de mon épaule, de mon bras et d'une partie de mon aile qui se détachaient en blanc. Elle l'a positionnée contre un cadre en verre, au mur, qu'elle a allumé. La photo s'est éclairée d'un coup, faisant ressortir encore plus mes os.

— Regarde, m'a-t-elle dit tandis qu'elle suivait du doigt le contour de mon omoplate. Il n'y a aucun problème avec cet os. C'est ton muscle qui est endommagé. Tu vois les tissus déchirés ? Ici. Et là.

J'ai approuvé d'un signe de tête.

— Quant aux os de tes ailes, a-t-elle repris, baissant la voix sans s'en rendre compte, ça a l'air d'aller aussi. Ce qui est une bonne nouvelle. D'un autre côté, les muscles mettent généralement plus de temps à se remettre que les os, malheureusement. Même si je dois reconnaître que tes tissus ont l'air de se régénérer incroyablement vite.

Elle a froncé les sourcils devant la radio, la tapant du doigt.

— Tes os sont si fins et légers, murmurait-elle comme si elle se parlait à elle-même. Ils sont magnifiques et... Hum. Qu'est-ce que c'est que ce truc ? (Elle pointait du doigt un petit carré blanc, large d'un centimètre environ, situé en plein milieu de mon avant-bras.) Ce n'est pas un bijou, si ? (Elle a baissé les yeux vers moi.) Est-ce que c'est la fermeture Éclair du coupe-vent ? Non... je l'ai retiré pour la radio.

Le Dr Martinez s'est approchée du cliché, plissant les yeux.

— C'est... On dirait... (Sa voix s'est éteinte.)

— Quoi ? ai-je interrogé, troublée par l'expression sur son visage.

— C'est une micropuce, a-t-elle répondu avec hésitation. On en met de semblables aux animaux. Pour les identifier au cas où ils se perdent. La tienne ressemble à ces puces qu'on utilise pour les animaux de luxe, comme les champions de concours canins par exemple. Grâce à elles, on peut retrouver leur trace en cas de vol. Où qu'ils soient.

42

Le Dr Martinez a paniqué en voyant mon expression d'horreur grandir au fur et à mesure que je comprenais ce qui s'était passé.

— Je n'ai pas dit que c'était une puce, s'est-elle dépêchée de dire. Ça y ressemble, c'est tout.

— Enlevez-la, ai-je exigé d'une voix rauque. (J'ai tendu le bras et retroussé ma manche.) Je vous en supplie. Enlevez-la tout de suite.

Elle a étudié à nouveau la radio, pendant plusieurs minutes, tandis que je m'efforçais de ne pas sauter au plafond.

— Je suis désolée, Max, finit-elle par dire. Mais je ne crois pas qu'on puisse l'extraire au moyen d'une opération chirurgicale classique. Visiblement, on te l'a implantée il y a longtemps, à l'époque où ton bras était bien plus petit. Aujourd'hui, tes muscles, tes nerfs et tes vaisseaux sanguins se sont tellement développés tout autour que si on essayait de te l'ôter, tu risquerais de perdre l'usage de ta main.

Vous pensez peut-être que, depuis le temps, je m'étais habituée à l'idée que ma vie était un cauchemar, mais j'ai tout de même été drôlement surprise que ces malades de l'École aient encore prise sur moi de si loin et si longtemps après. Je me sentais bête et naïve.

Pourquoi étais-je si surprise ? me demandai-je amèrement. Ils m'avaient déjà fait le coup il y a deux jours seulement en kidnappant Angel. Soudain, une image d'elle a surgi dans ma tête. Le portrait de son petit visage si doux qui me souriait, plein d'amour.

À ce moment-là, des voix nous sont parvenues de la salle d'attente. Des hommes parlaient avec douceur, sur un ton charmant, et posaient des questions.

Pour la seconde fois, je me suis figée sur place comme un cerf dans les lumières projetées par les phares d'une voiture.

Le Dr Martinez m'a regardée alors qu'elle tendait l'oreille vers les voix.

— Je suis sûre que ce n'est rien du tout, Max, fit-elle calmement. Mais entre ici une minute au cas où, tu veux bien ?

Dans le couloir, une petite porte donnait sur le placard à pharmacie. De longues blouses blanches étaient pendues à l'intérieur, derrière lesquelles je me suis glissée, bien à plat, contre le mur.

L'ironie de la situation ne m'a pas échappé, non. Mais merci d'y avoir pensé.

Le Dr Martinez a éteint la lumière et fermé la porte.

À peine vingt secondes plus tard, j'ai entendu les voix dans la salle d'examen que je venais de quitter.

— Que se passe-t-il ? (Le Dr Martinez parlait sèchement, d'un air indigné.) C'est un cabinet médical ici !

— Désolée, m'dame, a fait une des voix, mielleuse au possible.

Mon cœur s'est emballé.

— *Docteur !* lui a-t-elle rabattu le caquet.

— Désolé, docteur, a déclaré une autre voix, apaisante celle-là. Désolé de vous interrompre. Il n'y a pas de quoi s'inquiéter. On est de la patrouille de surveillance locale.

— On voulait juste s'assurer que vous n'aviez rien vu d'anormal, a expliqué la première voix. Par précaution, vous voyez. J'ai bien peur de ne pas pouvoir vous en dire plus.

Comme si cette affaire relevait des services secrets. Ce qui était peut-être vrai, après tout.

Un ange passa. Le Dr Martinez se laissait-elle charmer par ces voix ? Elle ne serait pas la première. Oh ! Mon dieu...

Subitement, je me suis souvenue de ma radio, restée sur le carré de lumière et j'ai plaqué ma main sur ma bouche. Mon estomac s'est serré. Dans une minute, il me faudrait peut-être me battre pour rester en vie. Inutile de songer à trouver de quoi me défendre dans ce placard trop sombre. Je n'y voyais rien. Il ne me restait plus qu'à *réfléchir*. Réfléchir...

— Anormal comme quoi ? interrogea le Dr Martinez d'un ton acide. Un double arc-en-ciel ? Le litre d'essence à moins d'un dollar cinquante ? Une boisson sans sucre qui a bon goût ?

Je n'ai pas pu m'empêcher de sourire. Elle était *ter-*

rible ! Et elle semblait impassible, voire immunisée contre les Erasers. Je trouvais ça drôlement bizarre.

— Non, a fait la seconde voix après un moment. On pense plutôt à des personnes anormales. Comme des rôdeurs dans le quartier. Des enfants ou des adolescents que vous n'avez jamais vus ou qui ont l'air louche. Ou même des animaux anormaux.

— Je suis chirurgien vétérinaire, a déclaré le Dr Martinez d'une voix glaciale. Pour tout vous dire, j'examine rarement les propriétaires de mes patients. Et je n'ai remarqué personne qui rôdait dans les environs. Pour ce qui est des animaux anormaux, la semaine dernière, j'ai soigné une vache avec un double utérus si c'est à ça que vous pensez. Elle avait un veau de chaque côté.

Plus personne ne disait mot. Je n'aurais pas voulu qu'elle se mette en colère contre moi.

— Hum..., a fait la première voix.

— Si vous permettez, messieurs, j'ai un travail à terminer, a dit le docteur sur le même ton glacial pour couper court à la discussion. La sortie, c'est par là.

— Si vous voyez ou entendez quoi que ce soit d'anormal, voici un numéro où nous joindre. Merci de nous avoir accordé un peu de votre temps et désolés de vous avoir dérangée.

Le bruit de pas lourds s'est peu à peu évanoui. Une minute plus tard, j'ai entendu la porte d'entrée qui se refermait.

— Si ces types reviennent, appelle la police, a lancé le Dr Martinez à la réceptionniste.

Elle est venue m'ouvrir la porte du placard et m'a regardée droit dans les yeux, l'air grave.

— Ces types sentaient très mauvais, pas vrai ?

Je lui ai répondu d'un hochement de tête.

— Je ferais mieux de m'en aller tout de suite.

— Demain matin. Ce sera bien assez tôt. Une autre nuit de sommeil ne sera pas de trop. C'est d'accord ? Tu me le promets ?

J'ai ouvert la bouche pour protester, mais tout ce qui en est sorti, c'est :

— OK. C'est promis.

43

— Nudge ! Pour la dernière fois. Tu ou-blies ! C'est une mauvaise idée, a lancé Fang. Une *très* mauvaise idée !

Dans son for intérieur, Nudge s'étonnait que Fang soit toujours à ses côtés. Il avait menacé de la laisser toute seule plusieurs fois, mais, voyant qu'elle ne changerait pas d'avis, il avait fini par se taire pour ruminer en silence.

Ils étaient à présent à l'entrée d'un quartier composé de mobile homes. Nudge se rappelait une adresse en particulier et, vu la taille de Tipisco, ça n'avait pas été bien difficile de la trouver. Elle ne savait pas trop à quoi elle s'attendait, mais certainement pas à ça.

Des rangées sinueuses balisaient le quartier entre les mobile homes. On pouvait les repérer grâce à des écriteaux qui portaient des inscriptions telles que *Allée du coyote* ou *Chemin du crotale*, quand ils ne se cassaient pas la figure.

— Viens, fit Fang calmement. J'aperçois la *Ruelle des chaparrals*.

Ils se faufilèrent entre les buissons de baies, les genévriers noueux, les appareils électroménagers abandonnés et les carcasses de voitures qui jonchaient le quartier. Pas franchement de palissade blanche à l'horizon.

Nudge posa ses yeux vifs sur un numéro, le 4625, au bout de la rangée de mobile homes. Elle avala sa salive en un coup. Ses parents étaient peut-être *là*, juste à portée de main. Elle écarta des bombes de peinture de son chemin, et elle et Fang s'accroupirent tout près d'une voiture à l'abandon, couverte de graffitis.

— Et s'ils avaient déménagé ? a souligné Fang pour la énième fois. Et si tu avais mal lu et que ces gens n'ont aucun lien de parenté avec toi ? (Puis, sur un ton d'une légèreté horrible, il a ajouté :) Nudge, même si tu n'es pas un bébé-éprouvette – ce qui est peu probable –, est-ce que tu t'es déjà dit que s'ils t'ont abandonnée, ils avaient peut-être une bonne raison ? Ils ne voudront pas forcément de toi.

— Tu crois que je n'y ai jamais pensé ? a-t-elle répondu, la voix teintée d'une colère inédite. Je sais tout ça ! Mais il faut que j'essaie. C'est vrai, s'il y avait une toute petite chance, tu n'essaierais pas, toi ?

— Je n'en sais rien, conclut Fang après une pause.

— C'est parce que t'as besoin de rien ni de personne, lâcha Nudge comme elle se retournait pour observer le mobile home. Mais moi, je ne suis pas comme ça. J'ai besoin des autres.

Fang gardait le silence.

On pouvait à peine les voir, coincés entre la voiture et des petits arbustes. Nudge était tellement nerveuse qu'elle tremblait presque.

À ses côtés, Fang était tendu comme un fil à linge. Tout à coup, Nudge entendit une porte s'ouvrir. Elle retint sa respiration tandis qu'une femme sortait de la maison. Ensuite, elle jeta un rapide coup d'œil à son bras pour voir si elle avait la même teinte de peau qu'elle. On aurait dit que oui. Mais c'était difficile d'être sûr à 100 %. La femme est descendue sur la pelouse couverte d'aiguilles de pin brunies, et elle s'est assise à l'ombre, dans un fauteuil de jardin bon marché.

Elle avait les cheveux mouillés, enroulés dans des bigoudis, et une serviette humide sur ses épaules. Elle s'est enfoncée dans le fauteuil, a allumé une cigarette et puis elle a ouvert une canette de coca.

— Du coca. Je croyais qu'on n'en buvait qu'au p'tit déj' moi, a soufflé Fang à Nudge qui lui balança instantanément un coup de coude.

Hummm. Nudge s'est assise sur ses talons. C'était bizarre. D'un côté, elle espérait que ce n'était *pas* sa mère. Disons que ça aurait été plus facile si la femme en question avait été en train de poser un plat de biscuits tout chauds sur le rebord de la fenêtre pour les faire refroidir ou en train de jardiner par exemple. Des trucs de maman quoi ! D'un autre côté, elle espérait que cette femme était sa mère parce que franchement, quelqu'un, peu importe qui c'était, ça valait toujours mieux que personne.

Il suffisait à Nudge de se lever et de se diriger tranquillement vers la femme, l'air le plus naturel du monde, pour lui demander :

— Euh, vous n'auriez pas perdu une fille du nom de Monique, il y a dix ou onze ans ?

Voilà. C'est tout ce qu'elle avait à faire. Alors, la femme répondrait...

— On cherche quelque chose, les zarbis ? Eh ben voilà, vous avez trouvé !

Pas de doute sur l'origine de ce beau rire mélodieux derrière eux. C'était celui d'un Eraser.

44

Nudge s'est retournée dans un bond. Ils étaient trois, déjà en train de se transformer, passant du stade de mannequins à celui de loups, avec leurs museaux bizarres qui s'allongeaient, leurs crocs qui émergeaient de leurs gencives rouge sang, leurs griffes qui pointaient au bout de leurs doigts.

— Ari, a dit Fang posément.

Nudge a froncé les sourcils et dirigé son regard vers le chef. Soudain, elle a ouvert les yeux en grand.

— Ari ! a-t-elle lâché. Tu n'étais qu'un enfant.

Il a souri, écartant les griffes de ses mains.

— Eh oui ! Et maintenant, je suis un bon, grand Eraser. (Il s'amusait à faire claquer ses dents, en faisant un maximum de bruit.) Et vous... vous êtes des petits cochons bruns. Miam, miam !

— Qu'est-ce qu'ils t'ont fait ? a voulu savoir Nudge calmement. Je suis désolée, Ari.

Il a froncé ses sourcils touffus.

— Garde ta pitié pour toi. Je suis parfaitement content comme je suis. Au fait, j'ai un truc à vous dire. (Il a relevé ses manches pour révéler ses bras poilus et très musclés.) Votre cachette dans la montagne n'est plus qu'un tas de cendres. Vos copains n'ont vraiment pas eu de chance. Vous êtes les derniers en vie... Mais on vous tient, ça y est !

Les Erasers ont trouvé ça marrant et se sont mis à glousser, les épaules parcourues de spasmes alors que Nudge accusait le coup de cette horrible nouvelle. Les deux derniers en vie ? Les autres morts ? La maison partie en fumée ?

Elle a commencé à pleurer, s'ordonnant d'arrêter tout de suite sans pour autant y arriver. Elle a fini par sangloter comme un bébé.

En jetant un coup d'œil angoissé à Fang, elle a vu qu'il toisait Ari, les mâchoires serrées, les mains ramassées en poings.

— L'avion, a-t-il grogné, la bouche de travers.

Ari a plissé ses beaux et grands yeux. Il se demandait clairement ce que ça voulait dire.

— Le cactus d'abord, a grogné Nudge à son tour.

Elle n'arrivait pas à croire qu'elle faisait preuve d'un tel courage, presque autant que Fang. Les autres, morts ? Ce n'était pas possible ! NON !

— À trois, a fait Fang d'une voix posée.

Ce qui voulait dire « À la une ».

Ari s'est penché en avant, plus rapide que l'éclair, pour bloquer les épaules de Fang.

— La ferme !

— Un, a lancé Fang qui avait retrouvé son équilibre.

Instantanément, Nudge a fait un brusque mouvement vers l'avant, poussant de toutes ses forces le deuxième Eraser au niveau de la poitrine. Pris par surprise, ce dernier a titubé avant de basculer vers l'arrière, en plein sur les plus grands piquants d'un cactus, longs de six centimètres environ. L'Eraser a juré et poussé un cri si strident qu'il ressemblait étrangement au crissement d'un train. Quelle musique merveilleuse.

L'instant d'après, Nudge s'est projetée en l'air sur le côté, priant pour que Fang l'attrape au passage.

Ce qu'il fit. La tenant par les bras, il la faisait tourner sur elle-même comme lorsqu'on fait faire l'avion à des enfants. Nudge a profité de son élan pour envoyer un grand coup de pied à Ari dans le cou, qui manqua de tomber à la renverse et se mit à suffoquer.

Puis Fang lâcha les mains de Nudge qui partit tournoyer dans les airs avant de déployer ses ailes pour les faire battre si fort qu'elle resta bien en hauteur, sans perdre d'altitude.

— Vous allez crever, les mutants ! a grondé Ari férocement, bondissant à la poursuite de Fang qui décollait au même instant.

Il a saisi Fang par le pied et tous les deux sont retombés lourdement sur le sol. Tout de suite après, Ari s'est retrouvé assis sur le torse de Fang, occupé à le marteler de coups. Nudge a plaqué sa main sur sa bouche, le souffle coupé, en voyant du sang gicler du nez de Fang. Le deuxième Eraser a balancé un grand coup de pied dans la poitrine de Fang. Et puis un autre. Et encore un. Toujours plus fort, plus dur.

Nudge paniquait. C'était la cata, là. Les gens du quartier allaient sûrement la repérer qui planait à hauteur des arbres. Fang a reçu un nouveau coup qui a expédié violemment sa tête sur le côté. Alors il a envoyé un crachat sanglant à Ari, en plein visage. Celui-ci a rugi et porté ses deux mains à la poitrine de Fang avec une force qui aurait suffi à lui briser les côtes. Nudge a entendu la violente expiration de Fang. Comme un ballon qui se dégonflait brusquement.

Que pouvait-elle faire ? Si elle regagnait le sol, elle était morte. Et Fang allait mourir lui aussi. Si seulement elle pouvait...

C'est là qu'elle s'est souvenue des bombes de peinture par terre. Peut-être étaient-elles vides ? Mais peut-être *pas*.

Telle une fusée, elle a foncé vers le sol, a empoigné la bombe la plus proche et s'est de nouveau projetée dans les airs, hors d'atteinte. Elle a secoué la bombe très fort, est redescendue de quelques mètres et l'a dirigée en plein sur le visage d'Ari. Après un bruit de sifflement qui laissa penser qu'elle était vide, la bombe a craché un jet de peinture verte en forme d'arc de cercle. Ari a hurlé et il a fait un bond en se frappant au visage avec ses mains pleines de griffes.

Fang a sauté en l'air, décollant plus rapide que son ombre. Nudge est parvenue à atteindre un autre Eraser au visage avant qu'il ne reste plus de peinture. De toutes ses forces, elle a envoyé valser la bombe vide dans la tête d'Ari où elle a rebondi contre ses cheveux vigoureux, soyeux mais... *verts*.

La minute d'après, Fang et elle volaient dans le ciel, loin, loin au-dessus des Erasers. Ari se tenait toujours debout, mais son petit pote était au sol en train de jurer et d'essayer d'enlever la peinture dans ses yeux. Celui du cactus avait finalement réussi à en sortir mais il était sérieusement amoché, couvert d'éraflures. Entre le sang rouge et la peinture verte, ils auraient fait un bon beau sapin de Noël.

— Vous êtes morts, les zarbis, a fait Ari avec hargne.

Ses yeux ruisselaient de larmes, ses longues dents jaunes dépassaient de sa bouche.

— C'est vrai que tu n'es pas du tout zarbi, toi, a fait Nudge, l'air mauvais. Regarde-toi dans la glace, avec ta tronche de chien !

Ari a fouillé dans sa veste et en a sorti un revolver. Nudge et Fang ont immédiatement détalé. Une balle est venue siffler aux oreilles de Nudge. C'est ce qui s'appelait passer à un cheveu de la mort.

Une fois hors de portée, Nudge, à bout de souffle, a dit :

— Je te demande pardon, Fang. C'est à cause de moi si tu es blessé.

Fang a craché un nouveau filet de sang qu'il a suivi des yeux, très longtemps jusqu'à ce qu'il s'écrase au sol.

— C'est pas ta faute, lui a-t-il répondu. T'es encore qu'une gamine après tout. Je ne peux pas t'en vouloir.

— On rentre à la maison.

— Ils ont dit qu'elle avait brûlé, a rétorqué Fang qui essuyait le sang sur ses lèvres.

— Je voulais parler de chez les rapaces.

45

Angel a fixé Jeb Batchelder des yeux pendant un long, très long moment.

Elle savait qui c'était. Même si elle n'avait que quatre ans la dernière fois qu'elle l'avait vu, elle n'avait pas oublié son visage, ni son sourire. Elle se souvenait des fois où il lui avait fait ses lacets et où ils avaient joué au Jeu des sept familles. Quand il lui préparait du popcorn. Et le jour où elle s'était blessée et que Jeb l'avait prise dans ses bras. Max lui répétait souvent tout ce que Jeb avait fait pour eux, en les arrachant notamment aux griffes des méchants de l'École. Et aussi comment il avait disparu et pourquoi tout le monde pensait qu'il était mort.

Mais il était vivant ! Là, devant elle ! Il était revenu pour la sauver, une fois de plus ! Une lueur d'espoir, douce et chaude, est passée sur elle qui lui a donné envie de sauter au cou de Jeb.

Deux minutes. Réfléchis un peu. Un truc clochait.

Elle n'arrivait pas à lire une seule de ses pensées. Une vraie page blanche. C'est la première fois que ça lui arrivait. En plus, il portait une *blouse blanche*. Et il sentait les produits désinfectants à plein nez. Le fait qu'il soit là, à l'École, signifiait quelque chose, déjà. Le cerveau d'Angel oscillait étrangement entre l'hyperactivité et la mollesse. Elle cligna plusieurs fois des yeux, essayant de comprendre ce qui se passait, comme s'il s'agissait d'une devinette.

Jeb s'est agenouillé sur le plancher en bois devant elle. En arrière-plan, elle pouvait distinguer les blouses blanches du labyrinthe. Jeb a mis les mains derrière le dos et il lui a tendu un plateau.

Angel l'a examiné d'un air ébahi.

Il était plein de mets à l'aspect plus délicieux les uns que les autres. De la vapeur bouillante montait au-dessus d'eux. Ça sentait tellement bon qu'Angel sentit son estomac plaintif gronder de désir.

Elle scrutait le plateau, le cerveau bouillonnant.

Sa première pensée, c'était que Jeb avait vraiment l'air d'être un des *leurs* maintenant. Un ennemi de la famille, comme le reste des blouses blanches de l'École.

La deuxième concernait Max. Attendez un peu qu'elle apprenne la nouvelle. Elle serait, elle serait... Bien plus furieuse et blessée et bouleversée qu'Angel ne pourrait jamais imaginer. D'ailleurs, elle n'avait pas envie d'imaginer. Elle ne voulait pas que Max subisse tout ça. Jamais.

— Eh bien Angel, tu n'as pas faim ? Tu n'as pourtant pas mangé grand-chose ces derniers temps ? (Jeb avait l'air inquiet.) Quand j'ai appris ce qu'ils t'avaient donné à manger... On peut dire qu'ils se sont bien trompés, ma chérie. Ils ne se doutaient pas que tu avais si bon appétit.

Il a secoué la tête dans un petit rire.

— Je me souviens qu'une fois, on a mangé des hot-dogs à midi et que tout le monde en a pris deux. Tout le monde sauf toi. Toi, tu en as pris quatre ! (Il s'est remis à rire, la couvant des yeux comme si elle était absolument incroyable.) À trois ans ! Quatre hot-dogs !

Il s'est penché en avant et a lentement poussé le plateau pour le mettre juste sous le nez d'Angel.

— En fait, Angel, vu ton métabolisme et ton âge, il te faudrait consommer trois mille calories par jour. Je parie que tu n'as même pas frôlé les mille calories dernièrement. (Il a secoué la tête une nouvelle fois.) Il va falloir que ça change. Maintenant que je suis là, je vais y veiller et m'assurer qu'on te traite correctement, d'accord ?

Angel a plissé les yeux. C'était un piège. Exactement le genre de choses contre lesquelles Max les avait mis en garde. Tout le temps. Seulement Max ne se serait jamais doutée que la menace viendrait de Jeb en personne.

Sans dire un mot, Angel s'est assise. Elle a croisé les bras et elle a fixé Jeb. Elle avait cet air que Max prenait toujours lorsqu'elle se disputait avec Fang et qu'elle le regardait en sachant pertinemment qu'elle allait gagner. Angel s'est interdit de jeter un œil ou même de respirer le plateau. De toute façon, après le choc de l'apparition de Jeb, elle était incapable d'avaler quoi que ce soit. Le fait de ne pas pouvoir lire dans ses pensées lui donnait une sensation d'étrangeté. Comme si Jeb était mort.

Il a souri d'un air contrit en donnant une tape sur le genou d'Angel.

— Tu peux y aller, Angel. Mange. Tu en as plus que besoin. Je vais m'occuper de toi. Je veux que tu sois bien.

Elle s'efforçait de ne pas bouger, pas même un cil, de ne pas laisser transparaître son trouble.

Dans un soupir, Jeb déroula la serviette en papier blanche, prit la fourchette et la planta au milieu de l'assiette. Elle n'avait qu'à se pencher... et ce serait la fin ?

— Je sais que ça a l'air un peu étrange, Angel, fit Jeb gentiment. Je ne peux pas t'expliquer pour l'instant. Mais bientôt, tout deviendra clair. Tu vas comprendre, ne t'inquiète pas.

— Mais ouais.

Angel fit de son mieux pour prononcer ces mots avec un maximum de sarcasme.

— Tu sais, Angel, reprit Jeb avec sérieux. La vie tout entière n'est qu'un test. Une longue série de tests. Parfois, tu dois juste les prendre comme ils viennent jusqu'à ce qu'ils aient un sens, un jour ou l'autre. Tu verras. Allez, vas-y. Mange. Je te promets que tu peux y aller. *Vraiment*.

Comme si elle allait le croire.

— Je te déteste.

Jeb n'eut pas l'air surpris. Juste légèrement triste peut-être.

— Ça ne fait rien, ma puce. Je comprends. Ça ne fait rien.

46

— C'est... le... pa-ra-dis, ai-je dit tout en prenant une grande inspiration.

Le Dr Martinez a ri.

— Cookie qu'on épie jamais ne cuit, m'a-t-elle taquinée.

Pour compléter le tableau des mes vacances dignes de la série *Une famille formidable*, nous avions toutes les trois décidé à l'improviste de faire des cookies, après le dîner.

J'ai mangé assez de pâte de cookies pour écoper d'une solide crise de foie. Puis je me suis shootée aux odeurs de cuisson qui emplissaient la cuisine à mesure que la teinte des biscuits fonçait. Par la porte du four, je pouvais voir les pépites de chocolat fondre.

Note pour plus tard : apprendre à Nudge et Angel à faire des cookies aux pépites de chocolat.

À condition que je revoie un jour Angel.

La mère d'Ella a sorti la première fournée de biscuits avant d'enfourner la seconde. J'avais du mal à les laisser refroidir. J'ai finalement craqué et me suis brûlé la langue dès la première bouchée.

Des murmures incohérents de plaisir s'échappaient de ma bouche tandis que je mâchais lentement, savourant chaque bouchée. Ella et sa mère m'observaient, le même sourire sur les lèvres. Un sourire qui irradiait sur tout leur visage.

— On dirait que tu n'as jamais mangé de cookies faits maison de ta vie, a fait Ella.

— C'est vrai, ai-je marmonné en avalant.

Je n'avais jamais rien mangé d'aussi bon. Je comprenais mieux l'expression « faits maison », car ces cookies en avaient le goût.

— Eh bien, prends-en un autre, m'a dit le Dr Martinez.

— Je dois partir demain, fis-je à Ella cette nuit-là, avant d'aller dormir.

— Non ! lâcha-t-elle, de la détresse dans la voix. C'est tellement chouette que tu sois là. C'est comme d'avoir une cousine. Ou une sœur.

C'est marrant comme quelques mots seulement peuvent suffire à vous faire culpabiliser à mort.

— Des gens comptent sur moi... C'est important.

— Tu reviendras nous voir... un jour ? demanda-t-elle.

Je l'ai regardée d'un air désespéré. C'était la première fois, mis à part avec Jeb, que j'avais une relation avec quelqu'un d'autre en dehors de la bande.

J'en garderais un super souvenir. Un de mes meilleurs en fait.

En plus, sa mère était tellement géniale. Elle était sévère sur certains trucs – ne laisse pas tes chaussettes traîner par terre –, mais tellement cool sur d'autres, comme quand elle avait laissé tomber le coup de fil aux flics à propos de ma blessure par balle. Contrairement à tout ce que j'avais entendu jusqu'à présent au sujet des parents, elle n'avait accordé que peu d'importance aux détails ni fait de sermon et, surtout, elle m'avait crue. Elle m'avait même acceptée comme j'étais. Comme elle le faisait avec Ella, en la prenant et l'aimant pour ce qu'elle était.

J'aurais pu craquer pour moins que ça, mais ne m'y autorisai pas.

— Je ne crois pas, non, ai-je répondu. (Je voyais bien à sa tête qu'elle était très déçue et je détestais ça.) C'est juste... je crois... je ne crois pas que je pourrais, tu vois ? Si je pouvais, je le ferais, mais...

Je lui ai tourné le dos pour me brosser les dents. Jeb disait toujours qu'il fallait penser avec sa tête, pas avec son cœur. Il avait eu raison. Comme d'habitude. Par conséquent, j'ai fermé mon cœur à double tour et j'ai jeté la clé.

47

Nudge ne se faisait toujours pas à l'idée que Max et les autres étaient morts. Ce n'était pas possible – elle ne pouvait pas le supporter – alors elle s'est forcée à penser à autre chose.

Elle jugeait un peu déprimant de trouver confortable voire douillet, à cet instant, ce tout petit trou creusé dans la paroi d'une falaise, en plein désert. Elle était étendue sur le dos, les pieds en l'air contre le mur, ses jambes, couvertes de bleus, tendues. Elle examinait le dégradé de couleurs de la roche au-dessus d'elle, du crème au brun en passant par le rose et la couleur pêche. Dehors, le soleil tapait dur, mais ici, à l'intérieur, il faisait frais et une petite brise soufflait.

Ça nous apprendra, s'est-elle dit. On croit qu'on a besoin de toutes ses affaires, de son verre préféré, de sa meilleure couverture, de savon, de ses *parents*... jusqu'au moment où l'on réalise que tout ce dont on a vraiment besoin, c'est d'être hors de portée des Erasers.

Le plus dur à accepter, c'était Ari. La dernière fois qu'elle l'avait vu, c'était encore un petit garçon. Elle se rappelait la façon qu'il avait de taper sur les nerfs de Max quand il la suivait partout. Maintenant, c'était devenu un Eraser dans toute sa puissance et le pire d'entre tous, en plus. Comment un truc pareil avait-il pu arriver en l'espace de quatre ans seulement ?

Une demi-heure plus tôt, Fang et elle avaient entendu l'écho d'un hélicoptère au loin. C'est ainsi qu'ils s'étaient réfugiés tout au fond de la grotte, aussi profond que possible, plaquant de toutes leurs forces leur dos contre la paroi froide. Au terme de vingt minutes de silence, Fang avait décrété qu'il n'y avait plus de danger et il était parti chercher à manger. Nudge attendait son retour avec impatience.

Leur maison était réduite en cendres. Tous ses amis étaient morts, à l'exception de Fang. Elle et lui étaient complètement livrés à eux-mêmes... pour le restant de leurs jours peut-être.

Fang a remonté la falaise dans un battement d'ailes et ensuite, il a atterri sur la corniche sans un bruit. Nudge a senti une vague de soulagement l'envahir.

— Un p'tit bout de rat du désert cru, ça t'intéresse ?

Il tapotait la poche de son coupe-vent.

— Ça non alors ! a répliqué Nudge, horrifiée.

Il a fait glisser son coupe-vent à coups d'épaule avant d'épousseter son T-shirt noir. Après, il a fourré quelque chose dans sa bouche qu'il a mastiqué et avalé bruyamment.

— Y'a pas plus frais ! a-t-il fait d'un ton cajoleur.

Eurk !

Nudge a frissonné puis détourné la tête. Un rat ! Voler comme les rapaces, c'était une chose. Manger comme eux, c'en était une autre.

— Bon, d'accord, a repris Fang. Et qu'est-ce que tu dirais de brochettes ? Je te laisse les poivrons.

Nudge a fait une pirouette et elle a vu que Fang défaisait un petit paquet en papier aluminium. La délicieuse odeur de viande et de poivrons grillés a aussitôt chatouillé ses narines.

— Des brochettes ! s'est-elle écriée avant de se ruer vers Fang pour s'asseoir près de lui. Où tu les as trouvées ? Tu n'as pas eu le temps d'aller jusqu'en ville, si ? Oh ! là ! là ! elles sont encore chaudes.

— Disons seulement que je connais des campeurs qui vont avoir une sacrée surprise, a raconté Fang sur un ton pince-sans-rire comme il séparait la viande d'un côté et les oignons et poivrons de l'autre.

Nudge a mordu dans un petit morceau de poivron grillé, tiède, tendre et fumé. Le paradis sur terre.

— C'est ce que j'appelle de la *vraie* nourriture, a-t-elle proclamé, les yeux fermés.

— Maintenant il faut qu'on décide si on continue à chercher Max ou si on file au secours d'Angel, a déclaré Fang, la bouche pleine de morceaux de bœuf.

— Mais les Erasers ont dit que tout le monde était mort. Alors, Angel et Max aussi, non ? a demandé Nudge, le cœur à nouveau gros.

— Impossible à dire, a répondu Fang. D'accord, Max n'est pas là, mais ça ne signifie pas forcément qu'elle est morte. Et puis comment auraient-ils fait pour la trouver d'abord ? Quant à Angel... (Il marqua une pause.) Ça, on le savait depuis le début qu'ils la tenaient. Tout est sûrement fini à l'heure qu'il est.

Nudge se tenait la tête entre les mains.

— Je préfère ne pas y penser.

— Je sais. Mais qu'est-ce que tu...

Il s'est arrêté net pour scruter l'horizon, les yeux mi-clos.

La main en visière, Nudge l'a imité. Loin, très loin, elle distinguait vaguement deux taches sombres. Et alors ? C'était probablement d'autres rapaces, rien de plus.

Elle s'est rassise et s'est remise à manger, mâchant lentement son dernier oignon avant de lécher le papier d'emballage des brochettes. Il fallait que Fang trouve un plan, ce n'était pas plus compliqué que ça.

Mais Fang continuait à scruter l'horizon.

Nudge a froncé les sourcils. Les deux taches sombres grossissaient à vue d'œil. Elles se rapprochaient. Ces buses devaient être immenses. C'était peut-être des aigles.

Tout à coup, Fang s'est levé et a fouillé son pantalon à la recherche de son petit miroir de poche. La main tendue, il s'en est servi pour réfléchir les rayons du soleil de fin de journée.

Il a recommencé trois fois, en marquant une courte pause entre chaque.

Les rapaces continuaient à se rapprocher, toujours plus grands. Maintenant c'était sûr, ils volaient dans leur direction, dessinant des cercles de plus en plus bas.

Faites que ce ne soit pas des Erasers volants, s'est dit Nudge, soudain paniquée car elle venait de s'apercevoir que les deux silhouettes étaient bien trop grandes et bizarres pour être de véritables rapaces.

La bouche en O sous le coup de la surprise, elle les a finalement reconnus. Trente secondes plus tard, Iggy et le Gasman ont atterri maladroitement sur la corniche, projetant des cailloux et de la poussière un peu partout. Nudge est restée là à les fixer, tellement heureuse qu'elle n'en croyait pas ses yeux.

— Vous n'êtes pas morts, a-t-elle lâché.

— Non et visiblement, vous non plus, a répliqué Iggy avec irritation. Et alors, on ne dit plus bonjour ?

— Salut, les amis, a lancé le Gasman qui enlevait la poussière de ses cheveux. On ne pouvait plus rester à la maison. Il y a des Erasers partout dans la montagne. Donc, on a décidé de venir ici. Ça pose un problème à quelqu'un ?

48

Le lendemain matin, j'ai enfilé mon nouveau sweat-shirt. J'avais testé mon aile et je pensais que, malgré la douleur, je pourrais voler.

J'étais soulagée de partir, de reprendre mon envol, même si je devinais que Nudge et Fang allaient vraisemblablement me tuer. Je n'oubliais pas que j'avais laissé tomber Angel. Mais je n'avais pas eu le choix, je n'aurais pas pu faire autrement. Non, pas moi, pas Max.

Pour être tout à fait franche, parfois je laisserais volontiers ma place de Max.

Le Dr Martinez m'a tendu un petit sac à dos.

— C'est un vieux... je ne m'en sers plus, s'est-elle empressée de préciser, car elle savait que je ne souhaitais plus qu'on m'aide. Prends-le, ça me fait plaisir.

— Bon, eh bien puisque ça vous fait plaisir, ai-je consenti du bout des lèvres, ce qui l'a fait rire.

Ella examinait ses pieds, les épaules tombantes. J'évitais de croiser son regard avec le même soin.

— Si jamais tu as besoin de quoi que ce soit, n'importe quoi, s'il te plaît, appelle-nous, a ajouté la mère d'Ella. Je t'ai mis mes numéros dans le sac.

J'ai menti en faisant oui de la tête, sachant pertinemment que jamais je ne m'en servirais. Je ne savais vraiment pas quoi dire. Mais il fallait que j'essaie.

— Toutes les deux, vous m'avez tellement aidée alors que vous ne me connaissiez même pas, ai-je dit, un peu coincée. Sans vous, je ne sais pas comment je m'en serais sortie.

Pas mal hein, dans le genre éloquent ? De quoi me confondre avec ce crétin de *Tarzan*.

— C'est toi qui m'as aidée, a rectifié Ella. Sans me connaître. Et tu t'es même fait blesser.

J'ai haussé les épaules de mon air le plus attachant.

— Bref... merci. Merci pour tout. Vous avez été super.

— De rien, a fait le Dr Martinez avec un gentil sourire. Bonne chance... quoi qu'il arrive.

J'ai répondu par un nouveau hochement de tête et là, tenez-vous bien, elles m'ont toutes les deux prises dans leurs bras en même temps. Moi, un vrai sandwich à la Max. Une envie terrible de pleurer m'a prise que j'ai chassée au plus vite en papillotant des yeux. Mais je n'ai pas repoussé leur étreinte, tapotant légèrement le coude d'Ella car ma main n'allait pas plus loin. Je ne vais pas vous raconter d'histoires : ça m'a fait du bien. Beaucoup de bien. Mais en même temps, c'était horrible aussi. C'est vrai, qu'y a-t-il de pire, après tout, que de vouloir quelque chose que vous savez très bien que vous n'aurez jamais ?

Je me suis libérée délicatement de leur étreinte et j'ai ouvert la porte. Dehors, il faisait chaud et le soleil brillait. J'ai fait un rapide signe de la main d'un air que j'espérais dégagé et je me suis dirigée vers le jardin. J'avais décidé de leur faire un cadeau. Enfin, ce qui s'en rapprochait le plus, à la mesure de mes moyens... Je trouvais qu'elles le méritaient bien.

Est-ce qu'elles me trouveraient bizarroïde ? Je me demandais à quoi on pouvait bien ressembler tous les six aux yeux des autres. Je n'en avais aucune idée et, franchement, je n'allais pas commencer à me prendre la tête avec ça.

J'ai ajusté mon sweat-shirt et mon sac à dos, puis je me suis retournée. Ella et sa mère me fixaient d'un air plein de curiosité.

Après quelques foulées, j'ai bondi et déployé mes ailes. Portée par le vent, j'ai fait une petite grimace au moment où mes muscles endoloris entamaient leurs mouvements de haut en bas et vice versa.

Cela faisait comme ça : et un coup en bas – aïe – et un coup en haut – ouille – et un coup en bas. Je connaissais la musique. Ella, les mains jointes, avait le visage rayonnant d'admiration et d'excitation. Quant au Dr Martinez, elle essuyait ses yeux, un petit sourire sur ses lèvres tremblantes.

Une minute plus tard, j'étais déjà très haut. De là, j'apercevais la maison d'Ella, toute petite, ainsi que deux minuscules silhouettes qui agitaient la main dans ma direction. Je leur ai fait coucou moi aussi avant de virer sur le côté, un sentiment de liberté et de vitesse retrouvé. Je suis montée en flèche en direction de l'horizon, au nord-ouest. Je partais à la recherche de Nudge et Fang en espérant les trouver comme par miracle à l'endroit exact que je leur avais indiqué.

Merci, Ella, me suis-je dit tout bas, m'interdisant d'être triste. *Merci à toutes les deux.*

Angel, je viens. J'arrive enfin.

3ème Partie

L'école, y a pas pire !

49

Une demi-heure plus tard environ, tous les nœuds de mes muscles avaient disparu. Je me doutais que le lendemain, je serais courbatue comme pas deux, mais, à ce moment-là, ça allait et c'était tout ce qui comptait : ici et maintenant. Je volais au plus vite, essayant de me reposer en me laissant porter par des courants d'air favorables.

Cette fois, j'avais décidé de ne pas regarder vers le bas.

Une heure après, j'approchais du lieu de rendez-vous, priant pour que Nudge et Fang m'aient attendue.

J'avais deux jours de retard et je ne leur en aurais pas voulu s'ils étaient partis, fatigués de m'attendre. Par contre, je ne pouvais pas supporter l'idée qu'ils aient peut-être décidé d'aller au secours d'Angel tout seuls.

Une fois à proximité de l'endroit où l'on devait se retrouver, j'ai commencé à voler en cercles décroissants pour pouvoir examiner minutieusement le sol, les falaises, les coins d'ombres. Mais je ne voyais rien. Aucun signe d'eux.

J'ai couvert un grand périmètre, à l'affût de signes, mais là encore, je n'ai eu que des déceptions. Ma gorge s'est serrée sous l'effet de la panique. Comment avais-je pu être conne à ce point ?

Et s'ils n'étaient jamais parvenus à notre point de rencontre ? Et si...

Une ombre est passée sur moi et j'ai tout de suite pensé « un hélicoptère ! » en regardant en l'air. Mais ce n'était qu'une volée de faucons qui tournoyaient, dispersés dans le ciel au-dessus de moi.

J'ai froncé les sourcils et j'ai redressé mon angle de vol. Parmi les rapaces, plusieurs semblaient anormalement grands et difformes. Pourtant ils avançaient avec le reste de la volée, comme si de rien n'était. Je continuais à les observer, les yeux plissés, gagnant chaque fois un peu plus d'altitude.

Mon cœur s'est gonflé d'espoir tout à coup... Alors, il y avait quatre faucons bien plus grands que la moyenne, d'accord. Mais ils étaient vraiment bizarres et surtout ils portaient des baskets aux pieds, ce qui, à ma connaissance, est peu fréquent chez les rapaces.

Ils m'avaient attendue ! Et ils allaient bien. À présent, il ne restait plus qu'à aller chercher Angel et on serait à nouveau réunis. Tous les six. Un flot de soulagement et de bonheur a envahi mon corps et mon esprit.

Oui, oui, vous avez parfaitement entendu, j'ai bien dit « esprit ».

50

Quand ils m'ont soudain aperçue, d'éclatants sourires ont instantanément illuminé le visage du Gasman et de Nudge.

Iggy, bien sûr, ne pouvait pas me voir. Quant à Fang, il n'a jamais été très souriant. Il a mis ses yeux dans les miens pour capter mon attention avant de me faire un signe de tête en direction d'une falaise. Je ne l'avais pas vu depuis deux jours seulement, mais je trouvais qu'il volait avec plus de grâce et de puissance que jamais, ses ailes sombres de quatre mètres d'envergure luisant sous les reflets du soleil. Une fois à ma hauteur, Nudge a poussé un petit cri aigu de joie tout en frottant son aile contre la mienne.

— Max ! Max ! J'arrive pas à y croire ! C'est toi, c'est bien toi ?

Fang a atterri en premier, disparaissant presque aussitôt comme par magie. Ce n'est qu'une fois à cinq cents mètres de distance de la falaise que j'ai compris qu'il s'était glissé dans une toute petite grotte, creusée dans la paroi de la falaise. La cachette parfaite.

L'un après l'autre, on a atterri et l'on s'est dépêchés de filer au fond de la grotte pour que tout le monde puisse y tenir. On s'était retrouvés. Sains et saufs et tous les cinq en tous les cas. C'était déjà ça.

— Max ! a crié Nudge en me sautant au cou. (De ses petits bras, elle me serrait très fort. Je lui ai rendu son étreinte, grattant ses ailes au niveau des épaules. Elle adorait ça.) On était morts de trouille... On ne savait pas ce qui t'était arrivé ni quoi faire et Fang a dit qu'on allait devoir manger des rats et...

— Ça va, ça va. Tout va bien maintenant, l'ai-je rassurée.

J'ai croisé le regard de Fang par-dessus son épaule et j'ai articulé « des rats ? » en silence. L'ombre d'un sourire est passée sur ses lèvres avant de disparaître aussi vite. J'ai baissé les yeux vers ceux de Nudge, grands et marron.

— L'important, c'est que tout aille bien, que tu ailles bien. (Je me suis tournée vers le Gasman et Iggy.) Qu'est-ce que vous faites ici *tous les deux* ? Pourquoi n'êtes-vous pas restés à la maison ?

— On n'a pas pu, a commencé le Gasman avec sérieux. Il y avait des Erasers plein la montagne. Ils nous cherchaient. Si on n'était pas partis, on serait de la pâtée pour chiens à l'heure qu'il est.

— À quel moment sont-ils arrivés ? ai-je interrogé, étonnée. Juste après qu'on est partis ?

— Non, a répondu le Gasman lentement.

Il a fait les yeux noirs à Iggy qui, debout et impassible, retirait la poussière de son pantalon noir sans rien voir du tout de ce qu'il faisait, évidemment.

— Alors ? ai-je lâché de plus en plus soupçonneuse. Quand avez-vous commencé à les avoir aux basques ?

— Est-ce que c'était... après le crash du Hummer, quand il a glissé sur la nappe de pétrole ? a fait le Gasman à Iggy timidement.

J'ai ouvert grand les yeux. Un crash ? Un Hummer sur une nappe de pétrole ? Iggy s'est frotté le menton, l'air songeur.

— À moins que ce soit après... la bombe, a repris le Gasman à mi-voix, en étudiant ses pieds.

— Je crois que c'était après la bombe, a conclu Iggy. D'après moi, ils n'ont pas franchement apprécié.

— Une bombe ? ai-je fait d'un ton incrédule. Une *bombe* ? Vous avez fait exploser une bombe ? Dans le genre discret, on fait mieux. Vous auriez dû rester cachés au lieu de vous faire repérer comme ça !

— Ils savaient déjà où on était, a expliqué le Gasman. Ils nous avaient observés, tous les six. Ils savaient qu'on vivait dans le coin.

— Ce n'était qu'une question de temps, a confirmé Iggy.

J'étais sans voix. Pour tout vous dire, je n'avais jamais envisagé la possibilité que les Erasers trouvent notre maison. J'ai ouvert la bouche puis je l'ai refermée, perplexe. Peut-être que, dans vingt ans, je pigerais comment marchent les garçons. Mais peut-être bien que non.

— Eh bien, une chance qu'il ne vous soit rien arrivé, ai-je fait, sans conviction. (J'ai entendu Fang qui réprimait une envie de rire, mais j'ai décidé de ne pas y prêter attention.) Vous avez bien fait de venir ici. C'était bien vu !

J'ai pris le Gasman dans mes bras et Iggy après lui. C'est là que je me suis rendu compte qu'il mesurait dix centimètres de plus que moi. Ensuite, j'ai pris Nudge une nouvelle fois dans mes bras. Elle s'est cramponnée à moi pendant que je lui caressais les cheveux.

— Tout va bien, ma puce, ai-je fait d'une voix douce.

Elle a fini par relâcher son étreinte et je suis allée vers Fang pour le prendre à son tour dans mes bras. Pas facile de le prendre dans ses bras celui-là. Il est raide comme un piquet, donc on fait ce qu'on peut.

Finalement, j'ai brandi mon poing gauche serré et les autres ont empilé le leur sur le mien. De notre main libre, on a tapé la pyramide deux fois avant de lever les bras en l'air.

— À Angel ! ai-je hurlé, suivie en chœur par les autres.

— À Angel ! À Angel !

Puis, à la queue leu leu, on s'est laissé tomber de la corniche, on a ouvert les ailes et on s'est mis en route pour l'École. L'horrible, la détestable École.

51

— Bon, ai-je fait, une fois atteinte notre « vitesse de croisière », si on se faisait des petits topos ?

— J'ai essayé de retrouver ma mère, a lancé Nudge de but en blanc.

— QUOI ? (Mes yeux ont failli sortir de leurs orbites.) Ta mère ?

Nudge a esquissé un mouvement d'épaules.

— J'ai obligé Fang à aller à Tipisco pendant qu'on t'attendait. On a trouvé la bonne adresse. J'ai vu une femme qui avait la même couleur de peau que moi, mais je ne suis pas sûre que c'était elle. Mais les Erasers, y compris cette ordure d'Ari, ont rappliqué, alors on leur a flanqué une raclée et on est partis.

Ça m'a pris une bonne minute pour avaler la pilule.

— Donc, tu n'as pas pu parler... à ta mère ?

— Non.

Nudge examinait consciencieusement ses ongles tout en continuant à battre des ailes avec la même régularité.

— Est-ce qu'elle avait l'air gentil ?

Je mourais d'envie d'avoir plus de détails. On était tous obsédés par nos parents. On en parlait tout le temps et, pour dire la vérité, on les pleurait souvent.

— Je te raconterai une autre fois, a fait Nudge pour couper court à la conversation.

J'imaginai donc que les choses ne s'étaient pas passées comme elle l'avait imaginé. J'ai concentré mon attention sur Gazzy et Iggy, le regard braqué sur eux, et je leur ai lancé :

— Quant à vous, pas la peine de demander ce que vous avez trafiqué. On le sait déjà.

Gazzy m'a répondu d'un petit sourire penaud, trop mignon. Ce gosse est vraiment incroyable.

À mon tour de leur faire un compte rendu.

— Je crois qu'ils m'ont implanté une puce pour pouvoir me localiser, ai-je commencé brutalement. (Là, un courant m'a frappée de plein fouet et j'ai ajusté l'angle de mes ailes pour pouvoir me laisser planer.) Ce n'est pas sûr et certain, mais sur la radio où je l'ai vue, ça y ressemblait drôlement.

Ils m'observaient tous, bouche bée, horrifiés.

— On t'a fait une radio ?

L'incrédulité de Fang transparaissait dans sa voix.

J'ai acquiescé d'un hochement de tête

— Je vous donnerai les détails plus tard. Mais si cette puce est effectivement en moi, ça expliquerait les Erasers un peu partout... Par contre, ça n'explique pas pourquoi ça leur a pris quatre ans avant de nous retrouver et de venir nous chercher. Et puis je me demande si vous avez une puce, vous aussi, ai-je terminé en lisant sur son visage que Fang se posait la question.

Tout le monde volait désormais en silence, l'esprit occupé à cogiter et l'estomac noué.

Finalement, c'est le Gasman qui, comme il se forçait à être fort – une autre des raisons pour lesquelles je l'aimais tant –, a lâché :

— Max, tu crois qu'on a encore une chance ?

— Je n'en sais rien. J'espère, ai-je fait, pleine de sincérité. (L'honnêteté paie toujours, sauf lorsqu'il vaut mieux mentir. Comme pour les protéger par exemple.) Je sais que je nous ai retardés de deux jours. Je suis vraiment désolée. Ce que j'ai fait, il le fallait. Mais maintenant qu'on est là, on ne peut plus reculer. On va chercher Angel, quoi qu'il arrive.

Un ange est passé comme si, pendant ce temps, chacun de son côté, on tentait de se redonner du courage. En tout cas, c'était mon cas. Je m'appliquais à rassembler ma force pour en faire une petite balle bien dure qui me porterait le reste de la journée, sur la route du pire de nos cauchemars.

Le pire des cauchemars de l'humanité tout entière, si vous voulez savoir.

52

Je ne crois pas vous l'avoir déjà dit mais tous les six, on a un sens inné de l'orientation. Ne me demandez pas comment ça marche, mais on sait toujours exactement dans quelle direction aller. On fonçait donc direction ouest/nord-ouest depuis deux bonnes heures. De nombreuses buses avec lesquelles Fang et Nudge avaient partagé la falaise étaient restées avec nous et volaient en formation éparse. Elles étaient devenues nos meilleures amies.

— Ils nous ont appris des nouveaux trucs, a sorti Fang comme il me voyait examiner les rapaces. Des façons de virer ou de communiquer, ce genre de trucs.

— Ils sont vachement cool, a ajouté Nudge en se rapprochant de moi. Par exemple, ils se servent du bout de leurs plumes pour se diriger et on a essayé, ça marche. C'est incroyable qu'un petit truc comme ça fasse une telle différence. Moi, je ne savais même pas qu'on pouvait bouger cette partie de nos plumes.

— Vous pourriez nous apprendre ? ai-je interrogé.

— Ouais, bien sûr, a répondu Fang.

On a mangé notre dernière barre de céréales en plein ciel. On survolait le désert, les montagnes, les rivières, les plaines couvertes de broussailles. Je ne regardais en bas que lorsque c'était absolument nécessaire, me forçant à ne pas penser à Ella et sa mère qui me manquait tout comme une vraie maman.

J'observais les rapaces et j'imitais le moindre de leur mouvement, des virages au vol aligné à la queue leu leu en passant par les montées en flèche et les piqués, mais à l'exception des repas de rongeurs morts, quand même. C'était grisant de voler parmi ces oiseaux à la fois féroces et majestueux. Lorsqu'on s'est séparés à la frontière de leur territoire, ça m'a fait de la peine de les voir s'en aller.

Juste au moment où je commençais à me sentir faible à cause du manque de glucose, j'ai retrouvé mes marques. J'ai fait signe aux autres de me suivre et je suis descendue en direction d'une petite forêt, à l'arrière d'une colline.

Il n'y avait pas âme qui vive et pas beaucoup d'activité non plus, hormis un petit centre commercial, à un ou deux kilomètres de là.

Une fois au sol, on a balayé du regard les environs. J'ai frotté mon épaule, celle qui me faisait mal.

— Bon, il faut qu'on trouve de quoi manger. Et un plan de la ville ne serait pas de trop non plus !

— Parce que tu crois qu'on va trouver l'École sur un plan..., m'a provoquée Fang.

— Bien sûr que non. Mais on voit plus ou moins où c'est... À l'endroit où ce sera blanc sur la carte. Ce que je veux, c'est avoir un plan des grands axes, ai-je rétorqué.

Après quinze minutes de marche, nous étions arrivés à l'arrière du centre commercial. C'était honnête comme endroit, avec un magasin « Tout à un dollar », une station-service, un distributeur de billets, un pressing et un salon de beauté. Pas de magasin d'alimentation, excepté la petite supérette de la station.

— T'as besoin d'une nouvelle coupe de cheveux ? m'a taquinée Fang.

Je lui ai filé un coup de coude. Comme si j'étais déjà allée chez le coiffeur un jour. La plupart du temps, je les coupais avec les ciseaux de cuisine quand ils devenaient trop pénibles.

— Bon, et qu'est-ce qu'on fait maintenant ? a lancé Gazzy. On continue ?

— Deux minutes. Je réfléchis, ai-je grommelé tout en étudiant le centre commercial sous tous les angles.

Il était hors de question qu'on fasse du stop. On retrouverait probablement nos corps en travers d'un fossé. On était à quinze kilomètres au moins de l'École. On aurait pu voler jusque-là, mais je ne voulais pas qu'on arrive par les airs. Il ne nous restait plus qu'à y aller à pied, mais ça allait prendre un bout de temps et on avait tous faim.

— Bon, on dirait qu'il va falloir qu'on...

Les crissements de pneus d'une voiture qui entrait sur le parking m'ont interrompue. Sans dire un mot, on s'est cachés dans un massif d'arbres sur le côté du bâtiment. Une voiture de luxe grise avec un calicot couleur argent s'est garée devant le distributeur de billets[1] en vrombissant.

Le conducteur a baissé sa vitre d'où s'est aussitôt échappée la musique qu'il avait mise à fond.

Un type tiré à quatre épingles s'est penché vers la machine, son portable collé à l'oreille.

— La ferme, crétin ! Si tu n'avais pas perdu ta carte, je ne serais pas obligé de retirer du fric, a-t-il craché.

Ensuite, il a passé son bras par la fenêtre pour pouvoir introduire sa carte dans le distributeur. Il a tapé son code à toute vitesse, puis il a attendu.

— Ça m'apprendra à te faire confiance, tiens ! a-t-il dit d'un ton sec dans l'appareil. T'es même pas capable de ne pas mettre les deux pieds dans la même jambe de pantalon !

— Sale type, a lâché Nudge tout bas, près de moi.

J'étais bien de son avis.

Comme par magie, la machine a craché une liasse de billets verts. Le type les a instantanément arrachés et il s'est mis à compter. L'instant d'après, un gros pick-up noir est entré à son tour sur le parking, et il est venu se coller à la voiture grise. Ses roues, en tournant, projetaient des cailloux qui rebondissaient dans un petit bruit sur la voiture de luxe.

On s'est faits encore plus petits, cachés derrière nos arbres. J'avais la chair de poule et le souffle court. Et si c'était des Erasers ? Et la puce que j'avais ? Est-ce qu'il fallait que je prenne mes jambes à mon cou sur-le-champ ? Faire diversion pour que les Erasers laissent les autres tranquilles ?

---

1. Il s'agit ici d'un guichet bancaire type « *drive in* » dont les Américains sont friands. Il permet de retirer de l'argent, voire d'effectuer d'autres opérations bancaires sans quitter son véhicule.

— Il va piquer une crise, a deviné Fang, placide.

Les veines qui ressortaient sur son front, le crétin de la voiture grise s'est penché par la fenêtre, lâchant une explosion de jurons, dont un me plut particulièrement. Je décidai de le caser dans un coin de ma tête pour plus tard. Un bon gros mot, ça servait toujours.

La vitre fumée du pick-up s'est baissée et, sans faire de bruit, j'ai pris une grande inspiration.

— Qu'est-ce qu'il me dit le taré ? a lancé Ari avec un sourire à vous glacer le sang.

53

Gloups. J'ai senti mes muscles se raidir. La main sur l'épaule de Gazzy, j'ai fait « Chhh. Chhhhhht ».

Le mec, au volant, a écarquillé les yeux et, une demi-seconde après, il a écrasé le pied sur la pédale d'accélérateur, oubliant sa carte dans le distributeur. Sa voiture est partie sur les chapeaux de roues.

Ari rigolait comme un fou. Le pick-up a démarré à son tour dans une explosion de gravillons. Cinq pulsations plus tard, on entendait encore vaguement les moteurs des deux voitures rugir tandis qu'elles dévalaient la route.

— Il s'en sort pas trop mal, a constaté Fang, toujours aussi impassible.

— J'ai rêvé ou Ari avait les cheveux... verts ? ai-je interrogé, troublée.

— Han, han, a répondu Nudge avec une concision inattendue.

Tous les cinq, on s'est regardés – enfin, pas vraiment Iggy – avant de revenir au distributeur de billets.

Il faisait un petit bip tranquille. On a jeté un œil autour de nous. Il y avait du monde dans les magasins, mais la machine ne leur faisait pas face. Sans un mot, on a traversé le parking en courant, au ras du sol.

Aucun de nous n'avait utilisé ce genre de truc auparavant. Pour une raison qui m'échappe totalement, les savants fous de l'École avaient négligé de nous ouvrir un compte en banque !

Fort heureusement, l'utilisation de la machine était à la portée du premier des crétins.

SOUHAITEZ-VOUS EXÉCUTER UNE AUTRE OPÉRATION ? disait-elle en lettres orange.

— Prends du fric, a lancé Fang comme s'il avait besoin de me le dire.

— T'es sûr ? ai-je ajouté en signe de raillerie.

— Magne-toi, a sorti le Gasman.

J'ai appuyé sur la touche « Retrait ».

VEUILLEZ ENTRER LE MONTANT EXACT.

J'ai hésité un instant.

— Soixante dollars ? Ça devait suffire pour acheter une bonne quantité de bouffe, pas vrai ?

— C'était un gros con, a lâché Fang. Vide-lui son compte.

J'ai souri.

Hummmmmmmm, c'est diabolique ! J'aime ça !

Je suis retournée au menu principal pour pouvoir consulter son solde. En voyant le montant, on s'est tous mis à siffler.

— Géniaaaaaaaaaaal, a entonné Nudge en se mettant à danser. On est riches ! On peut s'acheter une voiture ! Youpiiiii !

Au cas où vous ne le sauriez pas, il y a un montant limite que les distributeurs ne peuvent pas dépasser chaque fois que vous retirez du fric. Du coup, nos projets de nous acheter un chez-nous se sont effondrés. Mais on pouvait tout de même retirer deux cents dollars en une fois.

À condition qu'on entre à nouveau le code pour des raisons de sécurité.

— Quelle poisse ! ai-je gémi. Est-ce que quelqu'un l'a vu ?

— Je l'ai entendu, a dit Iggy faiblement.

— Je crois que si on tape un mauvais code plus de deux fois de suite, la machine avale la carte, a averti Fang.

— Tu te sens d'essayer ? ai-je demandé à Iggy.

— Euh... ouais..., a-t-il fait en posant sa main sur les touches du bout des doigts.

— T'en fais pas, Ig, l'a rassuré Fang. Fais ce que tu peux.

Il y a vraiment des fois où le Fangster[1] est d'un grand soutien. Jamais avec moi, cela dit.

Iggy a entré cinq chiffres. On retenait tous notre respiration.

CODE ERRONÉ. VEUILLEZ VÉRIFIER VOTRE CODE ET RECOMMENCER.

— Essaie encore, ai-je lancé, nerveuse. T'as les meilleures oreilles de l'univers.

Comme la première fois, Iggy a hésité à mettre sa

1. Contraction de Fang et gangster.

main sur les touches. Il s'est concentré et il a tapé cinq chiffres.

Rien. J'ai senti mon cœur s'enfoncer dans ma poitrine.

Puis la machine s'est mise à ronronner et une liasse de billets de vingt a jailli de sa fente.

— Ouais !!! a lâché Fang, le poing en l'air. Vive nous !

— Prends-les et tirons-nous de là ! ai-je ordonné tandis que Nudge extrayait les billets du distributeur pour les fourrer dans sa poche.

On avait déjà fait demi-tour lorsque la machine a bipé.

VOUS POUVEZ REPRENDRE VOTRE CARTE. MERCI ET À BIENTÔT.

— C'est moi qui te remercie, ai-je répondu en reprenant la carte. Tout de suite, on a pris nos jambes à notre cou en direction de la forêt.

Enfin... on a pris nos jambes ET nos ailes à notre cou !!!

54

Bizarrement, je ne me sentais pas coupable d'avoir pris son argent à ce type. C'était peut-être parce qu'il avait l'air d'un vrai connard. On faisait un peu office de karma pour lui.

Je ne sais pas, après tout. Mais ce que je savais, c'est que je n'aurais même pas volé un pot de beurre de cacahuète à Ella et sa mère. Ça, non ! Jamais de la vie.

— Dommage qu'on n'ait pas pu prendre plus, a déploré Fang pendant qu'il recomptait les billets.

— Si on allait à la station-service pour s'acheter un truc à manger, maintenant, nous a pressés Nudge.

J'ai fait non de la tête.

— On s'est peut-être déjà fait repérer. Il ne faut pas rester ici.

Depuis notre cachette, on avait remarqué une

camionnette rouge qui se garait à l'arrière d'un des magasins. Le conducteur, un mec assez jeune, avait déchargé plusieurs trucs de son coffre, puis s'était engouffré à l'intérieur. Avant que la porte ne se referme complètement, on l'avait aperçu qui pointait.

Ce qui voulait dire qu'il allait être coincé au travail quelques heures, jusqu'à sa première pause.

Sa camionnette était devant nous, qui nous tendait, si on veut, les bras.

J'ai échangé un regard avec Fang.

— Voler de l'argent à un connard, OK, ai-je déclaré. Mais piquer sa camionnette à un pauvre type, c'est une autre histoire.

— C'est juste pour quelques heures, s'est défendu Fang. On pourrait lui laisser quelques dollars en guise de frais de location.

— On va piquer cette voiture ? a interrogé le Gasman. Ouais, allez, on le fait !

Je lui ai servi mon regard le plus noir.

— Non. On se demande juste si on va l'emprunter.

D'un côté, je n'avais aucune envie de faire une entrée fracassante au club des délinquants. De l'autre, chaque minute qui passait rapprochait Angel du moment où elle servirait de cobaye dans la plus grande démonstration de dissection de tous les temps, au milieu d'une bande de généticiens enragés.

— C'est comme *Grand Theft Auto*[1], a sorti le Gasman avec obligeance. J'ai vu ça à la télé. Ça a la cote chez les jeunes.

— On ferait bien de se grouiller si on veut « emprun-

1. Série de jeux vidéo, dont le nom signifie « Vol qualifié d'automobile », et dans lesquels les joueurs de Playstation prennent la place des méchants au sein de divers gangs.

ter » cette caisse, comme vous dites, a conseillé Iggy. J'entends un hélico.

J'ai fini par trancher. Oui, oui, je sais, moi aussi je vais me faire rattraper par mon karma.

Dans les films, les gens « empruntent » toujours des voitures en frottant l'un contre l'autre des fils qu'ils ont arrachés de sous le tableau de bord. Mais, dans la vraie vie, il faut un tournevis et bidouiller le trucmuche du démarreur sous le capot. Mon sens de la morale m'empêche de vous en dire plus. Il ne manquerait plus que ça : une recrudescence de vols de voitures dans tout le pays, commis par des lecteurs trop assidus.

Pas une bonne idée. Vraiment pas.

Quoi qu'il en soit, j'ai trifouillé sous le capot tandis qu'Iggy, assis à la place du conducteur, appuyait sur la pédale d'accélérateur. Le moteur a rugi, tout à coup. J'ai claqué le capot et on a tous grimpé dans la camionnette. Mon cœur battait à cent à l'heure.

Soudain, j'ai regardé le tableau de bord.

— Purée, on ne sait même pas conduire, a lâché Fang.

Ça m'étonnait qu'un détail d'une telle importance ait pu lui échapper.

— J'ai vu des gens conduire à la télé, ai-je raconté d'un faux air de confiance. Ça ne doit pas être si compliqué que ça.

J'étais au courant qu'il y avait une histoire de point mort, de frein à main, de première, etc. Ainsi, j'ai enclenché la première.

— OK, les amis, leur ai-je lancé. Y a plus qu'à ...

55

Au cas où vous ne le sauriez pas déjà, il y a deux sortes de freins dans les voitures. La pédale de frein et le frein à main.

Essayez de faire un centimètre avant d'avoir desserré le frein à main et vous verrez. C'est aussi facile que traîner un saint-bernard dans la baignoire pour le laver. Mais revenons à nos moutons.

— C'est bon, c'est bon. On progresse, ai-je dit vingt minutes plus tard, après avoir finalement trouvé et desserré le frein à main.

J'avais le sentiment de chevaucher un énorme éléphant à la course pataude.

Je dégoulinais de sueur. J'avais les nerfs à cran de devoir conduire ce truc, mais je faisais mon possible pour avoir l'air confiant et calme.

— C'est clair que c'est beaucoup moins sympa que de voler, mais c'est quand même autrement plus cool que de marcher.

Toute fière, j'ai décoché un regard à Fang qu'il m'a rendu avec insistance.

— Quoi ?

— Est-ce que tu pourrais y aller mollo dans les virages en épingle ?

— Je fais des progrès, non ? J'ai juste besoin de pratique.

— Je ne savais pas que les camionnettes pouvaient rouler comme ça sur deux roues... pendant si longtemps, a souligné Nudge.

— Moi, ça me dit rien de dégueuler dans une voiture qu'est pas à nous, a fait le Gasman.

J'ai pincé les lèvres et me suis concentrée sur la route. Bandes de petits ingrats.

— On doit tourner à droite dans cinq cents mètres environ, ai-je marmonné, penchée pour regarder par la fenêtre.

Huit cents mètres plus loin, je me suis rangée sur le bas-côté et j'ai posé ma tête sur le volant.

— Où est cette foutue route ? ai-je beuglé, frustrée.

— Tu te laisses guider par tes sentiments, a soulevé Fang.

— Et ce n'est pas parce que tu voudrais qu'il y ait une route qu'il y en a forcément une, a ajouté Iggy avec raison.

J'aurais voulu les baffer tous les deux.

Dans un soupir, je suis remontée sur la route sans issue et j'ai fait demi-tour.

— Il n'y a plus qu'à trouver une autre route, même si elle est moins directe, ai-je annoncé.

Je ne pouvais pas supporter l'idée de perdre encore plus de temps, sans même savoir si Angel était toujours vivante. Mais la perspective de se rapprocher de l'École, le lieu de tous nos cauchemars, me paraissait encore pire. J'avais dans l'esprit que je me jetais tout droit dans la gueule du loup et c'était plutôt difficile à avaler.

— Grrrrrrr !

Après avoir pris une énième fausse route, je me suis à nouveau garée et j'ai commencé à donner des coups de poing dans le volant. J'étais tendue de partout à cause de la conduite et à force de me faire du souci. J'avais un solide mal de tête aussi. Ce n'était pas ça qui manquait dernièrement. Hum, hum... je me demandais bien pourquoi !

— Ça va aller, Max, a fait le Gasman d'un air inquiet.

— Elle est en train de filer des coups dans le volant ? a interrogé Iggy.

— Regarde, a brusquement sorti Fang tandis qu'il pointait du doigt une pancarte. Il y a une ville là-bas. Allons-y. On pourra casser la croûte et consulter un plan de la région. Parce que comme ça, au pif, ça ne marche pas, de toute façon.

La ville de Bennett était petite, presque mignonne. J'ai tenté de me donner l'air sérieux et plus âgé, les sourcils circonflexes, ainsi que de me grandir, derrière le volant. On avait le choix entre plusieurs endroits pour manger. Je suis entrée timidement dans un parking et suis allée me garer tout au fond, encore plus doucement, là où il n'y avait personne.

J'ai coupé le moteur et Nudge et Gazzy ont aussitôt bondi hors de la voiture.

— Ouf ! On est arrivés en un morceau ! s'est écrié le Gasman.

— Attendez un peu ! leur ai-je fait. On ne doit plus être loin de l'École maintenant. Je sais qu'on dirait un coin paumé, mais ça n'empêche que les Erasers pourraient être partout, cachés sous n'importe quel visage. Il faut vraiment qu'on fasse attention.

— Mais on doit manger quelque chose, a lâché Nudge en essayant de pas pleurnicher.

C'était difficile pour elle... Surtout qu'elle brûlait les calories deux fois plus vite que nous tous, sauf peut-être le Gasman.

— Je sais, Nudge, ai-je dit gentiment. On va bientôt manger, je t'assure. Il faut seulement faire super attention. Restez sur vos gardes et prêts à courir à tout moment s'il arrive quelque chose, d'accord ? Potentiellement, tous les gens qu'on va croiser sont des Erasers.

Ils ont approuvé de la tête. J'ai baissé le pare-soleil pour jeter un œil dans le miroir lorsqu'un petit objet lourd est tombé sur mes genoux.

Je me suis figée sur place, le souffle coupé. Qu'est-ce... ?

Délicatement, j'ai baissé les yeux. Pas de grenade en vue. Juste un trousseau de clés dont l'une était celle de la camionnette. Je l'ai observée d'un air ahuri.

— Eh bien, ça au moins, ça va nous faciliter la vie, a lancé Fang.

56

— Je veux la même odeur pour ma chambre.

Iggy, les narines écartées, humait l'odeur ambiante des hamburgers cuits sur le gril et des frites toutes chaudes.

— C'est une idée, ai-je concédé tout en lisant le menu.

Mon estomac semblait essayer de s'autodigérer. Je tremblais sous la pression et la décharge d'adrénaline. J'avais l'impression que j'allais craquer d'un moment à l'autre.

Le fast-food était bondé et bruyant. Tous les cinq, on se sentait très nerveux, comme toujours en présence de gens normaux. On s'est glissés dans la file, la jambe lourde, l'air de ne pas y toucher. À ce que je voyais, il n'y avait pas d'Erasers.

Mais, évidemment, ces derniers avaient l'air parfaitement normal... jusqu'à ce qu'ils entament leur métamorphose et essaient de vous arracher la tête à coups de crocs.

— Moi, j'ai arrêté de manger de la viande, a déclaré Nudge. (Devant mon expression incrédule, elle a ajouté :) C'est depuis que j'ai vu les rapaces s'empiffrer de lapins, de serpents et d'oiseaux. C'est dégueulasse.

Fang s'est approché du comptoir et a commandé trois doubles cheeseburgers, un milk-shake au chocolat, du coca avec caféine *et* sucre, trois portions de frites et trois tartes aux pommes.

— Il y en a pour un régiment ! a fait la femme qui avait pris la commande.

— Oui, m'dame, a répondu Fang, tout mignon.

Le régiment de sa personnalité aux mille et une facettes, me suis-je dit en moi-même. Ensuite, j'ai tourné la tête vers Nudge.

— C'est d'accord, ai-je lâché en prenant sur moi pour ne pas m'énerver. Mais il va quand même te falloir des protéines.

Iggy a commandé la même chose que Fang et j'ai payé pour lui. Fang a attendu qu'il soit servi et l'a discrètement guidé vers la banquette la plus à l'écart.

— Hum, voyons, ai-je commencé une fois devant la caisse. Je voudrais deux sandwichs au poulet, deux doubles cheeseburgers, quatre portions de frites, six tartes aux pommes, deux milk-shakes à la vanille, un à la fraise et deux triples cheeseburgers mais sans la viande, s'il vous plaît.

— Juste le pain et le fromage, c'est ça ?

— Exactement.

J'ai jeté un œil à Nudge par-dessus mon épaule et elle a acquiescé d'un signe de tête.

Bientôt, j'allais tomber dans les vapes tellement j'avais faim. Et respirer toutes ces odeurs de bouffe n'arrangeait rien. Debout près de moi, le Gasman se dandinait d'un pied sur l'autre, impatient. Ça nous a paru une éternité avant que nos trois plateaux arrivent, qu'on paie et qu'on aille rejoindre les garçons au fond de la salle.

Autour de nous, des familles mangeaient leurs hamburgers, l'air heureux, des gosses faisaient voler l'emballage en papier de leur paille, des femmes papotaient, des ados tuaient le temps. Rien d'alarmant. Pourtant, je me suis assise, l'air méfiant, suivie de près par Nudge et le Gasman à côté d'elle.

Moi, dure ? une vraie brute ? Plutôt deux fois qu'une.

Moi, gémir de plaisir en mordant dans mon sandwich au poulet frit ? Un peu oui.

Nudge attaquait son sandwich au fromage, Fang en était à son deuxième hamburger. Iggy pouvait à peine respirer tellement il avait la bouche pleine et le Gasman s'enfilait ses frites par poignées entières. On avait sûrement l'air de cinq gamins tout droit sortis de l'orphelinat. Hé ! On était des orphelins affamés, c'est vrai ! Pendant plusieurs minutes, tout ce qu'on a entendu, c'était cinq bouches mâchant bruyamment. Quand tout à coup, j'ai eu un flash en repensant aux repas autrement plus civilisés et sympas que j'avais eus avec Ella et sa mère, à l'heure des serviettes de table, des bonnes manières et des sujets de discussion normaux.

Génial. Maintenant j'avais une boule dans l'estomac et du mal à avaler.

Je ne me souviens plus trop bien à quel moment précis ça a démarré, mais petit à petit, j'ai senti les muscles de mon cou se raidir. En jetant un œil à Fang, j'ai vu qu'il m'examinait de côté tout en mangeant ses frites. Je connaissais *ce* regard.

L'air cool, j'ai regardé à nouveau autour de moi. Les quelques familles qui étaient assises à côté de nous avaient à présent quitté leurs tables. À leur place, une tripotée de beaux gosses s'étaient installés, qui semblaient crever la dalle. Il y en avait des dizaines et des dizaines.

Tous beaux, la chevelure généreuse et soyeuse, avec leurs grands yeux et leurs petites voix d'ange.

La vache. Mon estomac est tombé dans mes chaussettes comme une crêpe.

57

J'ai fait un hochement de tête au ralenti en direction de Fang et j'ai recommencé à fixer la sortie de secours, derrière lui. Il a cligné des yeux pour me faire signe qu'il avait compris. Puis il a tapoté la main d'Iggy.

— Nudge, ai-je fait entre les dents. Gazzy. Ne regardez pas en l'air. Dans trois secondes, vous foncez derrière Fang vers la sortie de secours.

Ils n'acquiescèrent pas mais continuèrent à mâcher. Comme si de rien n'était, Nudge a pris une gorgée de son milk-shake, puis, en un éclair, elle a sauté sur ses jambes avant de quitter la table en détalant par la sortie de secours qu'elle manqua de peu de se prendre en pleine figure. Le Gasman la suivait à la trace.

J'étais tellement fière d'eux.

L'alarme s'est déclenchée, mais j'étais juste derrière

eux, Fang et Iggy sur mes talons. On est arrivés à la camionnette avant que les Erasers soient sortis.

Une fois à l'intérieur, j'ai mis le contact. Le moteur a démarré au quart de tour alors que le parking grouillait déjà d'Erasers se transformant en loups.

J'ai mis les gaz après avoir enclenché la marche arrière et j'ai poussé un cri en entendant le bruit d'un Eraser que je venais de heurter. Puis j'ai passé la marche avant et, dans un grand vacarme, la voiture est montée sur le trottoir tandis que je donnais des coups de volant pour passer entre les arbustes qui bordaient le parking. Avec un crissement de pneus et au son des klaxons furieux des autres automobilistes, je me suis faufilée dans le flot des voitures.

J'ai coupé par une station-service qui se trouvait au coin, évitant de peu la collision avec d'autres voitures. Une fois ressortie, je me suis refaufilée dans le trafic.

— Max ! a crié Nudge, mais j'avais déjà aperçu le semi-remorque que j'évitai dans une embardée de dernière minute.

Dans mon dos, j'ai entendu le bruit de tôle froissée d'une voiture que le camion venait de heurter sur le côté. Je slalomais entre les bagnoles, regrettant à la fois de ne pas savoir mieux conduire et d'avoir emprunté une camionnette.

— Ce truc est trop encombrant ! ai-je crié de frustration au moment de tourner à un coin, sur deux roues, une fois de plus.

Bon, d'accord, ce truc tournait à toute allure, mais quand même.

— C'est une camionnette, qu'est-ce que tu veux, a lancé Fang sur le ton du reproche, comme s'il m'en voulait de ne pas avoir volé une voiture de course.

On avançait, à fond la caisse, direction la sortie de la ville où l'on espérait fuir toute cette circulation. Je sentais l'adrénaline monter encore et encore. Et les muscles noués de mes bras cloués au volant. Il fallait qu'on se débarrasse de cette caisse.

— Je vais m'arrêter ! ai-je hurlé pour couvrir le bruit du moteur. Vous, vous sautez de la voiture et vous décollez aussi vite que possible !

— OK ! ont-ils tous répondu en chœur.

D'un coup d'œil dans le rétroviseur, j'ai remarqué trois voitures noires à nos trousses. Bien plus rapides que notre camionnette, elles nous rattrapaient. Il fallait que je gagne du temps.

Les dents serrées, j'ai quitté la route d'un brusque coup de volant, atterrissant dans un champ de maïs. On zigzaguait entre les épis tout secs, tressaillant chaque fois que l'un d'entre eux heurtait le pare-brise. J'esquivais du mieux que je pouvais quand j'ai distingué un carré de lumière devant moi. *Pourvu que ce soit une route...*

Je ne voyais rien dans le rétro arrière et le bruit des épis écrabouillés couvrait tout autre bruit de moteur si jamais il y en avait eu. Les avait-on semés ? *Yes !* C'était bien une route, devant nous.

La camionnette est remontée péniblement sur la route en cahotant et en nous secouant comme des bouteilles d'Orangina. À l'instant où les roues avant ont touché l'asphalte, j'ai fait ronfler le moteur...

Au même moment, une berline a surgi devant nous.

Je l'ai heurtée de plein fouet à plus de cent à l'heure.

58

Note pour plus tard : désactiver les airbags sur la prochaine voiture que je fauche.

Le problème avec les airbags, c'est qu'en cas d'impact à quatre-vingt-dix ou cent kilomètres à l'heure, ils se gonflent sans crier gare avec une violence suffisante pour vous envoyer valser contre votre siège comme une poupée en chiffon, quand ils ne vous arrachent pas la tête par la même occasion. Ce qui était mon cas, ai-je conclu pendant que je m'efforçais de juguler le flot de sang qui jaillissait de mon nez.

— Au rapport, ai-je dit faiblement.

— Moi ça va.

Fang avait des marques profondes sur le cou, que lui

avait laissées sa ceinture de sécurité, à défaut de le décapiter.

— Ça va, a fait Nudge à l'arrière.

Mais, dans sa voix de petite fille, on percevait la peur. Je me suis dévissé le cou pour pouvoir la regarder. Son visage était pâle, hormis à l'endroit de son bleu, sur son front, là où elle avait heurté le siège de Fang. Sous le choc, elle a ouvert grand les yeux en voyant le sang sur mon visage.

— Ce n'est pas grave. Juste mon nez, me suis-je empressée de la rassurer. Les blessures à la tête, ça saigne toujours beaucoup. Tu vois, c'est déjà presque fini. Ouuuuuh, la menteuse.

— Moi, j'ai les bras et les jambes en compote, a gémi Iggy. J'ai mal partout.

— Je crois que je vais vomir, a prévenu le Gasman, le visage blanc et les lèvres toutes pâles à cause du sang qui n'y circulait plus.

BAM !

Les fenêtres ont explosé tout autour de nous. On a fait un bond sur nos sièges et instantanément couvert nos visages de nos mains. J'ai vu une patte qui frappait la vitre avec un revolver. L'instant d'après, de larges paluches velues aux ongles cassés ont ouvert les portes en grand.

On n'a même pas eu le temps de se débattre à coups de pied, Fang et moi. Les Erasers nous ont arrachés de la camionnette et jetés au sol.

— Fichez le camp ! ai-je hurlé avant de recevoir un nouveau coup de poing sur le nez.

J'ai levé la tête juste à temps pour voir les portes arrière de la voiture s'ouvrir et Iggy et le Gasman s'envoler. Mais le sang qui a giclé dans ma bouche a rapidement coupé court à mon explosion de joie de les voir s'enfuir.

J'ai craché tandis que les Erasers, fous furieux, rugissaient et tiraient sur les garçons. Pourtant, Iggy et Gazzy continuaient à prendre de l'altitude. Oui, ouiiii !

Nudge distribuait des coups de pied et criait quand les Erasers l'ont sortie violemment de la camionnette, par l'arrière, et l'ont jetée par terre, à côté de moi. Elle avait les larmes aux yeux, alors je me suis approchée pour la prendre dans mes bras.

Mais un Eraser m'a filé un grand coup de botte italienne cousue main. Ouille !

— Touchée. C'est toi le loup.

Ari a explosé de rire, les autres à la suite. Surexcités, ils dansaient presque de joie, les monstres.

— On dirait que tu n'as pas envie de retourner à l'École, a-t-il repris, découvrant ses dents jaunes affûtées comme des lames de rasoir et postillonnant sa sale bave d'Eraser sur moi.

Ils étaient cinq et nous étions trois. Je suis incroyablement forte pour ma taille et mon âge, mais Ari pesait au moins 70 kilos de plus que moi. En plus, ce malade appuyait sa botte sur mon front de toutes ses forces. Je n'avais qu'une idée en tête : lui tirer une balle dans le crâne. Lui faire éclater la cervelle.

J'ai croisé le regard sombre et sans expression de Fang, puis celui de Nudge. J'ai esquissé un sourire pour la rassurer, mais vu l'état de ma tronche – dans le genre parfaite pour le casting d'un film d'horreur –, ça n'a pas franchement eu l'effet escompté.

Finalement, on a entendu le bruit horrible de l'hélicoptère qui se rapprochait. Les Erasers se sont mis à crier et à lui faire signe en agitant les bras.

— Quelle scène touchante ! m'a lancé Ari. On rentre à la maison. Tous ensemble. Comme au bon vieux temps.

59

Angel était vivante. Cette seule pensée suffisait à me donner la force d'affronter tout le reste.

Je savais qu'elle était en vie parce que je pouvais l'apercevoir dans la misérable cage près de la mienne. En passant les doigts au travers des barreaux au maximum, on était exactement à deux centimètres l'une de l'autre.

— Toi au moins, ils t'ont donné une *grande* cage, fit-elle de sa petite voix grinçante. Moi, j'en ai une taille moyenne.

Ma gorge s'est nouée. J'étais sciée qu'elle essaie encore de faire de l'humour, de faire preuve d'un tel courage. J'avais honte d'avoir mis si longtemps à arriver, honte de m'être laissé capturer avec les autres, honte d'être une erreur, une mutante défaillante.

— Ce n'est pas ta faute, a-t-elle dit en lisant mes pensées.

Elle avait une mine à faire pleurer avec ses valises sous ses yeux creux. Tout un côté de son visage était couvert d'un énorme bleu tirant sur le jaune et le vert. Elle avait l'air tellement maigre et sèche. Elle ressemblait à une feuille morte, avec ses os cassants comme des tiges et ses plumes toutes plates et sales.

De l'autre côté de l'allée, Nudge et Fang étaient eux aussi enfermés dans des cages. Nudge avait vraiment l'air secoué. On voyait qu'elle essayait de maîtriser sa peur, mais c'était peine perdue. Fang était assis, sans bouger, et serrait ses genoux contre lui. Il avait souri à Angel en arrivant, mais, le reste du temps, il gardait son air détaché, relax, distant. Il s'était réfugié en lui-même, le dernier refuge possible.

— Je suis désolée, Max, a murmuré Angel, le regard agité. Tout ça, c'est ma faute.

— Ne sois pas stupide, lui ai-je dit de ma drôle de voix d'Elmer le chasseur[1] à cause de mon nez bouché, cassé. Ça aurait pu arriver à n'importe lequel d'entre nous. Et c'est entièrement ma faute si Fang, Nudge et moi, on s'est fait prendre.

L'atmosphère était baignée d'une odeur de métal froid et d'antiseptiques qui réveillait d'horribles souvenirs enfouis au plus profond de moi. Je naviguais aux frontières de la folie à cause des flashs de néons agressifs qui se succédaient dans ma tête, mêlés à la peur et à la douleur. Mon nez avait fini par arrêter de saigner mais il me faisait mal. Ma migraine était revenue – un

1. Personnage du chasseur dans les dessins animés de *Bugs Bunny*.

truc à se taper la tête contre les murs – et je continuais à voir d'étranges images que je ne comprenais pas.

— Max, il faut que je te dise un truc.

Angel s'est mise à pleurer.

— Chhhh. Plus tard. Essaie de te reposer un peu.

— Non. Max, c'est vraiment important...

Une porte s'est ouverte et j'ai entendu des pas lourds résonner sur le lino par terre. Le regard complètement paniqué d'Angel ressortait au milieu de son petit visage couvert de bleus. Ça me mettait hors de moi qu'un truc – quel qu'il soit – puisse faire aussi peur à une petite fille.

Je me suis recroquevillée sur moi-même, les sourcils froncés et le regard méchant. Ils allaient me le payer d'avoir touché à Angel. Ils allaient regretter d'être nés même.

J'ai serré les poings, tapie dans ma cage, prête à bondir sur la première personne qui l'ouvrirait pour lui arracher les poumons. Je commencerais par Ari, le plus pourri d'entre tous.

Angel avait rentré la tête dans les épaules et pleurait en silence. Au fond de moi, j'ai commencé à solidement flipper en pensant à ce qu'ils avaient bien pu lui faire. Les décharges d'adrénaline s'intensifiaient. J'étais folle.

Une paire de jambes s'est arrêtée juste devant ma cage. Je pouvais voir le bas d'une blouse blanche à hauteur des genoux.

Le type s'est penché pour regarder dans ma cage avec une expression mêlée de gentillesse et de regret.

Mon cœur a failli lâcher. Je suis tombée à la renverse.

— Maximum Ride, a fait Jeb Batchelder. Si tu savais comme tu m'as manqué.

60

Pincez-moi, je rêve ! J'hal-lu-ci-ne ! ai-je pensé, médusée. Tout, autour, est devenu flou. Je ne voyais plus que Jeb et son sourire au travers des barreaux de ma cage.

Jeb, c'était le seul « parent », si on peut dire, que j'aie jamais eu. Il nous avait enlevés tous les six, quatre ans plus tôt, délivrés de ce spectacle de foire et cachés dans les montagnes à la maison. C'est lui qui nous avait appris à voler. Avant ça, aucun de nous n'avait franchement eu assez d'espace pour essayer. Il nous avait nourris, vêtus, montré des trucs de survie, appris à nous battre et à lire. Il nous avait raconté des blagues, des histoires. Avec lui, on pouvait jouer aux jeux vidéo et on ne se couchait jamais le ventre vide. C'est aussi lui qui nous bordait le soir. Chaque fois que j'avais eu peur, je m'étais rappelé que Jeb était là et qu'il nous protégerait. Je me sentais toujours mieux après.

Depuis deux ans, Jeb avait disparu.

On avait tout de suite compris qu'il s'était fait tuer. On savait tous très bien qu'il serait mort plutôt que de dire où on était. Mort en nous protégeant. Un truc dans le style.

Pendant les deux dernières années, il nous avait atrocement manqué. Ça nous faisait mal tellement il nous manquait. Exactement comme si votre père ou votre mère mourrait. Imaginez ce que ça vous ferait. Le plus dur au début, ç'avait été de se faire à l'idée qu'il ne reviendrait plus.

Mort ou vivant, c'était mon héros. Chaque jour que Dieu avait fait. Depuis quatre ans.

Mais là, mes yeux me disaient qu'il était dans *leur* camp. Peut-être même qu'il avait toujours été un des leurs. Que tout ce que je croyais ou ressentais à son sujet n'était qu'un horrible tissu de mensonges. Qu'il nous avait joué la comédie depuis le début.

Je comprenais à présent ce qu'Angel avait voulu me dire, pourquoi elle avait si peur et qu'elle pleurait. Elle savait.

J'étais prise d'une terrible envie de les regarder elle, Fang et Nudge. Pour voir leur réaction.

Mais je n'allais certainement pas lui faire ce plaisir.

Comme une porte qui claque, tout ce qui en moi avait aimé ou fait confiance à Jeb s'est refermé. À la place s'est installée la haine. Une haine si violente, si forte qu'elle me faisait peur à moi-même.

C'est vous dire...

— Je comprends ta surprise, a-t-il dit en souriant. Viens. Il faut que je te parle.

Il a ouvert la porte de ma cage et l'a maintenue ouverte. Mais c'était tout vu : j'avais un plan. Ne rien faire et surtout ne pas parler. J'allais écouter et observer, absorber la moindre information et n'en dévoiler aucune de mon côté.

Je vous l'accorde, ce n'était pas un plan de génie façon Gustave Eiffel, mais c'était mieux que rien.

Lentement, je me suis hissée en dehors de ma cage, ignorant les protestations de mes muscles endoloris. En passant devant les autres, j'ai regardé droit devant. Mais j'ai croisé les doigts dans le dos.

Un signe qui voulait dire « Attendez » entre nous.

Un signe que Jeb en personne nous avait montré.

61

Avec Jeb, on est passés le long d'une rangée d'ordinateurs, là où les autres ne pouvaient pas nous voir. Tout au fond, une porte donnait sur une pièce un peu moins « typée laboratoire » et aménagée avec des canapés, une table, des chaises, un évier et un micro-ondes.

— Assieds-toi s'il te plaît, Max, m'a-t-il fait en me montrant une chaise. Je vais nous faire du chocolat chaud.

Il a dit ça d'un air décontracté, comme si on était dans la cuisine, à la maison, sachant pertinemment que c'était ma boisson chaude préférée.

— Max, il faut que je te dise à quel point je suis fier de toi, a-t-il déclaré en mettant les tasses dans le micro-ondes. Tu t'en es tellement bien tirée. Je n'arrive pas à y croire. Enfin si, j'y crois. Je le savais en fait. J'étais sûr que tu y arriverais. Mais de te voir comme ça, toi le chef de la bande, en pleine forme et si forte, ça me rend vraiment très fier.

Le micro-ondes a bipé et Jeb a placé une tasse fumante devant moi. On était dans des locaux secrets, en pleine Vallée de la Mort, à un endroit invisible sur les cartes et pourtant il a réussi à sortir des chamallows de nulle part et à en mettre deux dans ma tasse.

Je le regardais fixement en m'efforçant de ne prêter aucune attention au chocolat chaud en dépit des gargouillis de mon estomac.

Il a marqué une pause comme pour me laisser le temps de répondre et puis il s'est assis en face de moi, de l'autre côté de la table. C'était bel et bien Jeb. Aucun doute là-dessus. Mon cerveau a fini par se faire à cette vérité inéluctable. J'avais reconnu la petite cicatrice rosée sur son menton, la courbe de son nez légèrement en trompette, la mini tache de rousseur sur son oreille droite. Ce n'était pas son jumeau diabolique. C'était lui. Le diable, c'était lui.

— Tu dois avoir tant de questions, a-t-il fait. Moi-même, je ne sais pas par où commencer. Je suis juste... Je suis tellement désolé de ce qui est arrivé. Si seulement je pouvais t'expliquer. Si seulement j'avais pu t'expliquer il y a deux ans, à toi en particulier. Je voudrais pouvoir te dire tout ce que je donnerais pour te voir sourire à nouveau.

Qu'est-ce que tu dirais de ta tête sur un plateau d'argent ?

— Mais ça viendra, Max. Un jour, tu sauras tout et tu comprendras ce qui se passe. J'ai dit la même chose à Angel. Je lui ai dit que l'on vous testait, même quand vous vous en doutiez le moins. Parfois, il vaut mieux ne pas trop se poser de questions et accepter l'idée qu'on comprendra plus tard. Mais rappelle-toi une chose : tout ceci n'est qu'un test.

Il a fait un grand geste de la main comme pour englober ma vie entière.

Je restais plantée là, à penser à mon sweat-shirt maculé de sang, sentant la douleur sur mon visage et la faim – pour changer ! – dans mon estomac. Je n'avais jamais eu une telle envie de meurtre, pas même l'été passé, lorsque Iggy avait découpé mon pantalon préféré, le seul qui ne venait pas d'une œuvre de charité, pour en faire une mèche suffisamment longue et faire exploser sa bombe à une distance de 150 mètres.

Je ne disais rien. Ne laissais aucune expression passer sur mon visage.

Jeb m'a jeté un regard avant d'observer la porte fermée.

— Max, a-t-il dit, un parfum d'urgence dans la voix. Max, bientôt il y a des gens qui vont venir te poser des questions. Mais d'abord, il faut que je te dise quelque chose.

Quoi ? Que tu es l'héritier du diable ?

— Je ne pouvais pas te le dire avant. Je croyais que j'aurais le temps de te préparer avant de t'en parler, mais bon.

Il a regardé tout autour de lui comme pour vérifier que personne d'autre ne pouvait entendre. Je supposais qu'il avait oublié toutes les leçons qu'il nous avait faites sur les moyens de surveillance, les micros cachés, les appareils pour voir au travers des murs et les écouteurs longue distance qui captent un éternuement de souris à un kilomètre à la ronde.

— Ce qui se passe, Max, fit-il la voix pleine d'émotion, c'est que tu es beaucoup plus spéciale que tout ce que j'ai pu te dire. Vois-tu, si tu es là, c'est pour une raison bien particulière. On t'a maintenue en vie à des fins spéciales. Vraiment spéciales.

Tu veux dire pour une autre raison que celle de constater le degré de monstruosité des scientifiques malades qui ont réussi à greffer de l'ADN aviaire sur un embryon humain ?

Il a pris une grande inspiration et m'a fixée droit dans les yeux. J'ai froidement balayé chacun des bons souvenirs que j'avais avec lui, chacun de nos fous rires, toutes les fois où j'ai pensé qu'il était comme un père pour moi.

— Max, la raison pour laquelle tu es ici, c'est que tu es censée *sauver le monde.*

62

C'était plus fort que moi : j'ai ouvert la bouche, abasourdie. Mais je me suis dépêchée de la refermer. Eh ben, au moins je n'aurais plus à me battre pour avoir la salle de bains en premier le matin.

— Je ne peux pas vraiment t'en dire plus pour l'instant, a ajouté Jeb qui regardait encore par-dessus son épaule. Mais il fallait que tu aies une idée de l'ampleur de la tâche, de son extrême importance. Tu es plus que spéciale, Max. Tu es prédestinée à un avenir que tu ne peux même pas imaginer.

Peut-être que je ne peux pas l'imaginer tout simplement parce que moi, au moins, je ne suis pas complètement tarée.

— Max, tout ce que tu fais, tout ce que tu es ou peux être, est écrit. Ta vie vaut des milliers de vies. Le fait que tu existes est la chose la plus importante au monde.

S'il s'attendait à une effusion, il allait pouvoir attendre longtemps.

Il a poussé un long soupir, les yeux toujours rivés à moi, l'air déçu de mon manque d'enthousiasme quant à la nouvelle de mon statut de messie.

— Ça ne fait rien, a-t-il lâché, l'air triste. Je n'imagine pas le quart du huitième de ce que tu dois ressentir ou penser. Ce n'est pas grave. Je voulais juste que ce soit moi qui te l'apprenne. Bientôt, d'autres personnes voudront te parler. Une fois que tu auras eu le temps d'y réfléchir et de comprendre ce que ça pourrait représenter pour toi et les autres. Mais ne leur dis rien pour l'instant. C'est notre secret, Maximum. Bientôt la planète entière sera au courant. Mais ce moment n'est pas encore venu.

Je m'améliorais pour ce qui était de garder la bouche close.

Il s'est levé et m'a aidée à me mettre debout d'une main passée sous mon coude. Un geste de sollicitude qui m'a filé la chair de poule.

On est retournés en silence jusqu'aux cages et il a ouvert la mienne, attendant patiemment que je me glisse à l'intérieur. *Quelle galanterie, vraiment !*

Il a refermé le verrou derrière moi et il s'est penché pour me regarder une dernière fois avec insistance.

— Et n'oublie pas, a-t-il susurré. Fais-moi confiance. C'est tout ce que je te demande. Fais-moi confiance. Suis ton intuition.

Voyons, voyons, combien de fois l'avais-je entendu dire *ça* ? ai-je réfléchi avec mépris en le regardant partir. À ce moment-là, si j'avais suivi mon intuition, j'aurais fait des confettis de son cœur à coups de tenailles.

— Ça va ? a interrogé Angel, inquiète, son petit visage appuyé contre les barreaux de sa cage.

J'ai hoché la tête tout en croisant le regard de Fang et de Nudge, de l'autre côté de l'allée.

— Ça va. Faut s'accrocher, OK ?

Nudge et Angel ont répondu d'un hochement de tête, l'air préoccupé, tandis que Fang continuait à me dévisager. J'aurais bien aimé savoir ce qui lui passait par la tête. Pensait-il que je les avais trahis ? Que Jeb m'avait convertie ? Ou que j'avais été dans le coup depuis le début ?

Si c'était le cas, il aurait la réponse à ses questions bien assez tôt.

63

Les heures passaient. Dans le dico, en face du mot « stress », il y a une photo d'une mutante de taille moyenne enfermée dans une cage et en train de se demander si sa destinée, c'est la mort ou le monde à sauver.

Bon, d'accord, ce n'est pas tout à fait vrai. Mais c'est tout de même cette photo qu'il faudrait.

Si vous avez une meilleure idée pour un truc qui mette davantage les nerfs à vif, il faut me le dire.

Je ne pouvais rien raconter aux autres, pas même en chuchotant. Si ça amusait Jeb de croire que de fermer la porte et de parler à voix basse suffisait à nous empêcher d'être surveillés, tant mieux pour lui. Mais on ne me la faisait pas à moi. Il pouvait y avoir des caméras cachées et des micros partout, jusque dans nos cages.

Impossible, donc, de mettre sur pied un plan, de rassurer les autres ou même de péter les plombs en disant :

— Oh la vache ! Jeb est vivant !

Lorsque Angel a murmuré : « Où sont Gazzy et Iggy ? », je me suis contentée de hausser les épaules. Elle a fait une mine désappointée et m'a regardée avec insistance. *Ils se sont échappés. Ils vont bien.*

Angel a lu dans mes pensées, puis fait un tout petit signe de tête avant de se laisser tomber contre un côté de sa cage, complètement crevée.

Après ça, tout ce que je pouvais faire, c'était décocher des regards qui en disaient long. C'est tout.

Ça a duré des heures et des heures.

J'avais de nouveau mal à la tête. Quand je fermais les yeux, des images défilaient sur le mur de mes paupières.

À un moment, une blouse blanche est entrée et a jeté le résultat d'une autre de leurs expériences dans la cage à côté de la mienne. Curieuse, j'ai lancé un rapide coup d'œil avant de vite tourner la tête, prise d'un haut-le-cœur. Son apparence était suffisamment proche de celle d'un enfant pour que ça me fasse mal de le regarder, mais globalement, on aurait pu le prendre pour un champignon. De monstrueuses excroissances qui ressemblaient à de gros cailloux recouvraient la majeure partie de son corps. Il avait quelques doigts mais un orteil seulement, coincé sous le bout d'un pied qui avait l'air d'une cosse. Il a tourné la tête vers moi et il a cligné des yeux, bleus et sans vie.

Après une demi-heure environ, je me suis aperçue que le fruit de l'expérience en question avait cessé de respirer. Il était mort, là. À quelques centimètres de moi.

Saisie d'horreur, j'ai cherché du regard Angel. Elle était en train de pleurer. Elle avait tout compris.

Finalement, bien plus tard, la porte du laboratoire s'est ouverte et un groupe est entré. J'entendais des voix d'hommes et des rires ainsi que des petits bruits d'Erasers. Ils poussaient un grand chariot plat.

Ils se sont arrêtés devant notre allée et l'un d'entre eux, un homme à l'air maniaque et préoccupé, a sorti :

— Je n'en compte que quatre.

— Deux sont morts, là-bas, dans le Colorado, a fait Ari, l'air triomphant. C'est tout ce qui reste. (Il a flanqué un coup de pied dans ma cage. Les barreaux ont tremblé, dans un grand vacarme.) Salut, Max. Je t'ai manqué ?

— Le Directeur est vraiment sûr de vouloir faire ça ? a interrogé une femme. C'est tellement dommage. On avait encore tant de choses à apprendre d'eux.

— Oui, a fait une troisième blouse blanche. C'est trop risqué vu le peu de coopération de la petite.

En rencontrant le regard d'Angel, j'ai levé mon pouce en direction d'elle pour la féliciter. J'étais fière de sa résistance. Elle m'a répondu d'un demi-sourire.

Là, ils ont brutalement saisi sa cage pour la mettre sur le chariot. Elle a grimacé de douleur au moment où sa joue avec le bleu frappait les barreaux. Un accès de rage m'a reprise.

La seconde suivante, Ari a attrapé ma cage et l'a balancée près de celle d'Angel. Je me suis solidement mordu la joue en atterrissant. Comme si j'avais besoin d'une autre blessure à la tête ! Il m'a souri à travers les barreaux. Je pouvais voir ses longs crocs jaunis.

— Fort comme un bœuf, s'est-il vanté.

— C'est ton papa qui doit être fier de toi, ai-je fait sur un ton narquois.

Son sang n'a fait qu'un tour et il a flanqué un grand

coup de poing dans ma cage qui m'a presque fait tomber à la renverse.

— Tout doux, a fait une blouse blanche à mi-voix, ce qui lui a valu un grondement assassin de la part d'Ari.

Ensuite, deux autres Erasers ont mis les cages de Nudge et de Fang à côté des nôtres et nous ont poussés au travers de portes battantes. Ari les suivait, les pieds lourds, la mine furieuse. De l'autre côté, le couloir était plein de lumières aveuglantes et d'une odeur insupportable de désinfectants ménagers.

Agrippée aux barreaux de ma cage, je cherchais des yeux une porte, un bureau, n'importe quoi qui me permette de reconnaître la section de l'École dans laquelle on se trouvait. Les Erasers passaient leurs doigts à travers nos barreaux pour nous griffer, raillaient et tapaient contre les cages pour les faire résonner d'un bruit fracassant. Je me demandais combien de force il faudrait pour arracher un doigt d'Eraser et le casser en deux.

On a pris à gauche toute, avant de passer une nouvelle série de portes battantes. Finalement, on s'est retrouvés dehors. J'ai vite gonflé mes poumons d'air, mais à l'École, l'air pur n'existait pas non plus à l'extérieur.

Dans ma cage, je tournais sur moi-même, jetant des regards tout autour de moi, à la recherche de points de repère. Derrière, le bâtiment du labo. Devant, à une centaine de mètres, un bâtiment assez bas en briques rouges. On était dans le jardin derrière l'École.

Celui sur lequel donnait la fenêtre de notre labo et que je regardais au plus profond de la nuit à l'époque où je vivais ici.

Le même jardin dans lequel les Erasers s'entraînaient

à abattre leurs proies et à les dépecer, morceau après morceau.

Ce qui était probablement la raison pour laquelle ils riaient à ce moment précis.

64

Comme je disais, c'est drôle comme le fait de savoir qu'on est sur le point de mourir remet les idées en place.

Là, par exemple. J'avais le choix entre me rendre et les laisser nous tuer tous ou lutter avec ce que j'avais.

J'ai choisi la deuxième option. Je n'y peux rien, je suis comme ça.

En l'espace d'une fraction de seconde, le temps que je me demande quelle forme allait prendre mon « combat contre la mort », une tache d'ombre est venue marquer le soleil.

— Petit, petit, petit, on a mis ses baskets ? (Ari agitait ses doigts tout poilus au travers des barreaux de ma cage, aussi loin que possible.) Envie de faire un peu d'exercice ? Un petit sprint ? Tu veux jouer à cache-cache ? C'est moi le loup.

Je lui ai décoché un méchant rictus. Puis je me suis penchée et je lui ai mordu les doigts de toutes mes forces. Il a perdu son souffle et il s'est mis à hurler de douleur. J'ai pris mon courage à deux mains et j'ai mordu encore plus fort, jusqu'à ce que je sente sa peau se déchirer sous mes dents et l'horrible goût de son sang. Mais vous savez quoi ? Je m'en fichais. Rien que pour voir Ari souffrir, ça en valait la peine.

Après notre accident de voiture, ça me faisait un mal fou de mordre dans quoi que ce soit, mais j'ai fait taire la douleur et j'ai investi mes mâchoires endolories de chaque gramme de furie. Ari secouait ma cage, la frappant de son autre main. J'avais la tête projetée dans tous les sens comme un jokari.

Mais j'ai tenu bon. J'avais l'état d'esprit d'un pitbull, alors ça aidait.

Les blouses blanches s'étaient mises à me crier dessus. Ari, qui continuait à hurler, a commencé à flanquer des grands coups de pied dans ma cage. Tout à coup, j'ai desserré les dents, relâchant ainsi sa main. Il m'a allongé un nouveau coup de pied qui a éventré ma cage sur le côté.

À la fin de mon roulé-boulé, j'ai atterri à l'envers, juste à côté de la porte de la cage d'Angel. Étant donné que je suis un tantinet futée tout de même, cela ne m'a pris que quelques secondes pour l'ouvrir.

— Vas-y ! ai-je ordonné. Vas-y ! Ne discute pas !

Elle s'est faufilée par la porte ouverte juste au moment où Ari refermait brutalement le haut de ma cage, fou de rage. Je me suis ressaisie du mieux que j'ai pu, mais il secouait la cage comme un malade, rugissant. Celle-ci a basculé sur le côté, dans l'herbe, et pendant un quart de seconde, j'ai pu apercevoir le ciel. Il était zébré de gros nuages noirs, qui avançaient vite et annonçaient l'orage. J'ai reçu un nouveau coup et suis allée valser au fond de la cage, la tête à l'envers. J'avais la sensation d'être un paquet de linge dans le tambour d'une machine.

Ari, hors de lui, criait et me traitait de tous les noms. Il agitait aussi ses doigts ensanglantés au travers des barreaux, m'éclaboussant de sang.

Mais moi je souriais. Mon premier vrai sourire depuis des jours.

J'avais compris que ce n'était pas l'orage qui s'abattait sur nous.

Mais les rapaces avec Iggy et Gazzy – qui d'autre ? – à leur tête, venus tous ensemble nous sauver.

65

Vous allez peut-être trouver que je suis cinglée, mais ça remonte le moral de voir d'immenses rapaces faire de la chair à pâté d'Erasers.

Juste au moment où Ari, aveuglé par sa rage, a finalement réussi à localiser le verrou de ma cage pour l'ouvrir, un des faucons l'a bombardé en piqué. Il avait des serres affûtées comme des lames de rasoir et, visiblement... une sérieuse dent contre les loups. En sortant, j'ai vu Ari qui essayait de le frapper, criant comme un débile pendant que l'oiseau tailladait la chair de son cou.

— Angel ! Fiche le camp d'ici ! ai-je hurlé en me précipitant vers elle.

Deux types en blouses blanches lui couraient après, mais j'ai été plus rapide qu'eux. J'en ai écarté un d'un solide coup de coude et j'ai attrapé Angel par la taille pour la propulser en l'air.

Je suis parvenue à ouvrir la cage de Fang juste avant que des blouses blanches me tombent dessus. Mais des adultes lambda ne font pas le poids face à une Max en colère. Du revers de la main, j'en ai giflé un en plein dans la mâchoire et j'ai senti ses dents se déchausser sous le coup. J'ai flanqué un grand coup de pied à l'autre, juste au niveau de son double menton. Sa tête a été violemment rejetée vers l'arrière et il s'est écroulé comme une pierre.

Fang a bondi hors de sa cage et a tout de suite empoigné un autre type pour l'envoyer balader contre le chariot. Là, il a commencé à le marteler de ses poings, le regard froid, l'air déterminé. Les yeux du mec se sont révulsés et il s'est effondré.

On a délivré Nudge en un rien de temps. Elle s'est ruée hors de sa cage au moment précis où Iggy et Gazzy entamaient le deuxième round à la tête de leur nuée d'oiseaux.

Juste à côté, une des femmes en blouse blanche peinait pour se remettre debout. J'ai foncé sur elle et j'ai sauté en l'air, balançant déjà ma jambe droite pour préparer mon coup de pied circulaire. Je l'ai cognée en pleine poitrine. *Vlam !* Elle est tombée à genoux, le souffle court, l'air complètement abasourdi.

— Tu n'auras qu'à dire que c'était un accident de travail, vieille sorcière ! ai-je rugi avant de faire demi-tour pour vérifier comment allaient les autres.

Fang se défoulait sur Ari qui tentait de se protéger, accroupi par terre, les mains sur la tête. Fang lui a asséné un grand coup de pied latéral avant de l'atteindre du poing sur le côté du crâne. Pour faire bonne mesure,

Fang a soulevé une cage et l'a écrasée sur cette saleté d'Eraser. C'était au tour d'Ari d'être enfermé dans une cage.

Je me suis propulsée dans les airs, galvanisée par la présence de ces rapaces féroces qui volaient près de moi. Regardant vers le bas, je comptais : quatre blouses blanches plus Ari, trois au sol et deux debout. L'un d'eux a sorti un revolver mais aussitôt, un bec impitoyable a lacéré les muscles de son poignet. *Oooooooh ! Ça ne doit pas faire du bien, ça !*

— Fang ! ai-je braillé. Iggy ! Gazzy ! On est partis ! Vite ! Vite !

Presque à contrecœur, ils ont pris leur envol. Iggy volait entre les buses. Dans une sorte de langage corporel, il leur a fait comprendre que la bataille était finie. Alors, elles ont fait un écart et sont montées en flèche, majestueuses. Leurs cris sauvages faisaient vibrer mes tympans.

— Un, deux, trois, quatre, cinq, ai-je compté dans une tentative de rassembler mes troupes avant de les presser pour qu'ils prennent plus d'altitude. Fang ! Va chercher Angel !

Elle avait réussi à rester en hauteur pendant tout ce temps, mais là, elle commençait à perdre de l'altitude. Le Gasman l'a rejointe sur-le-champ, suivi de Fang. Ils se sont placés de chaque côté d'elle pour l'aider à remonter.

Un flot de blouses blanches et d'Erasers est sorti du bâtiment, mais on était trop haut à présent et on avançait trop rapidement pour qu'ils puissent encore nous faire du mal. *Adios, bande de crétins !* ai-je pensé. *C'est fini l'École. Une bonne fois pour toutes.*

— Max !

Mon regard a immédiatement été happé en direction de la voix.

Jeb était debout, en bas. Il avait dû se faire prendre dans l'attaque des rapaces parce que sa blouse était déchirée et ses épaules saignaient.

— Maximum ! a-t-il crié une nouvelle fois. (Il n'y avait pas de trace de colère sur son visage, mais une expression que je ne connaissais pas.) Max ! Je t'en prie. Tout ça n'était qu'un test. Tu ne comprends donc pas ? Vous étiez en sécurité ici. C'était juste un *test*, tu m'entends ? Il faut que tu me croies. Je suis le seul à qui tu puisses faire confiance. Je t'en supplie. Reviens ! Je vais t'expliquer !

Je l'ai regardé, lui, l'homme qui m'avait sauvé la vie quatre ans plus tôt, m'avait appris presque tout ce que je savais, m'avait consolée lorsque j'étais triste. Celui qui m'avait encouragée dans mes combats, qui avait retenu mes cheveux en arrière quand je mangeais mes céréales, le seul père que j'avais jamais eu – ou ce qui s'en rapprochait le plus.

— Compte là-dessus et bois de l'eau, ai-je fait avec lassitude.

Puis j'ai poussé de toutes mes forces sur mes ailes pour rejoindre les autres qui m'attendaient. Ma famille, la seule, la vraie.

66

Deux heures plus tard, le lac Mead s'est dressé devant nous, ainsi que le sommet de la falaise où les grands rapaces qui nous avaient porté secours se tenaient. Tous les six, on s'est posés sur la corniche à l'entrée de la grotte, tellement heureux d'être à nouveau réunis.

Angel s'est effondrée sur le sol frais et poussiéreux de la grotte. Je suis tombée à genoux à côté d'elle et je lui ai caressé les cheveux.

— J'ai cru que je ne te reverrais jamais, a-t-elle lancé tandis qu'une larme coulait sur sa joue. Ils m'ont fait des trucs horribles, Max. Horribles. Horribles.

— Je t'aurais cherchée toute ma vie s'il avait fallu, je lui ai dit, le cœur prêt à craquer. Pour te garder, ils auraient dû me tuer d'abord.

— Ils y sont presque arrivés, a-t-elle commenté, la voix qui déraillait.

Je l'ai prise dans mes bras et l'ai serrée longtemps.

— C'est comme ça que ça doit toujours être, a fait Iggy. Nous, tous les six, ensemble.

J'ai levé la tête en direction de Fang. Il était appuyé contre la paroi, le regard plongé dans le canyon. Il a senti que je l'observais et s'est tourné vers moi. J'ai brandi mon poing gauche. Souriant presque, il s'est approché et a mis son poing sur le mien. Un par un, les autres ont fait pareil. J'ai laissé les cheveux d'Angel pour taper de ma main droite le revers des leurs.

— Je suis tellement fière de vous... Merci pour ce que vous avez fait, ai-je dit.

Nudge m'a jeté un regard un peu surpris. Je sais, je sais, je ne suis pas du style à jouer les violons. C'est vrai, quoi. J'adore ma famille et j'essaie d'être gentille avec eux et tout ça, mais ce n'est pas pour autant que je leur répète que je les aime à tout bout de champ.

Il faudrait peut-être que je pense à changer ça à l'occasion.

— Je veux dire, ai-je poursuivi en dépit du fait que je me sentais gourde. Ça m'a fait réaliser à quel point on a tous besoin les uns des autres. J'ai besoin de vous tous. Je vous aime tous. Mais cinq, ou trois, ou deux, ce n'est pas nous ça. On doit rester ensemble, tous les six, un point c'est tout.

Fang étudiait ses baskets avec insistance. Iggy tapait nerveusement ses longs doigts pâles sur sa jambe. Mais les plus petits ont compris où je voulais en venir.

Nudge a jeté ses bras autour de mon cou.

— Je t'aime aussi, Max. Je vous aime tous.

— Ouais, pareil pour moi, a fait le Gasman. Je m'en

fous qu'on habite dans une maison, sur une corniche ou dans un carton. Chez nous, c'est là où on est quand on est tous les six.

Je l'ai pris dans mes bras et il s'est lové contre moi, l'air content.

Plus tard, on a tous fini par s'endormir jusqu'à ce qu'on soit réveillés en pleine nuit à cause d'une pluie battante. Un vrai miracle en plein cœur du désert. On s'est précipités dehors, sous les gouttes pour qu'elles nous débarrassent du sang, de la crasse et des mauvais souvenirs. Même la pluie, en tombant, me faisait mal au nez, mais j'ai quand même levé les bras au ciel, grands ouverts et j'ai laissé les gouttes me laver, malgré le froid et mes frissons.

Voyant que je grelottais, Fang a frictionné mes épaules à sa manière à lui. Un peu bourrue. J'ai levé les yeux vers lui pour me perdre dans son regard sombre, aussi sombre que le ciel du désert.

— Jeb sait où on habite, ai-je fait tout doucement.

Fang a hoché la tête.

— Impossible d'y retourner un jour. On dirait qu'il va nous falloir un nouveau chez-nous.

— Ouais, ai-je acquiescé tout en réfléchissant.

J'ai fermé les yeux et entrouvert la bouche pour inspirer l'air frais et sa bonne odeur de pluie. Puis je les ai rouverts et, convaincue que c'était la meilleure chose à faire, j'ai simplement dit :

— À l'est. C'est là qu'on va.

4ème Partie

New-York, New-York

67

Plus bleu que le bleu du ciel au-dessus des nuages, ça n'existe pas. Ici, l'air est plus froid, mais le soleil plus chaud. Et ce qu'on respire est fin et léger. On dirait du champagne. Vous devriez essayer un de ces jours.

Je me sentais bien. On n'avait plus de maison, on était en cavale sans savoir où on allait... et ça pouvait durer comme ça jusqu'à la fin de nos jours, peu importe que celle-ci soit proche ou pas. Mais...

La veille, on avait échappé aux meutes de l'enfer à l'École. Et ce n'était pas rien. En plus, on avait eu le plaisir d'observer nos amis les rapaces faire de l'émincé de blouses blanches et d'Erasers.

Surtout, on avait récupéré Angel.

J'ai jeté un œil vers elle. Elle était toujours dans un sale état. Ça allait prendre du temps avant qu'elle se remette de ce qu'ils lui avaient fait. Chaque fois que j'y pensais, les chaînes de colère qui m'enserraient se refermaient encore un peu plus, au point de m'empêcher de respirer. Sentant mon regard sur elle, Angel s'est retournée et m'a souri. La moitié de son visage était encore verte et jaune. Son bleu guérissait.

— La vache ! a lâché Nudge, accélérant légèrement pour me rattraper. C'est tellement... tellement... tu vois, quoi ?

Elle a entamé une belle descente en piqué, pleine de grâce, avant de remonter à ma hauteur.

— Oui, je sais, ai-je répondu dans un sourire.

— C'est tellement génial, cet air. Et puis on est si haut, sans personne à nos trousses, tous ensemble. En plus, on a petit-déjeuné chez IHOP[1]. (Elle me fixait de ses yeux noisette, brillants et sereins.) C'est trop cool – et dire qu'en bas, les enfants sont coincés à l'école ou en train de ranger leur chambre ! Moi, je détestais ranger ma chambre.

On parle d'une époque où elle avait une chambre au moins. J'ai poussé un soupir. *Essaie de penser à autre chose.*

L'instant d'après, je me suis étranglée. Je crois que j'ai également poussé un drôle de cri quand une horrible douleur a irradié au fond de mes yeux.

— Max ? a crié Nudge.

Je ne pouvais pas réfléchir, pas parler. Rien. Mes ailes se sont pliées comme du papier et j'ai entamé une chute libre tel un grêlon.

1. Chaîne de restaurants américano-japonaise spécialisée dans les petits-déjeuners.

Quelque chose ne tournait pas rond.

Ça y est, c'était reparti. Je me disais bien que ça faisait longtemps aussi.

68

Un torrent de larmes ruisselait sur mes joues. J'avais les mains plaquées sur le crâne comme pour empêcher la douleur de le faire exploser. La seule pensée à demi cohérente qui me venait se résumait à : *Laissez-moi mourir, que cette foutue douleur stoppe... Stop... STOP !!!*

Ensuite, Fang m'a attrapée de ses bras noueux et durs et j'ai senti que je remontais. Mes ailes étaient écrasées entre nous deux mais rien n'avait plus d'importance, mis à part le fait que mon cerveau avait cédé sa place à une nova de douleur atroce. Il me restait juste assez de présence d'esprit pour me sentir honteuse en entendant mes pitoyables gémissements.

C'était le moment rêvé pour mourir.

Je ne sais pas combien de temps, au juste, Fang m'a portée comme ça. Lentement, très lentement, la douleur s'est dissipée. J'arrivais presque à entrouvrir les yeux maintenant. Et je pouvais déglutir. Avec précaution, j'ai lâché ma tête en faisant une grimace. Je m'attendais à moitié à ce que des morceaux de cervelle restent dans mes mains.

J'ai levé la tête pour tenter de regarder Fang entre mes paupières à demi fermées. Il ne me quittait pas des yeux, volait *et* me portait. Tout ça en même temps.

— Wahou, tu pèses une tonne ! T'as mangé des pierres ou quoi ?

— Pourquoi ? Il t'en manque dans le cerveau ? dis-je d'une voix enrouée.

Je voyais sa bouche et dessus la petite grimace bizarre censée ressembler à un sourire. C'est alors que j'ai compris à quel point il avait eu la trouille.

— Max, ça va ?

Un masque de peur recouvrait le visage de Nudge et la rajeunissait.

— Han, han, ai-je réussi à dire.

Juste une petite attaque cérébrale de rien du tout.

— Essaie de trouver un endroit où l'on puisse se poser, ai-je fait à Fang. Je t'en supplie.

69

Une heure plus tard environ, j'avais l'impression d'avoir récupéré – *si seulement je savais de quoi*... On se faisait un campement pour la nuit.

— Hé, fais gaffe ! ai-je lancé. Mollo avec le feu... Enlève un peu de petit bois sinon tu vas faire brûler toute la forêt.

— On dirait que ça va mieux, toi, a constaté Fang, en écartant du pied une partie des branches mortes à l'endroit où Iggy allumait un feu.

Je lui ai jeté un regard noir, puis je suis allée aider Nudge et Angel qui entouraient la pile de petit bois de grosses pierres. Vous vous demandez sûrement pourquoi c'est justement l'aveugle qui joue avec des allumettes. Parce qu'il s'y connaît là-dedans. Pour tout ce qui touche au feu, à l'allumage, aux explosions, aux plombs, aux mèches, à l'essence, Iggy, c'est l'homme qu'il vous faut. Ça fait partie de ces armes dont on dit qu'elles sont à double tranchant.

Au terme de vingt minutes, on rivalisait déjà d'ingéniosité en matière de trucs à griller sur des brochettes.

— Ce n'est pas si mauvais que ça, a sorti le Gasman en mangeant un morceau de saucisson grillé.

— Je vous déconseille les bananes, a prévenu Nudge d'un air sombre tandis qu'elle envoyait valser une espèce de purée dans les buissons.

— Hummmmmmmmmmmm, ai-je gémi de plaisir en mâchant un bout de la brochette biscuit-chamallow-chocolat qui tenait en équilibre sur mes genoux.

J'ai pris une nouvelle bouchée. Aaaaaaaaaaaaaah ! Quel pied !

— Sympa, le feu de camp, hein ? a dit le Gasman gaiement. On se croirait en colonie de vacances.

— Ouais, la colonie La Poisse, a ajouté Fang. Réservée aux jeunes mutants récalcitrants.

Je lui ai donné un petit coup de pied.

— C'est mieux que ça. C'est vachement cool.

Fang m'a jeté un œil, l'air de dire « Si c'est toi qui le dis » et il a tourné son bacon au-dessus des flammes.

Je me suis allongée, la tête sur mon sweat-shirt en boule. Il était temps de se détendre un peu. Je n'avais absolument aucune idée de ce qui avait bien pu me faire mal à ce point, mais ça allait mieux. Par conséquent, je n'allais pas me triturer le cerveau avec ça.

Mensonge ! En réalité, mes genoux s'entrechoquaient comme des castagnettes. Les soi-disant « scientifiques » de l'École avaient joué avec le feu en combinant de l'ADN humain à un autre ADN. En gros, les gènes recombinés commençaient à se défaire après un certain temps et en général les organismes porteurs se... s'autodétruisaient. Ce n'était pas les exemples qui manquaient. Le mélange lapin/chien ? Un vrai désastre. Même chose avec le mouton/macaque. L'association souris et chat s'était soldée par une immense souris dotée d'un incroyable équilibre, mais terriblement hostile et surtout incapable de digérer les céréales et la viande. Résultat : elle était morte de faim.

Même les Erasers, aussi réussis qu'ils puissent paraître, avaient un gros point faible : leur durée de vie. Ils passaient du stade d'embryon à celui de bébé en cinq semaines et de celui de bébé à celui de jeune adulte en quatre ans environ. Ils dégénéraient et mouraient aux alentours de six ans. Mais plus ça allait, plus on les améliorait pour y remédier.

Et nous ? Pour combien de temps en avions-nous ? Eh bien, pour autant que je sache, nous étions les espèces recombinantes les plus âgées que l'École ait jamais créées.

Et l'on pouvait dégénérer et rendre l'âme à n'importe quel moment.

C'est peut-être ce qui venait de m'arriver. Je commençais à mourir.

— Max, réveille-toi, a fait Angel en me tapotant le genou.

— Je ne dors pas.

Je me suis redressée et Angel est montée sur mes genoux. J'ai mis mes bras autour d'elle et j'ai dégagé ses boucles blondes emmêlées de son visage.

— Qu'est-ce qui se passe, Angel ?

Elle me couvait d'un regard grave et très bleu.

— J'ai un secret. À propos de nous, d'où on vient et tout ça.

70

— Qu'est-ce que tu veux dire, ma puce ? ai-je interrogé doucement.

Allons bon, qu'est-ce qui va encore nous tomber sur la tête ?

Angel tortillait l'ourlet de son T-shirt entre ses doigts sans plus me regarder. J'ai bâillonné toutes les pensées qui auraient trahi mon inquiétude si Angel les avait lues.

— J'ai entendu des trucs à l'École, a-t-elle dit dans un quasi-murmure.

Je l'ai serrée tout contre moi. Quand les Erasers l'avaient kidnappée, c'était comme si on m'avait coupé le bras. Depuis qu'elle était à nouveau parmi nous, mon corps était redevenu entier.

— Des trucs que des gens ont dit ou qu'ils ont pensés ?

— Des trucs qu'ils ont pensés.

Je me suis rendu compte à quel point elle avait l'air éreinté. Ça pouvait peut-être attendre le lendemain.

— Non, je veux t'en parler maintenant, a fait Angel. Enfin, c'est juste des trucs que j'ai entendus. Je n'ai pas tout compris. Il manque des morceaux. Et ça venait de différentes personnes.

— De Jeb ? ai-je aussitôt interrogé, la gorge nouée.

J'ai croisé le regard d'Angel.

— Non, je n'ai pu lire aucune de ses pensées. Rien du tout. C'est comme s'il était mort.

Après une pause, elle a poursuivi :

— Ils faisaient des tests, tu vois. Et ils réfléchissaient à moi et à vous. Ils se demandaient où vous étiez et si vous alliez venir me chercher.

— Et c'est bien ce qu'on a fait, ai-je reconnu, pleine de fierté.

— Ouais, a-t-elle approuvé. En tout cas, j'ai découvert qu'il y a un autre endroit où on peut trouver des informations sur nous, sur notre passé.

Mon cerveau s'est réveillé d'un coup.

— Quoi ??? Tu veux dire des trucs comme notre espérance de vie ou l'origine de notre ADN ?

Avais-je vraiment envie de connaître notre espérance de vie ? Rien n'était moins sûr.

Angel a fait « oui » de la tête.

— Eh ben qu'est-ce que t'attends ? Accouche ! a exigé, avec sa délicatesse habituelle, Iggy qui, à première vue, écoutait notre conversation.

Je lui ai fait les gros yeux, ce qui, bien sûr, ne servait

à rien. En plus, à présent, tous les autres étaient réveillés.

— Ils ont des dossiers sur nous, a fait Angel. Les principaux sont à New York, dans un endroit qui s'appelle l'Institut.

— L'Institut ? j'ai répété. Et c'est dans la ville ou dans l'État de New York ?

— Je n'en sais rien, a répondu Angel. Je *crois* que ça s'appelle l'Institut. L'Institut de la vie, un truc dans le genre.

Fang m'observait, attentif, immobile. Je savais déjà qu'il avait décidé d'aller faire un tour là-bas et j'ai approuvé d'un hochement de tête.

— Il y a autre chose, a repris Angel de sa petite voix tremblante.

Elle a posé sa tête sur mon épaule.

— Vous vous souvenez qu'on parlait toujours de nos parents, qu'on se demandait tout le temps si on était des bébés-éprouvette ou pas ? a interrogé Angel.

J'ai hoché la tête.

— J'ai vu mon nom dans les vieux dossiers de Jeb. C'est vrai, je vous jure, a fait Nudge avec insistance.

— Je sais, je sais, Nudge, l'ai-je interrompue. Mais écoute Angel deux secondes.

— Elle a raison, a instantanément lâché Angel. On a des parents. Des vrais. On n'est pas des bébés-éprouvette. On est nés comme les autres bébés, de mamans humaines.

71

Je crois qu'à ce moment-là, au moindre bruit de brindille cassée, on aurait fait un bond en l'air, à trois cents mètres au moins.

— Et tu as attendu tout ce temps pour nous le dire ? a sorti Iggy, outré. C'est quoi ton problème ? Ce n'est pas parce que tu es la plus petite que tu dois être la plus stupide aussi.

— Bon, ai-je lancé avant de prendre une grande inspiration. On se calme et on écoute ce qu'Angel a à dire. (J'ai balayé une nouvelle fois les mèches de son front.) Peux-tu nous répéter tout ce que tu as entendu ?

— Mais je n'ai entendu que des bouts de phrase, dit-elle mal à l'aise. Je vous demande pardon. Je me sens tellement dégoûtante... Ça me rend tellement, tellement triste. Je n'ai plus envie de pleurer. Ooooh, ça y est, je pleure.

— Ne t'en fais pas, Angel, l'a rassurée Fang, de sa voix grave, mais calme. On comprend. Tu es en sécurité désormais, avec nous.

Nudge, à ce que je voyais, était sur le point d'exploser. Je l'ai fixée comme pour dire « Allez, tiens bon ». Le Gasman s'est approché de moi et il a attrapé ma boucle de ceinture pour se rassurer. J'ai passé un bras autour de lui, laissant l'autre autour d'Angel.

— Visiblement, a-t-elle commencé en prenant son temps, on vient de plusieurs hôpitaux, dans différentes villes. Mais ils nous ont pris après notre naissance. On n'est *pas* des bébés-éprouvette.

— Comment ils ont fait pour nous prendre et pour nous injecter les gènes d'oiseaux ? voulait savoir Fang.

— Je n'ai pas très bien compris, a répondu Angel. D'après ce que j'ai entendu, ils nous auraient mis les gènes avant notre naissance, je ne sais pas comment. (Elle s'est frotté le front.) C'était pendant un test, je crois. Ammo... amio...

— Amniocentèse ?

J'étais scandalisée.

— Ouais, a confirmé Angel. C'est ça. C'est là qu'ils nous ont mis les gènes, mais je ne sais pas exactement comment.

— Ce n'est pas grave. Continue, j'ai fait.

Je leur expliquerais plus tard.

— Alors on est nés et, tout de suite après, les médecins nous ont donnés à l'École, a poursuivi Angel. J'ai entendu... qu'ils avaient menti aux parents de Nudge en leur disant qu'elle était morte.

Nudge a dégluti bruyamment, les yeux remplis de larmes.

— Donc, j'ai des parents, a-t-elle conclu. Pour de vrai.

— Et la mère d'Iggy...

J'ai aperçu Iggy qui se raidissait, son ouïe fine toute à ce qu'Angel disait.

— Est morte, a-t-elle confié dans un frisson. Elle est morte quand il est né.

J'avais du mal à regarder Iggy avec son air abasourdi et peiné. Je ne savais pas quoi faire, ni quoi dire. J'aurais voulu emporter tout ce chagrin avec moi, loin d'eux.

— Et nous alors ? Comment ont-ils fait pour nous enlever toi et moi, à deux ans d'intervalle ? voulut savoir Gazzy.

Angel a séché ses larmes.

— Nos parents nous ont donnés à l'École *de leur propre gré*.

Elle s'était remise à pleurer, les épaules agitées de tremblements.

Le Gasman avait la bouche en O, les yeux ronds comme des billes.

— Quoi ?

— Ils voulaient aider l'École, a expliqué Angel dont les paroles étaient entrecoupées de sanglots. Ils les ont laissés nous mettre des gènes d'oiseaux et ils nous ont donnés pour de l'argent.

J'avais le cœur brisé. Le Gasman faisait de son mieux pour garder la tête haute mais ce n'était qu'un enfant. Il s'est pressé contre moi, enfouissant son visage dans mon T-shirt pour pleurer.

— As-tu entendu quelque chose sur Max ? Ou moi ?

a interrogé Fang tandis qu'il pelait l'écorce d'un bout de bois.

Le ton de sa voix était décontracté, mais ses épaules étaient tendues et les traits de son visage tirés.

— Ta mère a cru que tu étais mort, comme pour Nudge, a raconté Angel. C'était une adolescente. Ils ne savent pas qui est ton père, mais ils ont dit à ta mère que tu étais mort.

Fang a cassé son bâton en deux. La blancheur de ses jointures ressortait dans la nuit. Je pouvais lire la douleur dans ses yeux sombres. La douleur et la tristesse et le reflet de notre feu.

Je me suis raclé la gorge.

— Et moi ?

Je rêvais depuis toujours d'avoir une maman. Et même – et c'est tellement embarrassant que je n'avouerais jamais que j'ai un jour dit ça – qu'elle débarquerait un jour comme par enchantement, qu'elle serait super et qu'elle épouserait Jeb. Et elle s'occuperait de nous tous. Je sais. Ça fait pitié, hein ?

Angel a battu des paupières entre deux regards braqués sur moi.

— Je n'ai rien entendu à propos de toi, Max. Rien du tout. Je suis désolée.

72

— J'arrive pas à le croire, a fait le Gasman pour la trentième fois. Ils nous ont donnés. Ça doit être des cinglés, c'est sûr. Des enfoirés cinglés. Je suis bien content de ne pas les connaître.

— Je suis désolée, Gazzy, ai-je répété pour la trentième fois moi aussi, puisant dans le peu de patience qui me restait.

Je compatissais à 100 %, mais j'avais atteint ma limite à la dix-septième fois.

Quoi qu'il en soit, j'ai ébouriffé ses petits cheveux fins et clairs et je l'ai pris dans mes bras. Il avait le visage sale, raviné par les larmes. Si seulement on avait pu retourner chez nous, dans les montagnes. Mais ça devait grouiller d'Erasers, depuis qu'ils savaient où c'était. On ne pourrait plus jamais rentrer chez nous, mais, à ce moment-là, j'aurais donné n'importe quoi pour donner une douche bien chaude à Gazzy et puis le mettre au lit.

C'était fini ce temps-là, ma fille.

— Angel ? Il est tard, ma puce. Essaie de dormir un peu, tu veux ? D'ailleurs, je crois qu'on ferait tous bien d'en faire autant.

— Moi aussi, je vais dormir, a fait Nudge, la voix encore enrouée d'avoir pleuré. Je n'ai qu'une envie : que cette journée se termine.

J'ai cligné des yeux. C'était la première fois que je l'entendais prononcer une phrase si courte.

Angel s'est roulée en boule dans un coin. Je l'ai couverte de mon sweat-shirt. Le Gasman s'est installé auprès d'elle et Nudge s'est couchée à son tour. Je me suis agenouillée à ses côtés et j'ai ajusté son col.

En général, c'est toujours moi qui m'endors en dernier, une fois que je suis sûre que tout le monde est bien installé, prêt pour la nuit. J'ai commencé à couvrir le feu et Fang m'a rejointe pour me donner un coup de main.

— Peut-être bien que tu es née dans un œuf alors, a sorti Fang.

C'était une blague entre nous. Tous les six, on se disait souvent qu'on avait dû être couvés comme des poussins.

J'ai ri jaune.

— Peut-être bien que oui. Ou peut-être qu'ils m'ont trouvée dans un chou.

— Quelque part, tu as de la chance de ne pas savoir, a-t-il fait de sa voix posée. C'est mieux comme ça.

Je déteste ça, quand il lit dans mes pensées. Surtout qu'il n'a pas le don d'Angel...

— Ça laisse la porte ouverte à plein de possibilités,

a-t-il repris. Ton histoire à toi est peut-être pire, mais elle est peut-être aussi cent fois meilleure.

Il s'est accroupi face au feu, puis il a ouvert un peu ses ailes pour les réchauffer.

— Une ado, bordel, a-t-il lâché, dégoûté. C'était sûrement une junkie ou quelque chose comme ça.

Il n'aurait jamais dit ça devant les autres. Certaines choses restaient entre lui et moi.

— Pas forcément, ai-je corrigé en couvrant le feu de cendres. C'était peut-être juste une chic fille qui avait fait une bêtise. Au moins, elle a choisi d'attendre neuf mois pour t'avoir. Peut-être même qu'elle voulait te garder ou te faire adopter par une gentille famille.

Fang, incrédule, a émis un petit grognement.

— D'un côté, une gentille famille imaginaire qui veut m'adopter. De l'autre, une bande de scientifiques complètement tarés qui veulent faire des expériences génétiques sur des enfants innocents. Et devinez sur quoi il a fallu que ça tombe ?

Las, il s'est couché près de Gazzy et il a fermé les yeux, un bras sur le front.

— Je suis désolée, Fang, j'ai articulé en silence.

Je me suis à mon tour allongée et j'ai étiré mon pied pour toucher Nudge. J'ai placé un bras autour d'Angel. J'étais trop claquée pour me préoccuper de cette espèce d'attaque cérébrale survenue plus tôt. Trop vannée pour me demander comment on trouverait l'Institut à New York. Et encore plus lessivée pour m'intéresser à la perspective de sauver le monde.

73

— Debout là-dedans ! ai-je lancé tout fort.

Vous serez soulagés d'apprendre que ma brève incursion au pays du *je-m'en-foutisme* avait cessé au moment où je m'étais réveillée le matin suivant, les paupières brûlées par le soleil.

Aussitôt levée, j'avais rallumé le feu – eh, on est un chef qui prend soin de ses troupes ou pas – et commencé à réveiller les autres d'un geste affectueux... un petit coup de pied.

Un concert de grognements s'est déclaré, auquel je n'ai prêté aucune attention. Au lieu de ça, j'ai positionné un plat de pop-corn en équilibre sur une branche, au-dessus du feu. Du pop-corn pour le petit déjeuner ! Pourquoi pas ? C'était des céréales après tout. Comme... comme des flocons d'avoine, en moins plouc.

En plus, c'est absolument impossible de dormir avec du pop-corn qui éclate. On dirait une mitrailleuse. Très vite, les autres m'ont donc rejointe près du feu, l'air abattu, frottant leurs yeux toujours endormis.

— On va à New York, les amis. La ville qui ne dort jamais. Je pense qu'on est à six ou sept heures de là.

Vingt minutes plus tard, on décollait, l'un à la suite de l'autre. Je suis partie en dernier, juste derrière Angel, m'élançant sur cinq ou six mètres avant de prendre mon envol, battant des ailes de toutes mes forces. J'étais à trois mètres du sol environ lorsque ça a recommencé : une force invisible semblait promener une aiguille de chemin de fer dans mon crâne.

J'ai poussé un cri et j'ai fait un plat sur le sol, tellement violent qu'il m'a coupé la respiration.

Je me suis mise en boule, terrassée par la douleur, les mains sur la tête et des larmes sur les joues, faisant de mon mieux pour ne pas hurler.

— Max ? (J'ai senti Fang poser délicatement sa main sur mon épaule.) Ça recommence ?

Je ne pouvais même pas hocher la tête. Tout ce que j'arrivais à faire, c'était maintenir ma tête pour éviter que ma cervelle ne gicle partout, sur les autres. Un cri perçant m'est parvenu aux oreilles quand j'ai réalisé qu'il venait de moi.

Derrière mes paupières, des flashs orange et rouges explosaient, tel un grand feu d'artifice cérébral. Ensuite, j'ai eu l'impression qu'on projetait un film sur mes rétines comme sur un écran de cinéma. Des images clignotaient, plus rapides que l'éclair. J'en avais la nausée. Je n'arrivais à en distinguer vraiment aucune parmi les bâtiments flous, lcs vagues paysages, le visage de personnes que je ne reconnaissais pas, les trucs à manger, les gros titres de journaux, les vieux trucs en noir et blanc, les machins psychédéliques, les trucs en forme de tourbillons...

Je ne pourrais pas dire combien de temps ça a duré ? Un siècle ? Au bout d'un certain temps, je me suis rendu compte que je pouvais bouger et je me suis immédiatement traînée jusqu'à des buissons où j'ai vomi mes tripes.

Puis je suis restée là à haleter, sur le dos, persuadée que j'allais mourir. Ça m'a pris longtemps avant de pouvoir rouvrir les yeux sur les nuages de cotons au milieu du ciel bleu... et cinq visages inquiets penchés au-dessus de moi.

— Max, qu'est-ce que t'as ?

Angel avait la voix aussi chargée d'inquiétude que son visage.

— Tu crois qu'il faudrait consulter un médecin ? a proposé Fang, la voix douce, mais les yeux perçants.

— Mais oui bien sûr, quelle bonne idée, ai-je dit faiblement. Comme ça on mettra les autorités au courant.

— Écoute, a commencé Fang, mais je lui ai coupé la parole.

— Ça va mieux, ai-je menti. J'ai peut-être un microbe dans l'estomac. Ouais, le genre de microbe gastrique qui donne le cancer du cerveau. Le genre de microbe que vous attrapez lorsque votre maquillage génétique dégouline. L'ultime microbe avant de mourir.

» Contentons-nous d'aller à New York, ai-je conclu.

74

Après m'avoir dévisagée calmement, pendant un certain temps, Fang a haussé les épaules et il a fait signe au Gasman de décoller. Gazzy est parti à contrecœur, suivi des autres, à l'exception de Fang qui m'a fait : « Après toi », en pointant le ciel du pouce.

J'ai serré les dents et me suis remise debout en vue de prendre mon élan. Je tremblais en courant, mais j'ai réussi à ouvrir mes ailes et à re-décoller, m'attendant à moitié à une nouvelle crise. Mais ça a été. J'avais quand même toujours une solide envie de gerber. En plein ciel, vous imaginez le tableau...

— Ça va ? m'a demandé Nudge une fois en l'air.

J'ai acquiescé d'un signe de tête.

— Je ne peux pas m'empêcher de penser à mes parents, a-t-elle fait. (Ses ailes fauves battaient à l'unisson avec les miennes si bien qu'on se touchait à chaque battement d'ailes ou presque.) Je parie... je parie que si ça fait onze ans qu'ils me croient morte, ils seront probablement super contents de me retrouver, non ? C'est vrai, si pendant tout ce temps, ils n'ont rêvé que d'une chose, que je rentre avec eux à la maison et qu'ils me voient grandir, ils vont clairement être fous de joie, tu ne crois pas ?

Je suis restée muette.

— À moins... (Elle a froncé les sourcils.) Enfin, je suppose qu'ils ne s'attendent pas vraiment à *ça*, hein ? Parce que, même si ce n'est pas ma faute, j'ai des *ailes*.

Tu l'as dit, ai-je songé en moi-même.

— Ça se peut qu'ils ne veulent pas de moi parce que j'ai des ailes et que je suis bizarre, a fait Nudge, dont la voix s'éteignait. Peut-être qu'ils veulent juste une fille normale et que comme je suis spéciale, ils ne voudraient finalement pas que je revienne. T'en penses quoi, Max ?

— Je n'en sais rien, Nudge. Si ce sont tes parents, ils doivent t'aimer quoi qu'il arrive, même si tu es différente.

J'ai repensé à Ella. Elle m'avait acceptée telle que j'étais, avec mes ailes, mes bizarreries, toutes ces choses qui clochaient chez moi. Et le Dr Martinez resterait pour toujours mon idéal de maman. Elle aussi m'avait acceptée telle que j'étais.

Du coup, j'avais une boule dans la gorge. Je me retenais de pleurer. Comme si je n'avais pas eu mon compte d'émotions dans la matinée. J'ai marmonné un gros mot pour moi-même. Depuis que j'avais entendu Angel jurer comme un charretier en se cognant le doigt de pied, j'avais pris comme nouvelle résolution de faire attention à ce que je disais. La dernière chose dont j'avais besoin, c'était d'une petite mutante de six ans qui jure à tout bout de champ.

Je me remémorais la fois où Ella, sa mère et moi, on avait fait des cookies avec trois fois rien – un paquet de farine et des œufs, je crois bien. Ce n'était pas des cookies industriels, ni des cookies précuits. L'odeur qui flottait dans la cuisine pendant la cuisson était absolument incroyable. Ça sentait... ça sentait la maison. C'est comme ça qu'une vraie maison devrait toujours sentir.

Purée ! C'était les meilleurs cookies que j'aie jamais mangés.

75

— Oh la vache ! ai-je bafouillé en examinant les lumières en dessous de nous.

La majorité de la ville de New York s'étend au bas d'une île étroite et tout en longueur : l'île de Manhattan. On sait d'emblée où ça commence et où ça finit grâce aux lumières qui tout à coup embrasent l'obscurité du paysage. Des colliers de perles scintillants glissaient le long des artères de la ville. On aurait dit que derrière chaque fenêtre, dans tous les bâtiments, brillait une lumière.

— Y en a du monde là-dessous, a sorti Fang en s'approchant de moi.

Je savais ce qui lui passait par la tête : on a tous tendance à être un peu claustros et paranos en présence d'une foule pareille. Non seulement Jeb nous avait fortement déconseillé d'avoir des contacts avec d'autres personnes, mais, en plus, il y avait toujours le risque que l'un de ces inconnus se métamorphose en Eraser.

— Oh ! là ! là !... Oh ! là ! là ! faisait Nudge, tout excitée. On peut descendre ? Je veux remonter la Cinquième Avenue ! Et faire les musées ! (Elle s'est tournée vers moi, les yeux pétillants.) Il nous reste assez d'argent ? On pourrait faire les magasins ?

— On a encore un petit peu d'argent, lui ai-je dit. De quoi s'acheter à manger. Mais n'oublie pas qu'on est là pour trouver l'Institut.

Nudge a approuvé d'un mouvement de tête, mais je voyais bien que la moitié de ce que j'avais raconté était entrée par une oreille et ressortie par l'autre.

— C'est quoi, ce bruit ? a interrogé Iggy, absorbé dans ses pensées. On dirait... on dirait de la musique. Ouais, c'est ça ! Vous voyez des musiciens en bas ? Comment ça se fait qu'on puisse entendre de la musique jusqu'ici ?

Juste en dessous, Central Park découpait un grand rectangle noir au cœur de l'île. À l'une de ses extrémités, dans une clairière, je distinguais une foule de gens, éclairée par d'immenses projecteurs.

— Je crois que c'est un concert, ai-je répondu à Iggy. Dans le parc. Un concert en plein air.

— Trooooooooop cool ! a lâché Nudge. On peut y aller ? S'il te plaît, Max ? S'il te plaît ? Un vrai concert !

Si tant est qu'il soit possible de sauter de joie tout en volant, c'est précisément ce que Nudge faisait à ce moment-là.

Le parc était plutôt sombre. Il y avait des centaines de milliers de gens, au moins, là-bas, en dessous. Même les Erasers auraient du mal à nous trouver dans cette foule.

Fidèle à ma réputation, j'ai tranché :

— C'est d'accord. Essayez d'atterrir juste derrière un projecteur pour qu'on ne vous voie pas.

On a atterri sans bruit au milieu d'une mini forêt de chênes aux larges troncs. On a pris le temps de se dégourdir les jambes et de replier nos ailes avant de les dissimuler sous nos coupe-vent. J'ai vérifié que tout le monde était là et j'ai ouvert la marche en direction des spectateurs, m'efforçant de prendre un air détaché du style « Voler ? moi ? jamais ? »

La musique atteignait des décibels incroyables, avec des enceintes plus grandes que Iggy, empilées les unes sur les autres. J'avais la sensation que la terre tremblait.

— C'est quoi comme concert ? m'a crié Iggy à l'oreillc.

J'ai regardé en direction de la scène, par-dessus de dizaines de milliers de têtes. Grâce à ma vue de rapace, je n'avais aucun mal à distinguer les musiciens, ainsi qu'une banderole sur laquelle quelqu'un avait écrit « Natalie et Trent Taylor ».

— Ce sont les *Taylor Twins*, ai-je annoncé et les autres ont aussitôt poussé des cris de joie et sifflé.

À la maison, on adorait les écouter.

Angel ne me quittait pas d'une semelle, sa petite main dans la mienne au milieu de la horde de fans. On se tenait debout, suffisamment à l'extérieur pour ne pas être écrasés comme des sardines, contrairement à ceux qui étaient le plus près de la scène. Je pense qu'on aurait tous flippé et qu'on se serait sentis oppressés si on avait été à ce point-là incapables de bouger. Iggy a mis le Gasman sur ses épaules et il lui a donné son briquet pour qu'il le fasse brûler, à l'instar de plusieurs milliers d'autres personnes. Gazzy se balançait au rythme de la musique en tenant le briquet bien haut.

Quand il a baissé les yeux vers moi, son visage respirant le bonheur, j'ai failli pleurer. Combien de fois l'avais-je vu si heureux ? Deux fois ? En huit ans ? Un truc dans le style.

On a écouté Natalie et Trent jusqu'à la fin du concert et, lorsque les rivières de spectateurs se sont mises à se déverser, on a disparu dans l'ombre des arbres. Les grosses branches au-dessus de nous avaient quelque chose de rassurant, d'accueillant. Alors on a bondi pour s'y installer confortablement.

— C'était vraiment génial, s'est exclamée Nudge, ravie. Je n'en reviens pas du nombre de gens, tous réunis au même endroit. C'est vrai... écoutez... ça ne s'arrête jamais. Le silence, ça n'existe pas, entre les gens, les voitures, les sirènes, les chiens qui aboient. Rien à voir avec le calme de la maison.

— C'était trop calme, là-bas, a lâché le Gasman.

— Eh bien moi, je déteste ! a lancé Iggy, catégorique. Au moins, quand c'est calme, je sais où sont les choses et les gens. Je sais d'où les échos viennent, où les bruits rebondissent. Ici, j'ai le sentiment d'être derrière un mur épais qui étouffe tout. Je n'ai qu'une envie, c'est de me tirer.

— Oh non, Iggy ! a refusé Nudge. C'est tellement chouette comme endroit. Tu vas t'y faire, tu verras.

— Si on est ici, c'est pour en savoir plus sur l'Institut, leur ai-je rafraîchi la mémoire. Je suis désolée, Iggy. Qui sait, tu t'habitueras peut-être plus vite que tu ne le crois ? Et Nudge, je te rappelle qu'on n'est pas en vacances. On doit trouver l'Institut.

— Et comment on va faire ? a voulu savoir Angel.

— J'ai un plan, ai-je déclaré avec fermeté.

Eh ben, il allait sérieusement falloir que j'arrête de mentir comme ça, perpétuellement.

76

En résumé, si vous entouriez New York d'une clôture, vous auriez devant vous le plus grand cirque non itinérant du monde.

À notre réveil, à l'aube, le lendemain matin, des gens faisaient déjà du jogging, du vélo et même du cheval sur les kilomètres de sentiers qui sillonnent Central Park. On s'est glissés au bas de l'arbre et l'on s'est mis en route, l'air désinvolte.

Au bout d'une heure à peine, artistes ambulants, patineurs à roulettes, chiens en laisse et poussettes conduites par des mamans joggeuses avaient déjà pris d'assaut le parc.

— Cette dame, elle a six caniches blancs ! a sifflé Nudge derrière sa main. À quoi ça sert d'en avoir autant ?

— Peut-être qu'elle les vend, ai-je suggéré. À des enfants aux grands yeux ronds.

— Y a un truc qui sent vachement bon, a fait Iggy, qui tournait la tête dans toutes les directions pour voir d'où venait l'odeur. Qu'est-ce que c'est ? Ça vient de par là.

Il a fait signe vers la gauche.

— C'est un type qui vend à manger, ai-je répondu. Sur l'écriteau, ça dit « cacahuètes grillées au miel ».

— Humm, ça me va tout à fait, a sorti Iggy. Je peux avoir des sous ?

Iggy, Angel et moi sommes allés acheter six petits paquets de cacahuètes (ça sentait drôôôôôôlement bon en effet) tandis que Fang, Nudge et le Gasman allaient voir de plus près un clown qui vendait des ballons.

On s'apprêtait à les rejoindre quand quelque chose, dans le clown, a attiré mon attention. La femme clown fixait un type aux cheveux noirs et lustrés qui descendait un sentier en flânant. Leurs regards se sont croisés.

Un frisson a parcouru mon dos. En un clin d'œil, toute mon excitation de la journée s'en est allée. À la place, un sentiment mêlé de peur, de colère et d'un réflexe d'autodéfense s'est emparé de moi.

— Iggy, tiens-toi prêt, ai-je prévenu à voix basse. On va chercher les autres.

Angel restait collée à moi, à me serrer la main. Fang, qui balayait du regard les environs comme d'habitude, a repéré mon expression d'urgence. L'instant d'après, une main sur les épaules de Nudge et l'autre sur celles du Gasman, il leur faisait faire demi-tour pour partir en vitesse dans la direction opposée.

On s'est rejoints sur le sentier et on a pressé le pas.

En jetant un œil derrière moi, j'ai aperçu le mec aux cheveux noirs qui nous suivait. Une femme s'était jointe à lui et tous les deux avaient l'air aussi décidés et forts l'un que l'autre.

Dans ma tête, une pluie de gros mots se déchaînait que j'avais grand-peine à contrôler. Je cherchais du regard, partout, des issues possibles, un endroit où l'on pourrait décoller ou se cacher.

Les autres gagnaient du terrain.

— Ne restez pas ici. Courez ! ai-je lâché.

Mais du fait que les Erasers, comme nous, avaient été programmés par modification génétique pour courir plus rapidement que la plupart des adultes, on ne pouvait pas compter s'échapper en courant. Sans issue de secours, on était fichus.

À présent, ils étaient trois. Ils avançaient au trot, comblant toujours plus l'espace entre eux et nous.

Les sentiers donnaient dans d'autres sentiers, parfois plus étroits, parfois plus larges. À plusieurs reprises, on a failli se télescoper avec des cyclistes ou des patineurs qui allaient trop vite pour faire un écart.

— Y en a quatre maintenant, a remarqué Fang. Foncez !!!

Instantanément, on a accéléré. Ils étaient à plus ou moins une vingtaine de mètres de nous, un drôle de rictus sur leur visage parfait, qui trahissait leur faim.

— Six ! ai-je compté.

— Ils sont trop rapides, m'a fait remarquer Fang comme si je ne le savais pas. Et si on décollait ?

Je me suis mordu ma lèvre, la main d'Angel écrasée dans la mienne. Que faire ? Ils se rapprochaient encore... et encore...

— Huit ! a lancé Fang.

77

— À gauche ! a annoncé Iggy et, sans poser de question, on a tous pris dans cette direction. Comment avait-il pu savoir par où aller, je n'en avais pas la moindre idée.

Notre sentier a soudain débouché sur une place assez large, entourée de marchands ambulants en tous genres. Sur la gauche, j'ai aperçu des bâtiments en briques rouges et un troupeau de gamins qui passaient par un tourniquet.

J'ai repéré le panneau qui disait « Zoo de Central Park ».

— On les suit ! ai-je murmuré et, en un rien de temps, on s'est mêlés sans heurt à la meute d'écoliers.

Fang, Iggy, Nudge et moi, on marchait en canard pour avoir l'air plus petits. On avait réussi à se faufiler au milieu, là où l'on était entourés d'autres gamins. Pas un ne semblait trouver notre présence louche. Il faut dire qu'ils étaient au moins deux cents, avançant comme des moutons vers la porte.

Je me retenais de meugler comme une vache. À un moment, j'ai jeté un œil par-dessus l'épaule d'une fille. Les Erasers s'étaient dispersés et nous cherchaient, l'air particulièrement frustré.

L'un de ces enfoirés a tenté de rentrer en force sous le nez d'un policier qui gardait l'entrée du zoo, mais le flic lui a barré la route.

— C'est réservé aux écoles aujourd'hui, je l'ai entendu dire. Pas d'adultes sans autorisation. Oh, vous êtes accompagnateur ? Vraiment ? Je peux voir votre laissez-passer ?

L'Eraser a battu en retraite, l'air hargneux, et il est allé retrouver ses copains. Je n'ai pas pu m'empêcher de sourire : arrêté net par un flic new-yorkais ! Bien fait pour lui ! Vive les uniformes bleus !

On a atteint l'entrée du zoo : l'heure de vérité.

Et là... on nous a fait signe de passer !

— Avancez, avancez, marmonnait la personne à l'entrée sans même nous regarder.

À l'intérieur, on s'est rangés en vitesse sur le côté. On a marqué une petite pause, puis on s'est tapé dans les mains à tour de rôle.

— Ouais ! a lâché le Gasman. La journée des écoles ! *Yes !* J'adoooooooooooore cet endroit !

— Un zoo ! a fait Nudge qui tremblait presque d'excitation. J'ai toujours voulu aller au zoo. J'ai lu des tas de trucs dessus et j'en ai vu à la télé ! C'est trop *top* ! Merci, Max.

Je n'y étais pour rien, mais j'ai souri et hoché la tête, moi la magnanime Max.

— Allez, il ne faut pas rester dans l'entrée, a dit Iggy sur un ton nerveux. On doit creuser l'écart entre eux et nous. Hééééééééééé, est-ce que c'était un lion ou bien j'ai rêvé ? Je vous en supplie, dites-moi qu'il est derrière les barreaux !

— On est au *zoo*, Iggy, lui a sorti Nudge en prenant son bras pour le guider. Tous les animaux sont derrière des barreaux ici. Exactement comme nous, dans le temps.

78

— Wahou, regardez l'ours polaire !

Le Gasman pressait son visage contre la vitre de la piscine où un énorme ours blanc nageait avec grâce. Il jouait dans l'eau à donner des coups de patte à un tonneau en plastique vide.

Pour être tout à fait franche avec vous, on n'avait encore jamais vu des animaux comme ça en vrai, avant. C'est-à-dire qu'avec les années, on n'a pas franchement accumulé les voyages scolaires ni les sorties du dimanche avec les parents. Pour nous, c'était un nouveau monde, complètement différent, dans lequel les enfants fourmillaient, libres d'aller où ils voulaient dans le zoo, où les animaux avaient leur habitat propre et où ils n'étaient pas soumis à des greffes de gènes. Quant à nous, on se baladait, sans électrodes ni manchon gonflable pour prendre la tension.

C'était dingue. Absolument dingue !

Comme cet ours par exemple. Ces deux ours pour être plus exact. Un grand et un petit. Ils vivaient dans leur milieu, entourés d'énormes rochers, d'une piscine gigantesque et de jouets pour s'amuser.

— Qu'est-ce que j'aimerais avoir une piscine ! a fait Iggy, plein de mélancolie.

Et pourquoi pas une maison, la sécurité et des placards de bouffe pleins à craquer tant que tu y es ?

On avait à peu près autant de chances d'avoir toutes ces choses qu'une piscine. Autrement dit : zéro. Je me suis approchée d'Iggy pour lui passer la main dans le dos.

— Ouais, ce serait chouette, ai-je admis.

Tous ces animaux, même s'ils étaient enfermés et qu'ils s'ennuyaient sûrement à mourir, sans parler de leur impression de solitude, avaient tout de même une vie autrement plus facile que la nôtre à « l'École ». J'étais à cran, furieuse, nerveuse, toujours sous le coup de ma poussée d'adrénaline pendant la poursuite des Erasers. De voir tous ces animaux, ça me rappelait trop mon enfance, lorsque je vivais dans une cage tellement petite que je ne pouvais pas me mettre debout dedans.

Ce qui m'a rappelé quelque chose d'autre : si on était ici, c'était pour trouver l'Institut, quel qu'il fût. Si ça se trouvait, très bientôt, on saurait qui on était, d'où on venait, toute l'histoire de notre vie.

J'ai passé ma main sur ma bouche. Je commençais sérieusement à me sentir fébrile. Et mon mal de tête me reprenait peu à peu. Mais Nudge, le Gasman, Angel et Iggy avaient l'air de s'amuser, eux. Nudge passait son temps à décrire à Iggy tout ce qu'elle voyait. Ils riaient bien tous les quatre, à courir partout. On aurait dit des enfants normaux. Enfin, au détail des ailes rétractiles près.

— Cet endroit me file la chair de poule, a sorti Fang.

— Ah ! Toi aussi ? Je deviens dingue, ai-je confié. Ça me rappelle trop de mauvais souvenirs. Et puis j'ai (je m'apprêtais à dire « une migraine terrible », mais je n'avais pas envie de me plaindre ou d'entendre Fang me répéter d'aller chez le médecin) une envie irrépressible de libérer tous ces animaux.

— Pour quoi faire ? a interrogé sèchement Fang.

— Juste pour qu'ils soient dehors. Je veux les aider à s'échapper, c'est tout.

— En plein cœur de Manhattan ? a fait remarquer Fang. Tu veux qu'ils soient libres de vivre sans aucune protection, sans personne pour les nourrir, sans savoir comment s'en sortir ? Ils sont bien mieux ici. À moins que tu n'aies envie de voler jusqu'au Groenland avec un ours polaire sur le dos.

Il y a vraiment des fois où je hais la logique implacable. J'ai décoché un regard noir à Fang et je suis allée rassembler mes troupes.

— Est-ce qu'on peut y aller ? leur ai-je demandé en évitant de me lamenter. (Ça aurait fait mauvais genre pour un chef.) Je n'ai pas... super envie de traîner ici.

— T'es un peu verte, dis donc, a constaté le Gasman avec intérêt.

C'est vrai que je commençais à avoir une sacrée nausée.

— Ouais, je sais. Est-ce qu'on peut se casser avant que je gerbe devant tous ces gamins fragiles qui risqueraient de ne pas s'en remettre ?

— Par ici.

Fang nous indiquait une grande fente entre deux immenses rochers artificiels. Ça donnait sur un sentier qui devait être réservé aux employés. Il était désert. Une corde en interdisait l'accès.

J'ai réussi à sortir de là sans m'écraser, ni hurler ni vomir. Pas mal ! Ça me changeait un peu.

79

— Vous savez ce que j'aime dans New York ? a sorti le Gasman entre deux bouchées de hot dog. C'est plein de New-Yorkais encore plus zarbis que nous.

— C'est vrai ? On se fond dans la masse ? a fait Iggy.

Je lui ai jeté un coup d'œil. Il léchait un cône de glace à la vanille qui lui ressemblait comme deux gouttes d'eau en plus petit : long, fin et blanc. Iggy mesurait déjà plus d'un mètre quatre-vingts. Plutôt impressionnant, hein, pour un gamin de quatorze ans ? Avec sa taille, son teint pâle et ses cheveux blond clair qui tiraient sur le roux, je m'étais toujours dit qu'il était le plus repérable d'entre nous. Mais ici, sur cette grande avenue, on était entourés de mannequins canon, de rockeurs punk, de gothiques. Des gens habillés en cuir des pieds à la tête ou sur leur trente et un, des étudiants, des gens du monde entier. Alors ce n'était pas six gosses avec des coupe-vent volumineux, des vêtements miteux et une hygiène douteuse qui allaient se faire remarquer.

— C'est vrai, ouais, ai-je fait. Mais ce n'est pas ça qui va nous aider contre les Erasers.

Par réflexe, j'ai balayé le périmètre à la recherche du moindre signe de danger.

— Puisque tu en parles, a lâché Fang, on dirait qu'on a eu affaire à la version 6.0.

— Ouais, c'est exactement ce que je pensais. La récolte de l'année a l'air plus humaine. Et il y a des versions femmes. Et ça, ça craint !

Tout en prononçant ces mots, je continuais à examiner chaque visage qui passait, à l'affût d'un indice. Un air sauvage sous des poils luisants, un reflet cruel dans le regard, un sourire faux et dur, comme dessiné au couteau.

— Ouais, on sait tous que les femelles sont terriblement assoiffées de sang, amatrices de combats violents, de coups bas, etc., a souligné Fang.

J'ai levé les yeux au ciel. Quel comédien celui-là !

— Je peux avoir un *burrito* ? a réclamé Nudge comme on approchait d'un énième marchand ambulant. (Elle était face à moi, sautant du trottoir en arrière.) C'est quoi un *nish* ? Je peux avoir un *burrito*, dis ?

— Un *Knish*[1], je l'ai corrigée. C'est une sorte de galette de pommes de terre frite et fourrée.

Je passais en revue chaque bâtiment. Pour trouver quoi au juste ? Je ne le savais pas moi-même. Un grand panneau avec écrit « L'Institut » dessus.

1. Version juive du samosa asiatique.

— C'est quoi de la choucroute ? a interrogé Angel.

— Tu n'aimeras pas, ai-je répondu. Crois-moi.

On a tous commandé un *burrito*. On nous les a servis chauds et emballés dans du papier alu.

— C'est le pied de pouvoir acheter à manger comme ça, en marchant, a déclaré Nudge, toute heureuse. Il y a des trucs à manger à tous les coins de rue. Et des traiteurs aussi ! Moi, j'adore les traiteurs. Où qu'on aille ici, on trouve ce qu'on veut : des banques, des stations de métro, des bus, des magasins sympas, des marchands de fruits sur la rue. On devrait peut-être s'installer ici définitivement.

— Ce serait les Erasers qui seraient contents, ai-je lancé. Ils n'auraient plus besoin de nous pourchasser au milieu de nulle part.

Nudge a froncé les sourcils tandis qu'Angel me prenait la main.

— Mais tu as raison, Nudge, ai-je ajouté, désolée de lui avoir cassé le moral. Je vois ce que tu veux dire.

Tout ça coûtait un max, cependant, et bientôt on n'aurait plus d'argent. En plus, on avait une mission à accomplir.

D'un coup, je me suis momifiée, tétanisée.

Fang m'a dévisagée un moment.

— T'as encore mal ? a-t-il demandé posément tout en cherchant du regard un endroit où m'emmener au cas où je m'écroulerais.

J'ai fait non de la tête et j'ai pris une grande inspiration.

— Des *cookiiiiiiiiies* !

Il m'observait, l'air ébahi.

J'ai fait un tour sur moi-même pour voir d'où venait l'odeur. *Ouvre les yeux, banane !* Ça venait d'un petit magasin à la devanture rouge situé juste... en face de nous. *Chez Mrs Fields*, ça s'appelait. L'odeur des cookies tout juste sortis du four venait nous lécher les narines jusque dans la rue. C'était la même odeur que chez Ella, une odeur de sécurité, le parfum de la douceur d'un foyer.

— Il me faut des cookies, ai-je annoncé avant de m'engouffrer dans le magasin, Angel trottant à mes côtés.

Ils étaient délicieux.

Mais pas autant que les cookies maison.

80

— Alors ? C'est quoi ton plan de génie pour trouver l'Institut ? a interrogé Iggy.

— J'en ai marre de marcher. Je suis crevée, a lancé Nudge. Est-ce qu'on peut s'asseoir un peu ?

Sans attendre la réponse, elle s'est laissée tomber sur de grandes marches en pierre devant un bâtiment. Elle a posé sa tête sur ses mains et fermé les yeux.

— Ben...

Continuer à marcher jusqu'à ce qu'on tombe dessus ne suffirait probablement pas comme réponse. Mais Iggy avait mis le doigt là où ça fait mal : je n'avais aucune idée de comment faire pour trouver l'Institut. J'ignorais à quoi il ressemblait et même s'il était vraiment à New York.

Le Gasman et Angel se sont assis près de Nudge.

C'est fou ce qu'ils sont trognons pour des... petits mutants, ai-je pensé une fois de plus.

— Et pourquoi pas les pages jaunes ? a suggéré Fang. On en voit de temps en temps.

— Oui, c'est une possibilité, ai-je dit, frustrée de n'avoir rien de meilleur à proposer.

Ce qu'il nous fallait, c'était une base de données informatique, peu importait laquelle. Un ordinateur qu'on pourrait pirater par exemple. Un grand lion en marbre a attiré mon regard. Il y en avait deux à l'entrée du bâtiment. Très prout-prout, franchement.

Après un battement de cils, j'ai vu quatre lions au lieu de deux. Comme si j'avais des images superposées devant les yeux. Elles ont légèrement tremblé. J'ai secoué la tête, cligné une nouvelle fois des yeux et tout est redevenu normal. Mais j'en avais gros sur la patate parce que ça voulait dire que mon cerveau recommençait à déconner.

— Donc... qu'est-ce qu'on fait ? a voulu savoir Iggy.

Ben oui, la chef ?! C'est à toi de décider !

J'essayais de gagner du temps. J'avais peur que ma tête explose d'un moment à l'autre. J'ai levé les yeux vers l'immeuble en face de nous. Il y avait un nom dessus : Bibliothèque publique de New York – Humanités et Sciences sociales.

Youhouuuuuuuuu, il y a quelqu'un là-dedans ? Max !? Une bibliothèque !

J'ai fait un signe de tête vers le bâtiment et j'ai frappé deux fois de suite dans mes mains pour que les petits se lèvent.

— Commençons par là. Je suppose qu'il y aura des ordinateurs, des bases de données...

Ma voix s'est éteinte, mais déjà je montais les

marches, d'un air décidé, Nudge, Gazzy et Angel sur les talons.

— Mais comment elle fait ? j'ai entendu Fang demander à Iggy.

81

À l'intérieur, on a trouvé la bibliothèque sensationnelle. C'était la première fois qu'on mettait les pieds dans une bibliothèque et on regardait partout, nous les bons péquenots provinciaux.

— Je peux vous aider ?

Le type était jeune, debout derrière un comptoir en bois verni. Il n'avait pas trop l'air d'approuver notre présence, sans pour autant me donner le sentiment de vouloir nous réduire en miettes. J'en ai donc conclu que ce n'était pas un Eraser.

— Oui. (Je me suis approchée, l'air aussi grave et professionnel qu'une mutante de quatorze ans qui n'a jamais mis les pieds dans une bibliothèque peut l'être.) Je suis à la recherche d'informations sur un Institut en particulier qui, *je crois*, se trouve à New York. (Je lui ai décoché un sourire plein de chaleur et il a battu des paupières.) Malheureusement, je ne sais pas comment il s'appelle exactement ni où il est. Auriez-vous un ordinateur pour que je cherche ? Ou peut-être une base de données ?

Il nous a toisés tous les six. Angel a fait un pas vers moi et elle a mis sa main dans la mienne. Elle souriait au type, toute mignonne avec son air... ben... son air d'ange.

— Troisième étage, a lâché le mec après une pause. Il y a une salle informatique à côté de la salle de lecture principale. C'est gratuit mais il faut vous inscrire.

— Merci beaucoup, ai-je fait tout en continuant à sourire.

Ensuite, on s'est dépêchés d'aller vers l'ascenseur.

Le Gasman a appuyé sur le chiffre trois.

— Quelle charmeuse, vraiment ! a lancé Fang entre ses dents sans même me regarder.

— Quoi ? ai-je répondu, étonnée, mais il n'a plus rien dit.

L'ascenseur a commencé à monter. C'était horrible pour nous d'être cloîtrés dans ce minuscule espace. Quand nous sommes arrivés au troisième, des gouttes de sueur perlaient sur mon front. On a bondi hors de l'engin comme s'il avait été sous pression.

On a aussitôt trouvé une rangée d'ordinateurs avec des instructions pour surfer sur le Net. Il suffisait de s'inscrire à l'entrée. J'ai signé Ella Martinez d'un grand geste de la main et l'employée m'a souri.

C'est le dernier truc un peu sympa que j'ai fait au cours de l'heure et demie qui a suivi. Avec Fang, on a cherché de mille et une façons les différents instituts qu'il y avait à New York. On en a trouvé des millions, de toutes sortes, mais aucun qui se rapprochait vraiment de ce qu'on recherchait. Celui que j'ai préféré, c'est l'Institut du Développement du Potentiel caché de votre Animal domestique. Si quelqu'un pouvait m'expliquer, je ne dirais pas non.

Angel était couchée à nos pieds sous le bureau et se parlait tout bas à elle-même. Nudge et le Gasman jouaient au pendu sur un morceau de papier froissé. De temps à autre, on les entendait qui se chamaillaient, étant donné qu'il n'y en avait pas un pour rattraper l'autre en orthographe.

Iggy était assis sans bouger, mais je savais qu'il ne ratait pas un murmure, pas un bruit de chaise ou le froufrou d'un tissu, dessinant dans sa tête une carte invisible de tout ce qui l'entourait.

J'ai lancé une nouvelle recherche, puis j'ai étudié, avec un désarroi croissant, l'écran de l'ordinateur qui devenait tout flou, signe que la machine avait planté. Le mot « erreur » défilait en orange sur l'écran. Finalement, il s'est assombri complètement et l'ordinateur s'est éteint.

— C'est presque l'heure de la fermeture de toute manière, a déclaré Fang.

— Est-ce qu'on peut dormir ici ? a réclamé Iggy tout doucement. C'est tellement calme. J'aime bien cet endroit.

— Euh... je ne crois pas, non, ai-je répondu en regardant autour de moi.

Je ne m'étais pas rendu compte que tout le monde était parti. Il ne restait plus que nous dans la salle et une employée de la sécurité en uniforme qui venait de nous repérer. Elle s'avançait vers nous lorsque quelque chose dans sa démarche très contrôlée m'a alarmée.

— Tirons-nous, ai-je marmonné sur-le-champ en tirant Iggy de sa chaise.

On est sortis de là en courant sur la pointe des pieds, direction les escaliers qu'on a dévalés quatre à quatre. Je m'attendais à tomber sur des Erasers à chaque instant, mais, au moment de sortir du bâtiment dans la faible lumière de fin d'après-midi pour descendre les marches de pierre à l'entrée, personne ne nous suivait.

82

— On peut prendre le métro pour retourner au parc ? a interrogé Nudge, l'air fatigué.

Il se faisait tard. On avait décidé d'aller passer la nuit à Central Park parce que c'était grand et sombre et plein d'arbres.

— C'est seulement à une quinzaine de rues, lui ai-je dit. (Mais Angel commençait, elle aussi, à dépérir. Ce n'était plus la petite Angel que je connaissais, loin de là.) Bon, voyons combien ça coûte.

Arrivée sur la cinquième marche seulement, dans l'escalier qui descendait à la bouche de métro, j'étais déjà tendue. Nudge, Angel et le Gasman étaient trop exténués pour se soucier d'être dans un endroit fermé, mais Fang, Iggy et moi étions vraiment agités et particulièrement vigilants.

Le ticket coûtait deux dollars, sauf pour les enfants de moins d'un mètre dix. Pour eux, c'était gratuit. J'ai examiné Angel. Malgré ses six ans, elle dépassait déjà le mètre dix. Du coup, on en avait pour douze dollars.

Mais comme il n'y avait personne au guichet de vente, en théorie, il aurait fallu utiliser la machine. Seulement, dans la pratique, on est passés par-dessus les tourniquets quand personne ne regardait. On n'était plus à ça près...

Une fois à l'intérieur, on a attendu dix minutes avant qu'un train arrive. Diiiiiiiiiiiix looooooooongues minutes pendant lesquelles j'ai bien cru que j'allais me mettre à hurler et grimper aux murs... des fois qu'on ait été suivis... par les Erasers.

J'ai remarqué qu'Iggy tournait la tête et tendait l'oreille vers un bruit en provenance du tunnel sombre.

— Quoi ? ai-je interrogé.

— Des gens, il a répondu. Là-bas.

— Des ouvriers peut-être.

— Ça m'étonnerait.

J'ai scruté l'obscurité du tunnel. En me concentrant bien, j'ai entendu des voix à mon tour. Et tout au bout, j'ai pu distinguer ce qui ressemblait au vacillement d'une flamme réfléchi dans l'un des coudes du tunnel.

J'ai immédiatement pris une décision. Raison pour laquelle les autres se sentaient en sécurité avec moi.

— On y va, ai-je ordonné en sautant du quai sur les rails, vers la pénombre.

83

— Qu'est-ce que ça veut dire ? a fait le Gasman tandis qu'il pointait du doigt un petit écriteau métallique sur lequel on pouvait lire :

Troisième rail : danger.
Gardez vos distances.

— Ça veut dire qu'il y a un courant de sept cents volts qui passe dans le troisième rail, a expliqué Fang. Tu le touches et tu es un pop-corn mort.

— OK, ai-je fait. Merci du conseil. Tout le monde reste à distance du troisième rail.

Après, j'ai regardé Fang l'air de dire « Merci pour cette charmante métaphore » et il m'a presque souri en retour.

C'est Iggy qui a senti le train en premier.

— Dégagez des rails, a-t-il lancé, immobile jusqu'à ce que je le tire par le bras.

On s'est tous dirigés vers un mur dégueulasse et puant contre lequel on s'est aplatis au maximum.

Trente secondes plus tard, un train est passé à une allure telle qu'il a failli nous emporter avec lui. Je gardais mon genou pressé contre Angel pour l'empêcher d'être aspirée.

— Hé bé, ça fout les nerfs en boule, ai-je dit comme on se décollait du mur avec maintes précautions.

— Qui est là ?

C'était une voix grincheuse, agressive et rauque, comme si son propriétaire avait passé les cinquante dernières années à fumer. Ce qui était peut-être le cas, finalement.

On a fait quelques pas, sur nos gardes. Nos ailes, déjà, se déployaient, au cas où il aurait fallu décoller soudainement.

— Personne, ai-je crié tout fort, aussi convaincante que possible, au moment où l'on tournait dans un coude du tunnel.

— Ouah, a soufflé le Gasman.

Devant nous, se dressait une ville. Une petite ville en lambeaux dans les sous-sols de Manhattan. Des poches de gens remplissaient une grande caverne en béton. Le plafond était situé trois étages environ plus haut, recouvert de stalactites de peinture séchée et de gouttes de condensation.

Plusieurs paires d'yeux étaient fixées sur nous, plantées au milieu de visages couverts de crasse. On a entendu quelqu'un dire :

— C'est pas les flics. Juste des gosses.

Ils nous ont aussitôt tourné le dos, visiblement pas

très intéressés, à l'exception d'une femme dissimulée sous cinq couches de vêtements.

— Z'avez à manger ? a-t-elle aboyé.

En silence, Nudge a sorti de sa poche un *knish* emballé dans une serviette en papier et le lui a tendu. La femme l'a étudié en commençant par le renifler puis elle s'est retournée et s'est mise à manger.

Ici et là, l'espèce de caverne était éclairée de feux allumés dans des barriques de pétrole. La nuit n'était pas fraîche, mais les barriques aidaient à lutter contre l'humidité qui me rongeait les os.

On venait de pénétrer dans un tout nouveau monde, royaume des sans-abri, des marginaux, des fugitifs... On a aussi vu une poignée de gamins de notre âge, plus ou moins.

Ma tête me faisait à nouveau mal. Ça n'avait fait qu'empirer depuis le début de la soirée et tout ce que je demandais à ce moment-là, c'était dormir.

— Par ici, a fait la femme du *knish*, le doigt tendu.

On l'a suivi des yeux vers un petit rebord en béton construit dans le mur. Il s'étendait sur plusieurs dizaines de mètres, jonchés de personnes endormies, ou assises, ou encore occupées à délimiter leur territoire au moyen de vieilles couvertures ou de cartons. La femme pointait du doigt une section d'une dizaine de mètres qui semblait inoccupée.

J'ai jeté un œil à Fang qui m'a répondu d'un haussement d'épaules. Ce n'était pas aussi bien que le parc, mais il faisait chaud et on serait au sec et, selon toute vraisemblance, en sécurité. On a grimpé sur le rebord, moi aidant Angel à monter. Toujours dos aux autres, on a fait notre signe de ralliement et, presque tout de suite, Nudge s'est allongée, la tête sur les mains.

Avec Fang, on s'est assis dos au mur. J'ai laissé tomber ma tête dans mes mains et je me suis mise à me masser les tempes.

— Ça va ? a interrogé Fang.

— Ouais, ai-je marmonné. Ça ira mieux demain.

— Dors un peu. Je monte la garde en premier.

Je lui ai souri, pleine de reconnaissance. J'ai sombré dans le sommeil très vite... loin... loin... sans même savoir comment on ferait pour savoir que c'était le matin.

84

La douleur dans mon cerveau m'a réveillée au beau milieu de la nuit.

Je faisais un rêve dans lequel je flânais, légère, dans un champ de fleurs jaunes comme dans une pub ridicule pour shampooing et quand je me suis brusquement redressée en position assise, la tête dans les mains, j'ai eu l'impression que c'était la fin. La Mort avait fini par venir me chercher et elle ne tolérerait aucune excuse de ma part pour ne pas la suivre.

Je ne respirais pas. Je sifflais par à-coups. La douleur, qui me faisait gémir, semblait déchirer quelque chose dans ma tête, tels des éclats de verre. *Pitié, faites que ce soit rapide*, j'implorais Dieu. Faites que ça s'arrête. Par pitié. Pitié.

— Max ?

Juste à côté de moi, la voix grave de Fang s'infiltrait par mon oreille pour se mêler à la musique de mon agonie. Mais j'étais incapable de répondre. J'avais le visage noyé de larmes. Si je m'étais trouvée sur une falaise à ce moment-là, rien n'aurait pu m'empêcher de me jeter dans le vide, les ailes repliées.

Dans ma tête, des flashs continuaient à défiler, images sans queue ni tête qui me rendaient malade et auxquelles se mêlaient des mots et des sons qui agressaient tous mes sens. Une voix, en particulier, baragouinait quelque chose. *C'était peut-être la mienne après tout.*

Fang a mis sa main sur mon épaule mais elle semblait incroyablement lointaine, comme si un écran séparait le monde réel du cauchemar de mes sens. J'avais les dents tellement serrées que ça me faisait mal. Puis j'ai senti le goût du sang dans ma bouche. Je m'étais mordu la lèvre.

Combien de temps encore avant d'apercevoir la lumière à l'extrémité du tunnel dont tous ceux qui avaient atteint les frontières de la mort parlaient, et les gens qui m'attendraient, de l'autre côté, un sourire sur les lèvres et les mains tendues vers moi ? Quoi ? Les enfants avec des ailes ne vont pas au paradis ?

Tout à coup, une voix furieuse a réussi à percer mon mur de douleur : *Qui c'est qui déconne avec mon Mac ?*

85

Exactement comme la dernière fois, la douleur a lentement disparu, m'arrachant presque des larmes de frustration : si elle disparaissait, ça voulait dire que je n'étais pas morte. Et si je n'étais pas morte, ça pouvait recommencer.

J'avais toujours des flashs au fond des yeux, mais les images étaient floues, indéchiffrables. Toute seule, je me serais mise à brailler. Mais au lieu de ça, il fallait que je garde toute ma tête, ne surtout pas réveiller les petits, si ce n'était pas déjà fait, et encore moins attirer l'attention sur nous.

— Vous êtes qui, vous ? a repris la voix, mécontente. Qu'est-ce que vous foutez ? Vous avez planté tout mon système, pauvres crétins !

En temps normal, j'aurais sauté sur mes jambes et

poussé Angel et les autres derrière moi, un masque de hargne sur le visage.

Mais ce soir-là, j'étais roulée en boule à gémir et me tenir la tête, les paupières pressées, m'efforçant de ne pas pleurnicher comme une cruche.

— Qu'est-ce que tu racontes ?

Fang parlait avec une pointe d'acier dans la voix.

— Mon ordi a planté. Je suis remonté à la source et j'ai découvert que les interférences venaient de *vous* alors maintenant, vous allez arrêter, sinon... !

J'ai pris une grande inspiration, secouée de frissons et morte de honte qu'un inconnu me voie comme ça.

— C'est quoi son problème, au juste ? Elle fait un mauvais *trip* ou quoi ?

— Elle va très bien. (Fang lui a illico coupé la chique.) Et on ne sait rien à propos de ton ordinateur. À moins que tu sois complètement dépourvu de cerveau, je te conseille de foutre le camp d'ici.

Je ne connais personne de plus glacial et méchant que Fang quand il s'y met.

Pourtant, l'autre type a repris, catégorique :

— Je ne bougerai pas tant que vous n'arrêterez pas de déconner avec mon Mac. T'as qu'à emmener ta copine à l'hosto ?!

Ta copine ? Il allait falloir qu'on m'explique plus tard. N'empêche, ça a suffi à me donner assez de force pour prendre appui sur mon bras et m'asseoir.

— Et d'abord, t'es qui toi ?

Je faisais de mon mieux pour prendre un air féroce, mais ce n'était pas franchement ça, rapport à ma toute petite voix larmoyante. Papillotant des yeux, j'ai tenté de fixer l'étranger malgré la lueur du tunnel, faible mais suffisante pour entretenir ma douleur lancinante.

À ce que je voyais, c'était un gosse de mon âge avec un vieux treillis en haillons. Il portait un *PowerBook* en piteux état en bandoulière, un peu à la façon d'un xylophone.

— C'est pas tes oignons ! a-t-il rétorqué. Contente-toi d'arrêter de foutre ma carte mère en l'air !

Je me sentais encore moite et nauséeuse. Sans compter ma migraine et mes tremblements. Cela dit, je pensais que je pouvais aligner deux ou trois mots à la suite l'un de l'autre, un truc qui ferait :

— Mais de quoi tu parles ?

— De ça !!!

Le gosse a tourné son Mac vers nous et, en voyant l'écran, j'en ai eu le souffle coupé.

C'était un méli-mélo d'images clignotantes, de dessins, de cartes, de codes, de clips vidéo dans lesquels des gens parlaient, mais où l'on avait coupé le son. La réplique exacte de ce que j'avais vu pendant mes crises.

5ème Partie

La voix. Appelez-la « ma voix »

86

J'ai écarquillé les yeux en voyant le visage crasseux du gamin

— Tu es qui, toi ? ai-je demandé une nouvelle fois, avec la même voix tremblante.

— Je suis le mec qui va te botter le cul si tu n'arrêtes pas de foutre la merde dans mon système, a sorti le garçon, en colère.

L'instant d'après, l'écran de son ordinateur est redevenu normal, reprenant une teinte vert kaki assortie à son treillis. Ensuite, de grandes lettres rouges ont défilé de bas en haut : *Bonjour, Max.*

Fang a brusquement tourné la tête vers moi et je lui ai rendu son regard, l'air désespéré. Puis, au même moment, comme si nos cerveaux communiquaient au moyen d'un fil invisible, on s'est tournés pour fixer encore une fois l'ordinateur. Sur l'écran, on pouvait lire *Bienvenue à New York*.

Dans ma tête résonnait une voix qui disait *Je savais que tu viendrais. J'ai de grands projets pour toi.*

— T'as entendu ? ai-je chuchoté.

— Quoi donc ? a interrogé Fang.

— Cette voix.

J'avais toujours très mal à la tête, mais moins qu'avant et, visiblement, j'allais pouvoir éviter de gerber. J'ai repris mon massage de tempes, les yeux rivés sur le Mac.

— C'est quoi ce délire ? (Il s'exprimait sur un ton un peu moins agressif et un peu plus flippé.) C'est qui, Max ? Et comment vous arrivez à faire ça ?

— On ne fait rien du tout, a répondu Fang.

Un sursaut de douleur a frappé mon cerveau et sur l'écran de l'ordinateur ont recommencé à défiler des images, des bribes de charabia, des plans, des dessins, tous aussi chaotiques et confus les uns que les autres.

En observant l'écran tout en continuant à grimacer de douleur, les doigts sur les tempes, j'ai repéré six mots : *Institut des sciences de la vie*.

Je me suis tournée vers Fang qui m'a fait un petit signe de la tête : il les avait vus lui aussi.

Aussitôt après, l'écran est redevenu tout noir.

87

Le gosse s'est immédiatement mis à entrer des commandes tout en se parlant à lui-même :

— Je vais trouver d'où ça vient...

Avec Fang, on l'a observé, mais au bout de quelques minutes, le débile s'est arrêté et a flanqué un coup dans son ordinateur, frustré. Il nous a examinés en plissant les yeux, enregistrant chaque détail, le sang séché sur mon menton, les petits qui dormaient à côté de nous.

— Je me demande bien comment vous faites, a-t-il lancé, l'air résigné et irrité. C'est quoi votre truc ? Il est où votre équipement ?

— On n'en a pas, a rétorqué Fang. Flippant, hein ?

— Vous êtes en cavale ? Vous avez des ennuis ?

Jeb nous avait suffisamment rabâché de ne jamais faire confiance à personne (même pas lui, ça, on l'avait récemment appris) et le simplet commençait sérieusement à me foutre les nerfs en pelote.

— Qu'est-ce qui te fait penser ça ? a interrogé Fang calmement.

Le gamin a levé les yeux au ciel :

— Voyons voir... Disons que vous êtes une bande de mômes en train de pioncer dans un tunnel de métro. C'est le genre de truc qui met la puce à l'oreille, vous ne trouvez pas ?

Bon d'accord, il marquait un point.

— Et toi, alors ? ai-je lâché. Toi aussi, t'es un môme qui dort dans un tunnel de métro. T'as pas école ?

Le gosse a presque étouffé de rire :

— Je me suis fait virer du M.I.T.[1]

Le M.I.T. était une université pour petits génies. J'en avais entendu parler. Ce gosse était bien trop jeune pour y aller.

— Han, han.

Je m'appliquai à paraître la plus blasée possible.

— Non, mais c'est vrai, a-t-il repris, presque penaud. J'ai obtenu une dérogation. Je préparais un diplôme en informatique, mais j'ai merdé et je me suis fait virer.

— Comment ça, t'as merdé ? a sorti Fang.

Le gosse a haussé les épaules

— J'voulais pas prendre ma Thorazine. Donc ils ont dit « pas de Thorazine, pas d'école ».

J'avais « fréquenté » suffisamment de scientifiques cinglés pour apprendre deux ou trois trucs. Par exemple, je savais que la Thorazine était le médicament des schizophrènes.

---

1. *Massachusetts Institute of Technology*, prestigieuse université et centre de recherche aux États-Unis.

— Alors comme ça tu n'aimes pas la Thorazine ? je lui ai fait.

— Non. (Son visage s'est subitement endurci.) Ni le Haldol, ou le Melleril ou le Zyprexa. Tout ça, c'est de la merde. Tout ce qu'ils veulent, c'est que je la ferme, que je fasse ce qu'ils disent, sans faire de vague.

C'était bizarre... il me rappelait un peu nous six : il avait choisi d'avoir la vie dure, une sale vie même, pour être libre plutôt que de rester enfermé mais qu'on s'occupe de lui.

Évidemment, on n'était pas schizos. Quoique réflexion faite, j'avais une voix qui me parlait dans la tête. Mieux valait éviter les jugements hâtifs.

— Et c'est quoi l'histoire avec ton ordi, mec ? a lâché Fang.

Le gamin a haussé encore une fois les épaules :

— C'est mon gagne-pain. Je peux m'introduire dans n'importe quel système. Je fais des petits boulots quand j'ai besoin de fric. (Tout à coup, il a fermé la bouche.) Pourquoi ? *Ça t'intéresse ?*

— Cool, Raoul, a lancé Fang, en fronçant les sourcils. On discute, c'est tout. (Mais le garçon, déjà, reculait, l'air furieux.) Qui vous envoie ? a-t-il interrogé en haussant le ton. Qui êtes-vous ? Foutez-moi la paix ! Ne vous approchez pas !

Fang a levé les mains, comme pour dire « Calme-toi », mais le môme avait déjà fait demi-tour et s'éloignait en courant. Quinze secondes plus tard seulement, l'écho de ses baskets avait disparu.

— Ça fait toujours du bien de rencontrer un plus cinglé que soi, ai-je ironisé. On se sent tellement normal après.

— « On » ? a souligné Fang.

— Qu'est-ce qui se passe ? a fait Iggy, encore à moitié endormi, tandis qu'il se redressait.

J'ai laissé échapper un soupir, contrainte et forcée de raconter à Iggy l'histoire du gamin et de son ordinateur, la Voix dans ma tête, les flashs qui m'assaillaient pendant mes crises. Je faisais de mon mieux pour avoir l'air désinvolte et qu'Iggy ne me sente pas trembler comme une feuille.

— Peut-être que je deviens folle, ai-je dit avec légèreté. Mais je suis sûre que ça me mènera sur le chemin de la grandeur. Comme Jeanne d'Arc.

— Quand même... T'arrives à contrôler les ordinateurs des autres ? a sorti Iggy avec scepticisme.

— Je ne sais pas comment ça marche. Mais étant donné que je n'ai pas la moindre idée de qui ou quoi est derrière tout ça, je suppose que je ne peux rien y faire.

— Humm. Vous croyez que ça a un rapport avec « l'École » ou l'Institut ? a interrogé Fang.

— Ben, c'est soit ça, soit je suis née comme ça, ai-je répondu avec sarcasme. Si par hasard je ne suis *pas* née comme ça, alors essayons vraiment de trouver cet Institut demain. Au moins, maintenant, on sait quel nom chercher.

L'Institut des sciences de la vie.

Pas mal dans le genre accrocheur, hein ?

88

Ça vous est déjà arrivé de vous réveiller cent fois plus fatigué que lorsque vous vous êtes couché ?

Le lendemain matin – enfin, j'ai supposé que c'était le matin puisque nous étions tous en train d'émerger –, j'avais l'impression d'être une des douze princesses[1] qui avait dansé toute la nuit avec des chaussures trouées et devait passer la journée suivante à dormir pour récupérer. À trois exceptions près tout de même : a) Je ne suis pas une princesse, b) dormir dans le tunnel d'un métro et avoir une autre crise genre attaque cérébrale n'a pas grand-chose à voir avec danser jusqu'aux dernières heures de la nuit et c) mes bottes militaires étaient encore en bon état. Mis à part ça, c'était *exactement* pareil.

---

1. *Le Bal des douze princesses*, un conte de Grimm.

— C'est le matin ? a fait Angel en bâillant.

Quant aux premières paroles de Nudge, elles furent... eh bien... assez prévisibles :

— J'ai faim.

— D'accord, on va te trouver de quoi bouffer, ai-je déclaré d'un air las. Mais après, on se met en chasse pour l'Institut.

Fang, Iggy et moi, on s'était mis d'accord qu'on ne raconterait rien aux petits à propos du pirate informatique ou de ma dernière crise. Pourquoi les inquiéter ?

Ça nous a pris quelques minutes pour nous repérer tandis que l'on cheminait dans les tunnels du métro jusqu'à la lumière du jour et l'air pur. Autant dire qu'il faut avoir reniflé une sacrée crasse pour trouver l'air de New York pur.

— Ouah, toute cette lumière, ça fait mal aux yeux, a grogné le Gasman en se couvrant les paupières juste avant d'ajouter, j'ai rêvé ou j'ai senti des cacahuètes au miel grillées ?

Ça sentait tellement bon. Impossible de résister. Si ça avait été un Eraser qui avait vendu ces cacahuètes, on serait probablement allés en acheter malgré tout. J'ai toisé le marchand. Non. Ce n'était pas un Eraser.

Avec nos cacahuètes, on a descendu la Quatorzième Rue en mâchonnant bruyamment pendant que je cherchais un moyen efficace de ratisser la ville. D'abord, les pages jaunes. On a repéré une cabine téléphonique plus haut, mais il ne restait que la chaîne à laquelle l'annuaire avait été attaché. Peut-être qu'on pourrait jeter un œil à celui d'un magasin ? Hééé ! Et les renseignements !?

Mais oui !!! J'ai sorti quelques pièces de ma poche et j'ai décroché le combiné, puis j'ai composé le 411[1].

— New York, l'Institut des sciences de la vie, ai-je annoncé quand le serveur vocal s'est déclenché.

— Désolé. Il n'y a pas d'abonné enregistré à ce nom. Veuillez réessayer.

Frustration. C'était devenu ma meilleure ennemie. J'avais envie de hurler.

— Qu'est-ce qu'on va bien pouvoir faire, maintenant ? ai-je demandé à Fang.

Il a baissé les yeux vers moi. Ça cogitait dur dans sa tête, ça se voyait. Il m'a tendu un petit sachet en papier paraffiné.

— Une cacahuète ?

On a continué à manger en marchant, scotchés aux vitrines des magasins, stupéfaits. Tout ce qui pouvait s'acheter dans le monde était en vente sur la Quatorzième Rue, à New York. Évidemment, on ne pouvait pas se permettre quoi que ce soit, mais c'était quand même génial.

— Souriez, vous êtes filmés, a sorti Fang tout en pointant une vitrine.

La caméra vidéo d'un magasin d'électronique filmait les passants et le film était projeté sur toute une série d'écrans. On a instantanément tourné la tête, paranos à l'idée que quelqu'un puisse avoir nos tronches en vidéo.

Tout à coup, une douleur vive au niveau de mes tempes m'a arraché une grimace. Au même moment, j'ai vu des mots défiler sur les écrans de télé. Je les regar-

1. Numéro des renseignements téléphoniques aux États-Unis qui correspond à l'ancien « 12 » français.

dais, incrédule, tandis que « Bonjour, Max » apparaissait.

— Purée, a soufflé Fang, cloué sur place et Iggy lui est rentré dedans en disant :

— Quoi ? Qu'est-ce qu'il y a ?

— C'est toi ? m'a interrogée le Gasman. Mais comment ils savent que c'est toi ?

C'est en jouant qu'on apprend, Max, disait la Voix dans ma tête. C'était la même que celle de la veille au soir. Je me suis aperçue que j'étais incapable de dire si c'était une voix d'adulte ou d'enfant, celle d'un homme ou d'une femme, la voix d'un ami ou d'un ennemi. Le pied, quoi !

Les jeux sont un bon moyen pour tester ses capacités. Le divertissement est essentiel au développement de l'être humain. Va t'amuser, Max.

J'ai marqué une pause, sans prêter attention au flot de gens qui nous passaient à côté dans la rue.

— Je n'ai pas envie de m'amuser ! Ce que je veux, ce sont des réponses ! ai-je laissé échapper malgré moi – moi, la foldingue qui non seulement entendais des voix, mais qui leur répondais.

Prends le bus sur Madison Avenue, a continué la Voix, *et descends là où on s'amuse.*

89

Je ne sais pas ce qu'il en est pour *vous* lorsque vos petites voix vous parlent, mais moi, je me sens obligée de les écouter.

J'ai cligné des yeux et là, j'ai vu que les autres me considéraient d'un air grave, témoins éberlués de ma descente au pays des fous.

— Max, ça va ? a interrogé Nudge.

J'ai hoché la tête avant de déclarer :

— Je crois qu'on devrait prendre le bus sur *Madison Avenue*, tout en cherchant le nom de la rue où on était.

Fang m'observait, pensif.

— Pourquoi ?

Je me suis légèrement tournée pour que les autres ne puissent pas voir et j'ai articulé en silence :

— La Voix.

Il a fait signe qu'il comprenait

— Mais Max, a-t-il fait tout bas, et si tout ça n'était qu'un piège ?

— Je n'en sais rien ! Mais peut-être qu'on devrait essayer de faire ce qu'elle dit quelque temps. Juste pour... voir, ai-je décidé.

— Qui ça, *elle* ? a voulu savoir Gazzy.

Je me dirigeais déjà vers le coin de la rue quand j'ai entendu Fang dire :

— Max entend une voix, dans sa tête. On ne sait pas de quoi il s'agit.

C'était ça qu'il appelait ne pas inquiéter les autres !

— C'est peut-être sa conscience qui lui parle, a lâché Nudge. Est-ce que ça a un rapport avec les télés ?

— On n'en sait rien, a dit Fang. Pour l'instant, tout ce qu'on sait, c'est que visiblement elle veut qu'on prenne le bus de Madison Avenue.

L'arrêt de bus était à une dizaine de rues de là. On est montés et j'ai payé pour nous. Le chauffeur nous a fait signe d'avancer en disant à chaque fois – C'est bon, avec une expression blasée.

J'espérais que la Voix n'allait pas nous faire dépenser plus d'argent. On n'en avait déjà presque plus.

Quand on est nerveux dans les petits espaces clos ou les endroits bondés, prendre le bus relève du cauchemar éveillé. Il y avait tellement de monde qu'on a dû rester debout, dans l'allée, au milieu d'étrangers qui se pressaient contre nous. Je me disais qu'on pouvait toujours fracturer une fenêtre à coups de pied et sauter, mais rien que d'y penser, ça me mettait les nerfs à vif, pour ce qu'il en restait. Je n'arrêtais pas de tourner la tête dans tous les sens, guettant le moment où l'un des passagers se transformerait en Eraser.

Bon, la Voix ? Et maintenant quoi ? ai-je pensé.

Vous serez sûrement surpris d'apprendre que la Voix ne m'a pas répondu.

À côté de moi, Angel, toute confiante, me tenait la main tandis qu'elle suivait par la vitre le film de la ville. J'avais pour responsabilité de veiller sur les autres et de trouver l'Institut. Si je succombais à la suite de mes crises, Fang prendrait la relève. Mais en attendant, j'étais toujours le chef. Je ne pouvais pas laisser les autres tomber. *T'entends ça, la Voix ? Si tu crois que tu vas me faire abandonner les autres, tu vas regretter... d'être entrée dans ma tête.*

Oh, la vache ! Je tournais complètement tarée.

— Prochain arrêt : Cinquante-Huitième Rue ! a fait le chauffeur dans son haut-parleur. C'est là qu'on s'amuse !

Saisie, j'ai regardé Fang, puis j'ai poussé les autres hors du bus, par l'arrière. La lumière du jour nous a frappés aussitôt. Le bus est reparti dans un grand bruit de moteur et l'on est restés là à tousser, asphyxiés par ses gaz d'échappement. On se trouvait à présent tout en bas de Central Park.

— Qu'est-ce que... ? ai-je commencé avant d'ouvrir grand les yeux en apercevant un bâtiment en verre imposant, de l'autre côté de la rue.

À l'intérieur, je pouvais voir un immense ours en peluche, un soldat de bois géant et une ballerine de quatre mètres de haut qui faisait des pointes.

Le panneau disait AFO Schmidt[1].
Le magasin de jouets le plus incroyable du monde.
Bon, ben d'accord.

1. James Patterson a ici travesti le nom FAO Schwarz, le plus grand magasin de jouets au monde, situé Avenue des Amériques, à New York.

90

Nous, les pauvres enfants-oiseaux défavorisés n'avions jamais mis les pieds dans un magasin de jouets.

Et AFO Schmidt est, par définition, l'endroit où les enfants croient qu'ils sont morts et qu'ils arrivent au paradis. Franchi la porte d'entrée, une horloge géante s'élevait sur deux étages, sur laquelle se promenaient des personnages animés. La chanson – *It's a Small World*[1] – passait à fond, probablement pour éloigner la racaille, je pensais.

Je ne savais pas le moins du monde ce qu'on faisait ici. Ç'aurait été trop beau si, d'une façon ou d'une autre, cette petite plaisanterie nous avait rapprochés de l'Institut, mais j'ai tout de même tranché en faveur de

1. Chanson qu'on peut entendre à Disneyland et Disneyworld dans l'attraction du même nom.

la piste du magasin de jouets pour voir où elle nous mènerait.

Une girafe en peluche grandeur nature, entourée d'autres nounours tous plus grands les uns que les autres, balisait l'entrée du rayon des peluches dont la taille avoisinait celle de notre ancienne maison.

J'ai baissé les yeux sur Gazzy et Angel qui, fascinés, dévoraient des yeux, la bouche en O, tous ces jouets fabuleux. C'était plus qu'ils n'en pouvaient ingurgiter en une fois.

— Iggy, a lancé le Gasman, il y a toute une salle remplie de *Lego*.

— Reste avec eux, j'ai dit à Fang. Et toi et moi, on ne se perd pas de vue, OK ?

Après un signe de tête, il suivit les garçons dans le rayon des *Lego* tandis que je me traînais derrière Angel et Nudge qui ramassaient des peluches toutes les deux secondes.

— Oh ! là ! là ! a fait Nudge, une peluche en tigre dans les mains. Regarde, Max. Il est trop mignon ! Il s'appelle Samson.

J'ai reconnu poliment qu'il était adorable tout en continuant à scruter les environs, à la recherche, soit d'un Eraser, soit d'un indice que me donnerait ma Voix.

— Max ?

Angel a tiré sur ma manche. En me tournant vers elle, j'ai vu qu'elle me tendait un petit ours en peluche déguisé en ange avec une robe blanche et des petites ailes. Un petit halo en fil de fer doré flottait au-dessus de sa tête.

Angel me suppliait des yeux. J'ai jeté un œil au prix sur l'étiquette. Ce petit nounours était à elle pour la vie pour la modique somme de quarante-neuf dollars.

— Je suis vraiment désolée, Angel, ai-je dit en me penchant pour être à sa hauteur. Mais il coûte quarante-neuf dollars et on n'a presque plus d'argent. On est loin, très loin du compte. Désolée. Je voudrais pouvoir te l'acheter, tu sais. Et puis ce n'est pas n'importe quel nounours. C'est un ange. Comme toi. Je sais tout ça.

Je lui ai caressé les cheveux et rendu le nounours.

— Je le veux ! a dit brusquement Angel, ce qui ne lui ressemblait pas du tout.

— J'ai dit non. Ça suffit, ma grande.

J'ai fait quelques pas, mais sans perdre de vue les filles, pour aller voir de plus près un étalage « mystique ». Un des jeux s'appelait « Les 8 Boules Magiques ». Il fallait les secouer et une réponse apparaissait dans une petite fenêtre. J'en ai agité une et elle m'a prédit : « Très certainement. » Malheureusement, j'avais oublié de lui poser une question.

Il y avait d'autres jeux. Un qui s'appelait Ca-balah ! – un truc de diseuse de bonne aventure – et la bonne vieille planche de *Ouija*[1] pour les séances de spiritisme. J'ai expiré fortement, à la limite du soupir, et j'ai regardé tout autour de moi, les mains dans les poches. Peut-être qu'on devrait dormir dans le magasin, ce soir.

Du coin de l'œil, j'ai repéré un petit mouvement. Mes yeux de rapace ont instantanément capté d'où ça venait. C'était le petit triangle de la planche de Ouija, ce truc que les « esprits » sont censés guider pour indiquer certaines lettres, même si tout le monde sait que ce sont les gosses qui le font bouger.

1. Planche sur laquelle figurent des lettres grâce auxquelles les esprits répondent aux questions qu'on leur pose, la première étant « Esprit, es-tu là ? ».

Pourtant, celui-là bougeait sans que personne le touche.

J'ai balayé du regard les alentours : personne à proximité. Angel était presque à six mètres de là et ne regardait pas le jeu. Elle tenait toujours le nounours dans ses bras. J'ai passé ma main au-dessus : il n'y avait pas de fil. Le truc était allé sur le S puis sur le A. J'ai levé la planche au cas où il y ait un aimant en dessous. Rien de ce côté-là non plus. La pointe a indiqué la lettre U avant de se diriger vers le V et le E.

Sauve.

J'ai remis le jeu à sa place comme s'il risquait de me brûler les doigts.

Le petit triangle noir a marqué une pause sur le L puis le E.

Le.

Il est allé se placer lentement sur le M tandis que je l'observais en fronçant les sourcils. Le triangle est remonté vers le O. J'ai serré les dents. Au moment où il est arrivé à la lettre N, j'étais sur le point d'envoyer balader le jeu à travers le magasin. J'ai quand même regardé jusqu'au bout avec un air sévère. Le D. Le E. Le M, le A, le X.

Sauve le monde, Max.

91

— *Fang !*

Il a fait volte-face et, en voyant ma tête, a tout de suite tapoté la main d'Iggy et du Gasman. Ils nous ont rejointes, Nudge et moi, sous la grande horloge.

— Barrons-nous d'ici, ai-je fait entre les dents. Il y a une planche de Ouija qui vient de me dire de sauver le monde.

— Wahouuuuuuu, t'es célèbre, a sorti le Gasman, visiblement à des années lumière de mon mauvais pressentiment.

— Où est Angel ? a demandé Fang.

La croyant près de moi, j'ai tâtonné dans le vide pour l'attraper. J'ai fait un demi-tour et je me suis précipitée vers le rayon des peluches. Je sentais déjà la panique m'envahir. Ça faisait à peine plus d'une semaine qu'elle avait été enlevée...

J'ai accompli un dérapage juste sous le chimpanzé grandeur nature qui pendait dans l'un des étalages. Devant moi, Angel était occupée à parler à une dame âgée. Je n'avais jamais vu d'Eraser aussi vieux et mon rythme cardiaque a donc ralenti un petit peu.

Angel faisait une mine triste. Elle tendait son ours en peluche à la dame.

— Qu'est-ce qu'elle fabrique... ? a commencé Fang.

La femme a hésité avant de dire quelque chose que je n'ai pas pu entendre d'où j'étais. Le visage d'Angel s'est alors éclairé et elle a eu un hochement de tête, toute contente.

— Angel est en train de se faire offrir un cadeau, a dit Iggy d'un ton calme.

Elle savait qu'on était tous là, à l'observer, mais elle évitait délibérément de regarder dans notre direction. On les a suivies jusqu'à la caisse où la femme, l'air un peu perplexe, a pris son porte-monnaie pour payer le nounours d'Angel. Je n'en revenais toujours pas. Angel sautait presque de joie. Elle s'est laissée tomber à genoux, la peluche pressée contre elle, et je l'ai entendu répéter « Merci » un bon millier de fois.

Pour finir, la dame, qui paraissait encore vaguement confuse, a souri, hoché la tête et elle est partie.

Nous, on s'est aussitôt agglutinés autour de notre cadette.

— On peut avoir une explication ? l'ai-je interrogée. Pourquoi est-ce que cette dame t'a acheté cet ours ? Ce truc coûte *quarante-neuf dollars*.

— Qu'est-ce que tu lui as raconté ? Personne ne

nous a rien acheté à nous ! Iggy avait l'air légèrement jaloux.

— Rien de spécial, a répondu Angel, en restant agrippée à sa peluche. Je lui ai juste demandé si elle voulait bien m'acheter cet ours parce que j'en mourais d'envie et que je n'avais pas assez de sous pour me l'acheter.

J'ai escorté tout le monde vers la sortie avant qu'Angel ne demande à quelqu'un de lui acheter la girafe en peluche géante.

Dehors, le soleil brillait dans le ciel. C'était l'heure de déjeuner et plus que temps de se remettre en route.

— Si j'ai bien compris, tu viens de demander à une parfaite inconnue de t'acheter un nounours super cher et elle a tout simplement accepté ? ai-je demandé confirmation à Angel.

Elle m'a fait oui de la tête pendant qu'elle lissait les poils de son ours au niveau des oreilles :

— C'est ça. Je lui ai juste demandé de me l'acheter. Tu sais bien, *avec ma tête*.

92

J'ai échangé un regard avec Fang. Ça fichait un peu la trouille. Euh... beaucoup la trouille même.

— Han... qu'est-ce que tu veux dire exactement ? ai-je interrogé.

D'accord, elle pouvait lire dans les pensées de la plupart des gens et deviner leurs sentiments, mais c'était la première fois que je l'entendais parler de faire passer une pensée.

— Je lui ai demandé dans ma tête, c'est tout, a déclaré Angel, à moitié distraite, en train de défroisser les petites ailes blanches de l'ours. Et elle a dit d'accord. Et alors elle me l'a acheté. Je vais l'appeler Céleste.

— Angel, tu veux dire que tu as influencé cette dame pour qu'elle t'achète ton nounours ?

Je pesais mes mots.

— Il s'appelle Céleste, a répété Angel. Ça veut dire quoi « influencer » ?

— C'est quand on a un effet sur quelqu'un ou quelque chose, ai-je répondu. À t'entendre, on croirait que c'est toi qui as fait acheter à cette femme ce nou...

— Céleste.

— OK, Céleste. Qu'elle le veuille ou non. Tu vois ce que je veux dire ?

Angel a froncé les sourcils et haussé les épaules, l'air mal à l'aise. Puis son front s'est détendu et elle a répondu :

— Moi, je voulais vraiment, vraiment Céleste. Je le voulais plus que tout au monde.

Comme si ça l'excusait.

J'ai ouvert la bouche pour lui donner la petite leçon de morale qui s'imposait à ce moment-là, mais Fang m'a captée du regard. Dans ses yeux, je pouvais lire « Garde ça pour plus tard », donc je l'ai bouclée avec un hochement de tête, décidant d'attendre ce qu'il avait à dire.

Maintenant, retour à notre mission. Si seulement j'avais eu ne serait-ce qu'une idée de la façon de trouver l'Institut.

On s'est arrêtés pour acheter des *falafels*, mais on a gardé l'œil ouvert tout le temps qu'on a mangé en marchant. Angel a coincé son ours – Céleste – dans la ceinture de son pantalon de manière à avoir les mains libres.

Angel n'avait jamais que six ans et Dieu sait qu'elle n'avait pas franchement reçu une éducation normale. Pourtant, je trouvais qu'elle était assez grande pour faire la différence entre ce qui était bien et ce qui ne l'était pas. Je pensais qu'elle savait qu'« influencer » cette femme pour qu'elle lui achète son Céleste comme elle l'appelait n'était pas bien. Mais ça ne l'avait pas empêchée de le faire.

Ce qui me dérangeait.

Tout à coup, j'ai porté mes mains à mes tempes sous le coup de la douleur alors que la Voix me disait doucement : *Ce n'est qu'un nounours, Max. Les enfants méritent d'avoir des jouets. Tu ne crois pas que toi aussi, tu aurais bien mérité un jouet ?*

— J'ai passé l'âge d'avoir des jouets, ai-je grommelé, furieuse.

Fang m'a regardée, surpris.

— Toi aussi, tu voulais un jouet ? a interrogé le Gasman, confus.

J'ai secoué la tête. Ne vous occupez pas de moi, les gars. Je parlais juste à ma Voix. Pour la énième fois. Mais au moins, cette fois, j'avais eu moins mal à la tête qu'avant.

Je suis désolé que ça te fasse mal parfois, Max. Je ne veux surtout pas te faire de mal. Je veux juste t'aider.

J'ai gardé les lèvres bien collées pour être sûre de ne pas répondre. Lorsque j'avais besoin d'une information, la Voix se taisait. Quand je ne voulais surtout pas l'entendre, elle se lâchait, clairement décidée à papoter.

Décidément, elle m'énervait presque autant que Fang.

93

Je commençais sérieusement à baliser. Où que nous allions, je recevais un petit message de l'Autre Côté. Lorsque ce n'était pas une voix dans ma tête, c'était un écran de télé dans une vitrine. Ou un petit génie de l'informatique dans un tunnel souterrain dont l'ordinateur affichait au détail près ce que je voyais dans ma tête. Ou encore un chauffeur de bus qui répétait les paroles de ma Voix en indiquant un endroit où s'amuser. Sans oublier, bien sûr, les Erasers. C'est comment déjà ce dicton ? Dès qu'il y a poursuite, il n'y a plus vraiment parano !

— On est cernés, ai-je lâché entre mes dents, occupée à fixer la pointe de mes bottes en marchant.

J'ai senti Fang qui faisait une pirouette à côté de moi.

— On perd du temps, ai-je fini par dire, pleine de frustration. Il faut qu'on trouve l'Institut. Et qu'on découvre notre histoire et notre destin. La dernière chose dont on a besoin, c'est de faire du shopping dans des magasins de jouets. Il faut prendre ça un peu plus au sérieux.

Chaque chose en son temps, Max.

Fang entamait déjà sa réponse, mais j'ai levé un doigt en l'air qui voulait dire « deux secondes ».

Il faut que tu apprennes à te détendre. La relaxation facilite l'apprentissage et la communication. Plusieurs études l'ont prouvé. Et tu es loin d'être détendue, là.

— Évidemment que non, je ne suis pas détendue ! ai-je dit à mi-voix. Il faut qu'on trouve l'Institut, on n'a presque plus d'argent et on est en danger en permanence !

Les autres s'étaient arrêtés et me fixaient, visiblement alarmés. Fang était probablement à deux doigts de me traîner de force chez les fous.

Je perdais complètement la boule, hein ? Quelque chose m'avait endommagé le cerveau. J'avais dû faire une attaque ou un truc dans le style et à présent, j'entendais des voix. Je me sentais différente des autres. Trop différente et seule.

Pas des voix, Max. UNE voix. Relax.

— Ça ne va pas, Max ? a fait le Gasman.

J'ai pris une grande respiration et j'ai tenté de me ressaisir.

— J'ai l'impression que je vais exploser, ai-je sorti avec honnêteté. Il y a trois jours, Angel nous a raconté qu'elle avait entendu qu'il y avait plus d'infos sur nous dans un endroit appelé l'Institut, à New York. *Plus d'infos*. Ça se pourrait qu'on soit sur le point d'avoir la réponse à nos questions.

— On pourrait découvrir des trucs sur nos parents ? a interrogé Iggy.

— Oui, ai-je confirmé. Mais maintenant qu'on est là, il se passe plein de trucs bizarres et je ne sais plus...

Comme je disais ça, les poils de mon cou se sont subitement hérissés.

— Salut, les mioches !

Juste en face de nous, deux Erasers venaient de bondir de la porte d'un immeuble.

Angel a poussé un cri. Mon premier réflexe a été de lui agripper le bras, la tirant très fort en arrière. En une fraction de seconde, nous dévalions le trottoir en sens inverse, Fang et Iggy derrière, Nudge et le Gasman de chaque côté de nous. Les trottoirs étaient bondés, si bien qu'on aurait dit une course d'obstacles.

— On traverse ! ai-je hurlé en me précipitant sur la route.

Ensemble, on a évité de justesse deux taxis qui passaient sous les klaxons de leurs chauffeurs furieux. Dans notre dos, j'ai entendu un grand *bam !* suivi d'un petit cri de surprise à moitié étranglé.

— Le coursier à vélo s'est mangé un Eraser ! a lancé Fang tout haut.

Vous croyez qu'on ne peut pas glousser tout en courant pour sauver sa peau et celle d'une gamine de six ans ? Moi, je vous dis que c'est possible.

Mais, deux secondes plus tard, j'ai senti une main avec des griffes m'agripper les cheveux et me tirer d'un coup sec en arrière jusqu'à ce que je tombe à genoux. Quand on a arraché la main d'Angel de la mienne, je l'ai entendue crier à pleins poumons. Vous pensiez connaître le sens de cette expression ? Vous vous plantez, croyez-moi.

94

Sans même faire une pause, l'Eraser m'a jetée sur son épaule violemment. En parlant de poids *mort*...

Je pouvais sentir son odeur, forte, animale et voir ses yeux injectés de sang. Il rigolait, ravi de m'avoir attrapée. Angel continuait à pousser des hurlements sur le même registre de décibels que tout à l'heure.

Pour ma part, je donnais des coups de pied et de poing, je hurlais, je griffais l'Eraser qui continuait quand même à se marrer. Jusqu'au moment où il s'est mis à descendre le trottoir en courant sous le regard étonné des passants.

— Est-ce qu'ils tournent un film ? j'ai entendu quelqu'un demander.

Naaaaaan, c'est bien trop original pour Hollywood. Là-bas, ils ne font que des séries.

J'ai levé la tête et j'ai aperçu Fang, plus grave et déterminé que jamais, qui nous courait après. Il ne se laissait pas distancer, mais il ne gagnait pas de terrain non plus. Si jamais une voiture nous attendait quelque part, j'étais foutue. Je me débattais de toutes mes forces en frappant l'Eraser mais j'enrageais de constater le peu d'effet que ça avait sur lui. Sale bête, va ! À la naissance, on n'avait donc pas coché l'option douleur pour ces monstres ?

— Faaaaaaaaaaaang ! ai-je beuglé en voyant qu'il perdait du terrain.

L'Eraser était en train de le semer. Au loin, j'entendais vaguement les cris perçants d'Angel. J'ai sorti tous les gros mots que je connaissais, un à un, comme pour ponctuer les coups de poing et de pied que, d'autre part, j'allongeais. Ça n'a même pas ralenti l'homme-loup.

Et là, tout de suite après, on s'est retrouvés par terre, comme si l'Eraser venait se faire couper les jambes. Il est tombé dans un grand bruit sourd et sinistre, et ma tête a heurté le trottoir tellement fort que j'ai vu des étoiles. J'avais les jambes coincées sous lui, alors je me suis mise à donner des coups de pied et à gigoter pour me dégager.

L'Eraser ne bougeait pas. *Est-ce qu'il était assommé ? Comment avait-il fait son compte ?*

J'ai finalement réussi à me libérer et me suis mise à quatre pattes, le regard fixe, surveillant la bête. Il était complètement immobile, les yeux grands ouverts et vitreux. Une traînée de sang partait de sa bouche, à moitié transformée en museau de loup. Quelques curieux s'étaient arrêtés pour nous observer, mais la majorité continuait à marcher en téléphonant sur leur portable. La routine, quoi ! On était à New York, après tout.

Fang est arrivé à toute vitesse et m'a remise debout avant de m'emmener de force.

— Attends ! ai-je dit. Fang... je crois qu'il est mort.

Il a détourné le regard en direction de l'Eraser, puis il est allé lui donner un petit coup de botte pour voir s'il bougeait. Pas un geste, pas même un battement de cil. Ma main toujours dans la sienne, Fang s'est agenouillé et il a mis deux doigts sur le poignet de l'Eraser, sur ses gardes, au cas où celui-ci se réveillerait.

— Tu as raison, il est mort, a-t-il fait en se relevant. Qu'est-ce que tu lui as fait ?

— Rien du tout. Je l'ai frappé mais ça lui faisait que dalle. Et après, il s'est effondré comme un sac de plomb.

La foule, de plus en plus dense, s'agglutinait tandis que le reste de la bande s'approchait en courant. Angel m'a sauté dans les bras et a éclaté en sanglots. Je l'ai étreinte très fort en lui murmurant : « Chhhhhhhhhhut, tout va bien, c'est fini. »

Fang a retourné le collier de l'Eraser, l'espace d'une seconde. On a tous les deux eu le temps de voir le tatouage à l'arrière de son cou : 11-00-07.

Au même moment, une voiture de police est arrivée, le gyrophare allumé et la sirène hurlante.

On s'est fondus dans le décor, progressant au travers de la foule.

— Encore ces crétins de camés ! a lancé Fang tout fort.

Puis on s'est mis à allonger le pas en tournant au premier coin de rue. J'ai reposé Angel à terre et elle a d'emblée trotté à côté de moi, sans me lâcher d'un pouce ni cesser de renifler. Je gardais sa main serrée dans la mienne. J'ai tenté un sourire rassurant à son intention, mais en fait je continuais à trembler en moi-même. Je l'avais vraiment échappé belle.

Il fallait trouver l'Institut et foutre le camp d'ici pour retourner dans le désert, là où ils ne nous retrouveraient jamais. Mais pour l'heure, il était tard. Bientôt, on serait de retour au parc où l'on avait prévu de passer la nuit. Dans la rue, des voitures et des taxis roulaient à côté de nous, ignorants du drame qu'ils venaient de rater.

— Donc, il avait cinq ans, fit Fang calmement.

J'acquiesçai d'un hochement de tête

— Conçu en novembre de l'année 2000, le septième de sa fournée. Ils ne font pas long feu, hein ?

Et nous, pour combien de temps en avions-nous ? Tous les six ? Et chacun séparément ?

J'ai inspiré profondément et j'ai regardé autour de moi. Mon regard s'est posé sur un taxi avec une de ces enseignes publicitaires sur le toit. En général, une lumière rouge clignotait et annonçait une publicité pour une chaîne de pizzerias, un fournisseur de services ou un restaurant. Sur celui-là, des mots défilaient sur un panneau lumineux. Ça disait : *Chaque pas est le début d'un grand voyage.*

Ça ressemblait à un *cookie* chinois[1] en forme de taxi. Chaque voyage, chaque pas. J'ai cligné des yeux.

Je me suis arrêtée sur place et j'ai baissé les yeux, à

1. Les fameux *fortune cookies* (gâteaux porte-bonheur) qu'on sert dans les restaurants asiatiques à la fin du repas et qui contiennent un petit papier sur lequel est inscrit un message, plus ou moins philosophique.

l'endroit de ce nouveau pas dans l'étrange et de ce long voyage qui était le mien.

C'est là que je l'ai remarqué. Un tout petit arbre rabougri qui poussait au milieu d'un trou sur la chaussée. Une grille métallique empêchait ses racines d'être piétinées. Entre ses barreaux, à peine visible, se trouvait une carte en plastique. Je l'ai ramassée, priant pour qu'elle ne soit pas reliée à un bâton de dynamite fumant.

C'était une carte bleue, du genre de celles qu'on utilise dans les distributeurs de billets, et il y avait *mon nom* dessus : *Maximum Ride*. J'ai tiré Fang par la manche pour lui montrer la carte, incapable de prononcer le moindre mot. Il a très légèrement écarquillé les yeux. Ce qui, chez lui, voulait dire qu'il était très étonné.

Et juste à ce moment-là, voilà[1] que ma bonne vieille Voix s'est manifestée. *Tu peux l'utiliser, à condition que tu trouves le code secret.*

J'ai relevé la tête, mais le mystérieux taxi était parti depuis longtemps.

— Je peux l'utiliser si je trouve le code, ai-je expliqué à Fang.

Il a hoché la tête.

— OK.

J'ai avalé ma salive subitement et j'ai rangé la carte dans ma poche.

— Mais pour le moment, allons au parc, ai-je décidé. À Central Park, là où on sera en sécurité.

1. En français dans le texte.

95

— Comment la Voix fait-elle pour savoir où je suis et ce que je vois ? ai-je glissé discrètement à Fang.

On s'était installés, tous ensemble, dans un énorme chêne, qui avait semblé nous tendre les branches. À plus de dix mètres du sol, on pouvait parler sans que personne nous entende.

À moins que l'arbre ne soit criblé de micros...

Il n'y avait plus rien qui m'étonnait, croyez-moi.

— C'est parce qu'elle est à l'intérieur de toi, a répondu Fang en se calant contre le tronc. Donc elle te suit partout. C'est comme un micro avec lequel tous tes sens seraient sur écoute. Elle sait où tu te trouves et ce que tu fais.

Oh, non ! ai-je pensé, le moral dans les chaussettes

tout à coup. Je n'avais pas réfléchi à ça. Cela signifiait-il que je pouvais dire adieu à mon intimité ?

— Même aux toilettes ?

Le Gasman a écarquillé les yeux, à la fois surpris et amusé. Nudge a réprimé un sourire tandis que je jetais un regard noir à Gazzy. Angel, elle, lissait la robe de Céleste tout en recoiffant sa fourrure synthétique.

J'ai sorti la carte de ma poche pour l'observer. J'avais toujours celle qu'on avait piquée au type en Californie. Je les ai mises côte à côte pour les comparer. La nouvelle paraissait aussi vraie que l'ancienne. J'ai coincé la vieille carte entre deux bouts d'écorce qui formaient une fente profonde. On ne pouvait plus l'utiliser, quoi qu'il en soit.

— Il ne nous reste plus qu'à trouver le code, ai-je marmonné en tournant la carte dans tous les sens.

Super ! Ça ne nous prendrait jamais qu'un petit millier d'années.

J'étais littéralement vannée. J'avais, par-dessus le marché, une super grosse bosse à la tête, là où elle avait buté contre le trottoir. C'est vrai que, dernièrement, je n'avais pas eu assez de problèmes de tête...

Sans dire un mot, j'ai tendu le poing gauche. Fang a placé le sien au-dessus, imité par Iggy et Nudge. Gazzy s'est penché très en avant depuis sa branche et il a réussi à nous toucher du bout des doigts. Angel s'est penchée à son tour, plaçant son poing sur celui de Gazzy et celui de Céleste sur le sien. J'ai entendu Gazzy soupirer. Enfin, je crois que c'était ça. On s'est tous tapé les mains, puis on s'est installés confortablement sur les grosses branches. Angel se trouvait juste au-dessus de moi et ses petits pieds qui pendaient touchaient mon genou. Je l'ai vue qui calait bien Céleste contre l'arbre. Trop mignon...

La fraîcheur de la nuit est tombée sur moi. La dernière chose à laquelle j'ai pensé en m'endormant, c'est que j'étais reconnaissante d'avoir une nouvelle nuit avec le reste de ma famille, rassemblée, saine et sauve.

96

— C'est interdit de monter aux arbres ici, a grondé une petite voix nasillarde mais forte.

J'ai ouvert les yeux instantanément et j'ai vu Fang qui regardait vers moi. On a baissé la tête au même moment.

Une voiture de police noire et blanche était garée juste en dessous avec son gyrophare allumé. C'est vrai qu'à New York, la police n'avait rien de plus important à faire que de poursuivre une bande de gamins en train de dormir dans un arbre.

— Comment ont-ils fait pour savoir qu'on était là ? a chuchoté le Gasman. C'est tout de même un peu bizarre de fouiller les arbres, non ?

Le flic en uniforme – une femme – s'adressait à nous grâce à un haut-parleur.

— Vous avez enfreint la loi. Veuillez descendre immédiatement.

J'ai laissé échapper un grognement. Maintenant on allait devoir descendre maladroitement le long du tronc au lieu de simplement sauter au sol pour se poser avec grâce comme les mutants extra cool que nous étions.

— Bon, écoutez, ai-je lancé. On va tous descendre et on essaie d'avoir l'air normal, OK ? Une fois à terre, on se sauve en courant. Si jamais on se perd, on se retrouve à l'angle de la Cinquante-Quatrième Rue et de la Cinquième Avenue, *capish* ?

Ils ont tous acquiescé d'un hochement de tête. Fang est descendu en premier, suivi d'Iggy qui descendait à tâtons, prenant mille précautions. Hé ben, pour des ados, ils grimpaient plutôt bien aux arbres. Des vrais écureuils.

Le tour d'Angel est venu, puis celui de Nudge et de Gazzy. Je suis passée en dernier.

— Vous n'avez pas vu les panneaux « Il est interdit de monter aux arbres ? » Il y en a partout, a fait un des flics sur un ton pompeux.

On s'est mis à reculer lentement, très lentement, pour que les flics ne s'en aperçoivent pas.

— Vous avez fait une fugue ? a interrogé la femme flic. On peut vous emmener quelque part où vous pourrez téléphoner, appeler vos familles.

Euh... Madame l'Agent, je ne crois pas que ça va être possible...

Une autre voiture de police est arrivée, d'où sont sortis deux policiers. Ensuite, un talkie-walkie a vibré et le premier flic l'a pris dans sa main pour répondre.

— Maintenant ! ai-je fait entre les dents et on s'est

tous dispersés, partant comme des bolides dans la direction opposée.

— Céleste ! a crié Angel.

Quand je me suis retournée, je l'ai vue qui faisait demi-tour pour aller chercher son nounours. Mais deux flics fonçaient au même moment sur lui.

— NON ! ai-je hurlé en la tirant par la main.

Elle s'est presque bagarrée avec moi, rivée sur ses pieds, essayant de détacher mes doigts de son poignet un à un. Je l'ai attrapée et suis partie en courant avec elle dans mes bras avant de la donner à Fang, après l'avoir rattrapé.

D'un rapide coup d'œil en arrière, j'ai aperçu la femme flic qui avait ramassé l'ours et qui nous suivait du regard. Derrière elle, les autres flics remontaient dans leurs voitures. Alors que je tournais à toute allure à un coin, j'ai remarqué un grand flic qui se glissait dans sa voiture. J'ai cligné des yeux, deux fois de suite, pour être sûre. Mon cœur a failli s'arrêter de battre. *C'était Jeb ? Je n'avais pas rêvé, si ?* J'ai secoué la tête et continué à courir pour rattraper les autres.

Angel pleurait.

— Céleste ! Elle tendait les bras vers l'arrière, au-dessus de l'épaule de Fang.

Céleste !

Elle avait l'air d'avoir le cœur brisé. Moi, j'en étais malade de l'avoir forcée à l'abandonner, mais à choisir entre Angel et Céleste, il n'y avait pas à hésiter. Même si elle devait m'en vouloir toute sa vie.

— Je t'en achèterai un autre ! ai-je promis en l'air tout en poussant très fort sur mes jambes pour rester à la hauteur de Fang.

— Je n'en veux pas d'autre ! a gémi Angel.

Elle a mis ses bras autour du cou de Fang et a commencé à pleurer.

— On les a semés ? a interrogé le Gasman qui regardait par-dessus son épaule.

J'ai vérifié. Deux voitures de police, gyrophares et sirènes allumés, se frayaient un chemin dans le flot de la circulation.

— Non !

La tête baissée, j'ai accéléré ma course.

Parfois, j'avais vraiment le sentiment qu'on ne serait jamais libres, jamais en en sécurité nulle part, aussi longtemps qu'on vivrait. Peut-être plus pour longtemps de toute façon.

97

On se dirigeait vers le sud-est, en direction d'une des sorties du parc. L'idée, c'était de se mêler à la foule des trottoirs new-yorkais.

Fang a reposé Angel par terre qui s'est machinalement mise à courir, le visage pâle, couvert de larmes. Je me sentais tellement mal par rapport à cette histoire de nounours... Iggy est venu se coller à moi. Il me frôlait de la main à chaque battement de bras pour voir où j'allais. Il s'en sortait vraiment bien pour ce qui était de nous suivre et de garder la cadence. À tel point que, parfois, on en aurait presque oublié qu'il était aveugle. On a passé la Cinquante-Quatrième Rue, la police toujours à nos trousses.

— Si on rentrait dans un magasin et qu'on ressortait

par la sortie de secours, à l'arrière ? a proposé Fang en s'arrêtant à côté de moi.

J'ai réfléchi un moment. Si seulement on pouvait décoller, laisser derrière nous la terre ferme, la rue, le bruit, la foule, les flics. Ça me démangeait...

— OK, essayons, ai-je consenti. Tournons à gauche sur la Cinquante-et-Unième.

Aussitôt après avoir tourné, on s'est remis à cavaler. Vite, très vite. J'ai failli éclater de rire en m'apercevant qu'on était dans une rue à sens unique, à contre-courant du flot des voitures. Les flics devraient faire un détour.

Si, au moins, on pouvait trouver un refuge avant qu'ils nous rattrapent...

— C'est quoi ça ? a demandé Nudge en pointant du doigt.

J'ai pilé net comme on voit dans les dessins animés. Devant nous s'élevait un immense bâtiment en pierres grises, pointu mais au toit en dentelle, pas comme un gratte-ciel. On aurait dit des cristaux de pierre grise s'effilant vers le ciel comme des stalagmites. Il y avait trois portes en forme d'arche, celle du milieu étant la plus haute.

— C'est un musée ? a fait Gazzy.

J'ai cherché des yeux un écriteau

— Non, lui ai-je répondu. C'est la cathédrale Saint-Patrick.

— Une cathédrale ! (Nudge semblait très excitée.) Je ne suis jamais entrée dans une cathédrale. On peut y aller ?

Je m'apprêtais à lui rappeler qu'on essayait de sauver notre peau et que ce n'était pas le moment de jouer les touristes, quand Fang a lâché, très calme :

— Un sanctuaire.

Et là, je me suis souvenue que dans le passé, il y a des centaines d'années, les églises servaient de havres de paix et que la police n'avait pas le droit d'y entrer. Cette tradition avait probablement disparu aujourd'hui, mais c'était un endroit super grand et bourré de touristes. Une cachette comme une autre, après tout.

98

Un flot ininterrompu de personnes pénétrait par les deux grandioses portes du milieu. On s'est fondus dans la masse en s'efforçant de ne pas se faire remarquer. En entrant dans la cathédrale, la fraîcheur ambiante nous a enveloppés, en même temps qu'une odeur de vieux et d'encens.

Le groupe de touristes s'est scindé en plusieurs. L'un s'apprêtait à suivre la visite guidée, tandis que les autres butinaient çà et là, lisant des plaques, prenant des brochures.

La cathédrale était incroyablement silencieuse pour sa taille qui rivalisait avec celle d'un terrain de foot et au vu du nombre de gens qu'elle abritait.

À l'avant de la nef, certains s'étaient assis ou agenouillés sur des bancs, la tête baissée.

— Avancez, ai-je dit tout doucement. Droit devant.

On marchait tous ensemble, sans parler, sur le sol de marbre, en direction du grand autel blanc. Nudge avait la bouche grande ouverte et le nez en l'air pour admirer les rayons du soleil qui filtraient au travers des vitraux. Le plafond, voûté et sculpté comme dans les palaces, s'élevait sur une hauteur de trois étages.

— C'est trop cool ici, a soufflé le Gasman et je n'ai pu qu'approuver d'un mouvement de tête.

Je me sentais bien ici, en sécurité, malgré le fait que les Erasers ou les flics pouvaient quand même rappliquer d'un instant à l'autre et pénétrer dans la cathédrale comme n'importe quel touriste. L'endroit était immense et bondé, mais on conservait une très bonne visibilité. Pas mal du tout comme cachette. Ouais, même plutôt bien en fait.

— Qu'est-ce qu'ils font ? a voulu savoir Angel en passant auprès des gens dans l'allée.

— Je crois qu'ils prient, ai-je répondu sur le même ton de murmure.

— Si on priait, nous aussi, a lancé Angel.

— Euh...

Mais elle se dirigeait déjà vers un banc inoccupé. Elle a avancé jusqu'au milieu, puis elle s'est baissée pour déplier le petit banc de prière. Je l'ai vue qui observait les autres personnes pour être sûre de faire comme il fallait, avant de s'agenouiller et de poser la tête sur ses mains jointes.

J'aurais parié qu'elle priait pour Céleste.

On s'est glissés sur le banc en file indienne, derrière elle, et l'on s'est mis à genoux nous aussi, tout timides et gauches. Iggy a frôlé Gazzy de la main pour pouvoir imiter sa position.

— On prie pour quoi ? a-t-il demandé timidement.

— Euh... ben ce que vous voulez, ai-je proposé.

— On prie Dieu, hein ? C'est ça ? a interrogé Nudge pour être sûre.

— C'est l'idée, je suppose, ai-je confirmé, n'en sachant rien moi-même.

Mais d'un autre côté, j'étais prise d'une drôle de sensation. L'impression que, si on avait un jour un truc très important à demander, ce serait l'endroit rêvé. Avec le large plafond haut, tout ce marbre et ces images pieuses de gloire, de passion, on avait le sentiment que, si les prières de six gosses sans abri n'étaient pas entendues ici, alors elles ne le seraient nulle part.

— Cher Dieu, a commencé Nudge à mi-voix, je voudrais des vrais parents. Et je voudrais qu'ils aient envie d'avoir une petite fille aussi et qu'ils m'aiment. Moi je les aime déjà. Ça vous ennuierait de voir ce que vous pourriez faire ? Merci beaucoup. Bisous... Ah ! Au fait, moi, c'est Nudge.

Évidemment, on n'était pas franchement experts en la matière.

— S'il vous plaît, ramenez-moi Céleste, a fait Angel d'une toute petite voix, les paupières serrées. Et aidez-moi à grandir pour devenir comme Max. Et protégez-nous tous les six. Et vengez-nous des méchants. Ils n'ont pas le droit de nous faire encore du mal.

Amen, ai-je proclamé en moi-même.

Ça m'a surprise de voir que Fang, comme les autres, avait les paupières closes. Ses lèvres, par contre, restaient immobiles et je n'entendais pas le moindre son. Peut-être bien qu'il se reposait, c'est tout.

— Faites que je voie à nouveau, a fait Iggy. Comme

quand j'étais petit. Et puis je veux pouvoir foutre une raclée à Jeb. Merci.

— Seigneur Dieu, faites que je sois grand et fort pour pouvoir aider Max et les autres, a prié le Gasman tout bas et là, j'ai senti ma gorge se serrer en voyant ses cheveux clairs, coiffés en quatre, ses yeux fermés, sa mine concentrée.

Il n'avait que huit ans mais qui pouvait dire pour combien de temps encore il en avait ?

J'ai avalé un grand coup, papillotant des yeux pour éviter de pleurer. J'ai inspiré, expiré, très fort avant de faire un tour sur moi-même. La cathédrale était parfaitement calme. Pas d'Eraser à l'horizon.

Était-ce bien Jeb, le type que j'avais vu avec les flics ? Était-ce des vrais flics ou bien des crétins « diplômés » de l'École, voire de l'Institut ? Quelle poisse qu'Angel ait laissé tomber Céleste. Merde, pour une fois qu'elle avait un truc auquel s'attacher, il fallait que le destin le lui arrache !

— S'il vous plaît, aidez Angel avec Céleste, me suis-je mise à marmonner.

Au même moment, je me suis rendu compte que j'avais à mon tour fermé les yeux. Je n'avais aucune idée d'à qui je m'adressais. Je ne m'étais jamais vraiment posé la question de savoir si, oui ou non, je croyais en Dieu. Comment aurait-Il pu laisser les blouses blanches nous faire tous ces trucs à l'École ? Comment ça marchait au juste ?

Mais j'étais lancée, alors autant continuer.

— Et faites que je sois un meilleur chef, une meilleure personne. (Je remuais les lèvres en silence.) Faites que je sois plus courageuse, plus forte, plus intelligente. Aidez-moi à prendre soin de ma famille. Aidez-moi à trouver des réponses. Euh... merci.

Je me suis éclairci la voix.

Je ne pourrais pas dire au juste combien de temps nous sommes restés là, mais, au bout d'un certain temps, j'ai commencé à avoir des fourmis dans les jambes.

Le sentiment d'être enveloppés dans une grande et belle étole nous réconfortait. Un peu comme si une douce brise avait caressé nos plumes.

On aimait bien cette maison. On n'avait aucune envie de la quitter.

99

Je songeais sérieusement à rester cachée là pour dormir. Il y avait des tribunes pour la chorale, en hauteur, et c'était immense. Je me suis tournée vers Fang.

— Tu crois qu'on devrait...

Mais je me suis crispée sous l'effet de la douleur qui venait de surgir dans ma tête. C'était plus supportable qu'avant, cependant, j'ai tout de même fermé les yeux et je me suis tue pendant une minute.

Le défilé d'images a débuté, façon projection cinématographique cérébrale. Il y avait des dessins architecturaux et des plans de ce qui ressemblait à des lignes de métro. Je distinguais également des doubles hélices d'ADN qui tournaient sur elles-mêmes et sur lesquelles venaient se superposer des coupures de journaux illisibles, toutes passées, des morceaux de musique saccadés, des cartes postales en couleur de New York. L'image d'un immeuble en particulier, grand et tirant sur le vert, est restée quelques secondes. J'ai pu voir son adresse : Trente-et-Unième Rue. Finalement, une série de nombres a défilé devant, ou plutôt derrière, mes yeux. Bon sang ! Qu'est-ce que tout cela pouvait bien vouloir dire ?

J'ai inspiré plusieurs fois de suite. La douleur, je le sentais, s'en allait peu à peu. J'ai rouvert les yeux sur la pénombre de l'église et sur cinq têtes qui me dévisageaient, inquiètes.

— Tu peux marcher ? a interrogé Fang, un rien brusque.

J'ai fait signe que oui.

On a emboîté le pas à un groupe de touristes japonais pour sortir par les grandes portes de devant. Dehors, j'ai mis mes mains en visière pour me protéger de la lumière aveuglante. À mon mal de tête se mêlait la nausée.

Une fois qu'on a eu émergé de la foule, j'ai marqué une pause et j'ai raconté aux autres :

— J'ai vu la Trente-et-Unième Rue dans ma tête et des chiffres aussi...

— Ce qui signifie..., a fait Iggy.

— Je n'en sais rien, ai-je admis. Peut-être que l'Institut est sur la Trente-et-Unième Rue ?

— Ce serait cool, a répondu Fang. De quel côté, est ou ouest ?

— Aucune idée.

— As-tu vu autre chose ? a-t-il demandé patiemment.

— Oui, les chiffres et un grand immeuble dans les tons verts.

— On n'a qu'à descendre toute la Trente-et-Unième Rue, a proposé Nudge. Et on verra si on passe devant ton immeuble. Il doit y avoir une raison si tu l'as vu, non ? À moins que tu aies vu tout plein d'immeubles ou même toute la ville ?

— Non, il n'y avait que cet immeuble.

Nudge a écarquillé les yeux. Angel, elle, arborait un air grave. On passait tous par les mêmes phases : tantôt excités, nerveux, impatients mais également fatigués d'avoir peur, d'être toujours menacés. D'un côté, il se pouvait très bien que l'Institut soit la clé, la réponse à nos éternelles questions sur notre histoire, notre passé, nos parents. Si ça se trouvait, on découvrirait même qui était le mystérieux directeur dont parlaient les blouses blanches. De l'autre, on avait la sensation de se jeter dans la gueule du loup en sonnant à la porte de l'École. Un peu comme si on s'était livrés au Diable de notre propre gré. Et entre ces deux sentiments opposés, nous étions tiraillés.

Si tu n'essaies pas pour voir, tu ne le sauras jamais, est intervenue ma Voix.

100

— Bon, on a de l'argent, j'espère. Dis ? a lancé le Gasman alors que nous passions devant un marchand de hot dogs.

— Ça se pourrait, ai-je répondu en sortant la carte bleue de ma poche. Qu'est-ce que tu en penses, Fang ? On essaie ?

— Ben, on a besoin d'argent, c'est sûr. Mais ça se peut que ce soit un piège, une façon pour eux de nous repérer.

— Ouais, je sais. J'ai plissé le front.

N'aie pas peur, Max. Tu peux y aller, a fait ma Voix. *Il faut juste que tu trouves le code secret.*

Merci, la Voix, ai-je songé aigrement. Des chances pour que tu me donnes simplement le code ? Bien sûr que non. Dieu nous garde d'avoir la tâche facile, hein ?

Mais il nous fallait de l'argent. On pouvait essayer de faire la manche, mais on aurait sûrement la visite des flics illico. Le coup de la fugue et tout et tout. Même chose pour ce qui était de se trouver un boulot : impossible. Voler dans un magasin ? C'était notre dernier recours, mais on n'en était pas encore là.

On pouvait utiliser cette carte bleue dans n'importe quel distributeur et j'en ai donc choisi un au hasard. Une boule dans le ventre, j'ai introduit la carte et j'ai tapé « maxride ».

Des clous !

Après, j'ai essayé avec nos âges : 14, 11, 8, 6.

Erreur.

J'ai tenté de taper simplement « mot de passe ».

Toujours pas ça. L'écran est devenu tout noir, à part un message qui disait de contacter le service clientèle.

On s'est remis en marche. D'une certaine façon, on avait ralenti délibérément pour avoir le temps de se donner du courage pour l'Institut. En tout cas, c'était ce que Doc' Psycho pensait au fond de moi.

— Essaie la première lettre de nos prénoms, a suggéré le Gasman.

— C'est peut-être un truc du genre « filemoidestunes », a lâché Nudge.

— Je ne crois pas que ce soit si long que ça, ai-je fait après un sourire.

Angel marchait à mes côtés, la tête baissée, traînant ses petits pieds.

Avec de l'argent, je pourrais lui racheter son nounours.

Au coin de rue suivant, je me suis arrêtée à un autre

distributeur et j'ai essayé – MFINGA », l'initiale de chacun de nos prénoms. Non, toujours pas ça.

J'ai essayé avec « École » et puis avec « Maximum ».

Même chose qu'avant : la machine disait de contacter le service clientèle.

Un peu plus tard, j'ai tapé « Fang », puis « Iggy » et « Gasman ».

La fois d'après, j'ai entré le mot de passe « Nudge » et ensuite « Angel ». J'ai fini par taper la date du jour pour rigoler.

Décidément, ils tenaient vraiment à ce que j'appelle le service clientèle.

Je sais à quoi vous pensez : nos dates de naissance et numéros de Sécurité sociale.

Non, je n'avais pas essayé pour la bonne et simple raison qu'aucun d'entre nous ne connaissait sa véritable date de naissance. On avait choisi un jour au hasard pour fêter notre anniversaire, c'est tout. Quant à la Sécurité sociale, les tarés de « l'École » avaient négligé, pour une raison qui m'échappe, de nous y inscrire. Du coup, il était hors de question d'envisager prendre notre retraite dans un futur proche.

J'ai marqué une pause devant le distributeur de billets suivant, secouant la tête en signe de frustration.

— Je ne sais plus quoi faire, ai-je admis pour la deuxième fois peut-être de ma vie.

Angel a levé ses yeux d'un bleu triste vers moi.

— T'as qu'à essayer « maman » ?

Avec sa basket, elle repassait sur le tracé d'une fissure dans le sol.

— Qu'est-ce qui te fait penser à ça ? ai-je interrogé, étonnée.

Elle a haussé les épaules avant de faire un mouvement

de bras machinal, comme pour serrer Céleste contre elle. Elle a laissé retomber son bras vide, la mine triste.

J'ai échangé un regard avec Fang, puis j'ai introduit la carte et tapé sur les touches en épelant « maman ».

QUELLE TRANSACTION SOUHAITEZ-VOUS EFFECTUER ? est apparu sur l'écran.

Sans voix, j'ai retiré deux cents dollars et j'ai glissé la carte dans ma poche à fermeture Éclair.

— Comment t'as fait pour trouver ? a demandé Fang à Angel.

Il parlait d'une voix neutre mais, à sa démarche, on voyait qu'il était tendu.

Une nouvelle fois, Angel a répondu d'un haussement d'épaules, le dos courbé. Même ses cheveux bouclaient de façon triste et molle. Finalement, elle a ajouté :

— Comme ça.

— Sous la forme d'une voix ? ai-je interrogé, curieuse à l'idée que *ma* Voix, peut-être, puisse sauter de tête en tête.

Elle a fait signe que non.

— J'avais ce mot-là dans la tête. Je ne sais pas pourquoi.

J'ai à nouveau regardé Fang. Il m'a rendu mon regard mais ni l'un ni l'autre n'avons ouvert la bouche. J'aurais donné cher pour savoir ce qui lui passait par la tête. Pour ma part, je pensais sans arrêt aux quelques jours qu'Angel avait passés à l'École avant qu'on vienne la chercher. Comment savoir ce qui s'était passé à ce moment-là ? Quels genres d'expériences immondes lui avaient-ils fait subir ? Peut-être qu'ils lui avaient introduit une puce à elle aussi.

Ou pire.

101

Quelques rues plus loin, on a tourné à gauche en direction de l'*East River*. Je sentais la tension monter en moi. Et ma respiration était devenue haletante. Chaque pas nous rapprochait de l'endroit où se trouvait peut-être l'Institut, avec tous les secrets qu'il renfermait, toutes les réponses qu'on s'attendait à y trouver.

Mais si vous voulez tout savoir, je n'étais plus trop sûre de vouloir de réponses à mes questions. Et si ma mère m'avait donnée de son plein gré, comme celle d'Angel et du Gasman ? Ça se trouve, mes parents étaient horribles, méchants. Ou alors ils étaient super géniaux et n'auraient rien à faire d'une fille de quatorze ans avec des ailes de quatre mètres de large dans le dos. Tout compte fait, c'était presque plus facile de ne pas savoir.

Pourtant, on continuait à marcher et à examiner

chaque bâtiment sur notre passage. Je ne sais pas combien de fois les autres m'ont regardée, mais la réponse était toujours la même : un hochement de tête qui voulait dire « Non, pas ici ». À chaque pas, le long des interminables rues qu'on parcourait, je me crispais un peu plus. Exactement comme les autres.

— Je me demande à quoi il ressemble, l'Institut, a fait Nudge, sur un ton de nervosité apparente. Je suppose que c'est comme à l'École. Est-ce qu'il faudra qu'on entre de force ? Comment font-ils pour cacher les Erasers à l'abri des gens normaux ? Qu'est-ce que vous croyez qu'ils ont comme dossiers sur nous ? D'après vous, il y a les noms de nos parents là-dedans ?

— Nom de Dieu, Nudge. Tu nous casses les oreilles ! a sorti Iggy avec son tact habituel.

Lorsque son doux visage s'est assombri, j'ai rapidement passé un bras autour de ses épaules.

— Je comprends que tu te fasses de la bile, lui ai-je dit gentiment. Je suis pareille, tu sais.

Elle m'a décoché un petit sourire. Au même moment, je l'ai reconnu : 433, Trente-et-Unième Rue Est.

C'était l'immeuble dont j'avais vu le dessin dans ma tête.

Vous ne trouvez pas que c'est une phrase *bizarre* ? Relisez-la une fois pour voir.

Le bâtiment était haut – quarante-cinq étages environ – et la couleur verdâtre de sa façade lui donnait un aspect rétro.

— On y est ? a interrogé Iggy.

— Ouais. Vous êtes prêts ?

— Oui, capitaine ! a répondu fermement Iggy, avec un salut militaire.

J'aurais tellement voulu qu'il puisse me voir lever les yeux au ciel.

On a grimpé les marches pour franchir la porte à tambour de l'entrée. À l'intérieur, le lobby n'était que bois, cuivres et grandes plantes tropicales. Le sol était composé de dalles de granite poli.

— Ici, a lancé Fang à voix basse, un doigt pointé vers le tableau d'affichage sous verre qui répertoriait tous les bureaux et les entreprises de l'immeuble, ainsi que leur étage et leur numéro d'appartement.

Aucune trace de l'Institut des sciences de la vie. Aucune trace d'un Institut du tout d'ailleurs.

Naturellement, ç'aurait été trop facile, pas vrai ?

J'ai massé mon front, me retenant de prononcer les mots amers qui auraient trahi ma déception. Mais au fond de moi, mes envies se résumaient à : 1. pleurer, 2. hurler, 3. trépigner. Ah oui, et 4. prendre une douche chaude dans laquelle je continuerais à pleurer.

Au lieu de ça, j'ai pris une grande inspiration et j'ai tenté de réfléchir. J'ai regardé partout autour, à la recherche d'un autre panneau d'affichage, mais il n'y en avait qu'un.

À la réception, une femme se tenait assise derrière un ordinateur portable. De l'autre côté du lobby, un employé de la sécurité lui faisait face.

— Excusez-moi, ai-je commencé poliment. Y a-t-il d'autres sociétés ici que celles qui sont dans le répertoire ?

— Non.

La réceptionniste nous a toisés de haut en bas, puis elle s'est remise à taper quelque chose de terriblement urgent... Vraisemblablement sa lettre de motivation pour un nouveau boulot. Juste comme on faisait demi-tour, la réceptionniste a laissé échapper un petit cri de surprise. En jetant un œil dans mon dos, j'ai vu que l'écran de son ordinateur s'était éteint. Le creux dans mon estomac commençait vraiment à faire mal.

Tout d'un coup, des lettres rouges ont défilé sur l'écran de la fille : *Il y a un pot rempli d'or au pied de chaque arc-en-ciel.* La taille des lettres a rapetissé, mais la phrase a continué à défiler, encore et encore, partout sur l'écran.

Un pot d'or au pied de chaque arc-en-ciel... À croire que c'était des lutins[1] qui travaillaient ici... Bientôt, on allait voir Judy Garland[2] apparaître et pousser la chansonnette. Était-ce trop demander que d'avoir des infos claires ? Évidemment, puisqu'il s'agissait d'un puzzle, un test. J'ai grincé des dents. Un pot rempli d'or... Humm.

— Il y a un sous-sol dans ce bâtiment ? ai-je interrogé.

La réceptionniste a froncé les sourcils avant de nous dévisager des pieds à la tête, avec un regard plus noir encore cette fois.

— Qui êtes-vous ? a-t-elle fait. Qu'est-ce que vous voulez ?

Elle a haussé le menton pour faire signe au type de la sécurité. Était-ce des Erasers ? Pas impossible. Cet immeuble était peut-être plein d'ignobles hommes-loups.

— Laissez tomber, j'ai finalement marmonné tout en poussant les autres dans le tambour.

---

1. Référence au folklore irlandais dans lequel les lutins cachent des pots d'or au pied des arcs-en-ciel.

2. Actrice et chanteuse américaine (1922-1969) qui incarna en 1939 le rôle de Dorothée dans *Le Magicien d'Oz* et dont la chanson *Over the Rainbow* (littéralement, *Par-dessus l'arc en ciel*) est devenue un classique.

On avait déjà le gardien aux fesses, alors une fois qu'on a tous été sortis, j'ai bloqué la porte avec un stylo. Le mec, coincé dans l'un des compartiments du tambour, s'est aussitôt jeté contre la vitre de tout son poids.

Une fois au bas des marches, on a pris nos jambes à notre cou.

102

Mes poumons me brûlaient. Vous voyez ce que ça fait ? À six rues de là, on a ralenti et on a recommencé à marcher. Visiblement, on n'était pas suivis. Pas de voitures de police en vue et aucune trace d'Eraser non plus. Dans mon crâne, ça faisait boum-boum, comme un marteau-piqueur. Je jonglais. Je n'aurais pas refusé un temps mort. *Pouce ! Laissez-moi souffler !*

Sans crier gare, le Gasman a fait volte-face et flanqué son poing dans une boîte à lettres.

— J'en ai marre ! a-t-il hurlé. Ça va jamais comme on veut. On n'a que des problèmes ! Le cerveau de Max est foutu, Angel a perdu Céleste et on crève tous de faim. J'en ai marre de tout ça. J'en ai marre !!!

Stupéfaite, j'ai refermé ma mâchoire pendante et me suis approchée de lui. Mais quand j'ai mis ma main sur son épaule, il l'a repoussée. Les autres ont fait un cercle autour de nous. Ça ne ressemblait tellement pas à Gazzy de craquer comme ça, lui qui ne se plaignait jamais.

Merde de merde de merde.

Ils me regardaient tous les quatre, comme s'ils attendaient que je dise au Gasman de se contrôler, de ne pas flancher.

Mais j'ai mis mes bras autour de lui, posé ma tête sur la sienne et je l'ai serré fort. Puis, j'ai lissé ses cheveux clairs. Je pouvais sentir son petit dos trembler.

— Je suis sincèrement désolée, Gazzy, ai-je fait tout bas. Tu as raison. Il y en a vraiment assez de tout ça. Je sais que c'est hyper dur parfois. Dis-moi ce qui te remonterait le moral, tout de suite maintenant ?

Je jure que s'il avait dit « prendre une chambre d'hôtel au Ritz[1] » à ce moment-là, je l'aurais fait.

Il a reniflé et s'est redressé un peu avant d'essuyer son visage dans sa manche sale. En voyant ça, j'ai décidé que je nous achèterais des nouveaux vêtements sans tarder. Parce que Madame Carte Bleue, c'était moi à présent.

— Tu es sérieuse ? a-t-il demandé de sa petite voix fluette, jeunette.

— Tout à fait.

— Alors, ce que je voudrais... euh... c'est qu'on s'assoie quelque part et qu'on mange plein de trucs. Pas simplement manger en marchant. Je veux m'asseoir et me reposer et manger.

Je l'ai fixé, l'air grave.

— Je crois que ça peut s'arranger.

---

1. Chaîne d'hôtels de luxe de renommée mondiale, fondée par César Ritz en 1898.

103

On a fini par retourner près de Central Park, à la recherche d'un endroit où se restaurer. On aurait bien aimé dîner sur la Cinquante-Septième, dans un petit resto qu'on avait repéré, mais il y avait une demi-heure d'attente. En quittant la rue pour pénétrer à l'intérieur du parc, on a aperçu un restaurant. Des millions de petites lumières bleues illuminaient les chênes tout autour. Un écriteau en forme de flèche indiquait : Parking pour *La Taverne du jardin*[1]. Planté au beau milieu des arbres, un grand bâtiment plein de baies vitrées offrait une superbe vue sur le parc.

— Ça a l'air génial, a lâché Gazzy, surexcité.

Mais c'était le dernier endroit au monde où j'avais

1. Comme pour FAO Schwarz, Patterson joue ici avec un autre incontournable new-yorkais, le célèbre restaurant *The Tavern on the Green* de Central Park, qui a notamment servi de décor à de nombreux films.

envie de manger. Bien trop grand, trop voyant, trop cher et sûrement bondé d'adultes bien trop branchés pour nous. On allait faire tache là-dedans.

Pourtant, c'était là que le Gasman voulait manger. Et je lui avais promis à peu près tout ce qu'il voulait.

— Euh... d'accord, ai-je dit en dépit des bouffées d'angoisse que je sentais monter en moi.

Fang a ouvert la lourde porte en verre et l'on s'est engouffrés dans le hall d'entrée.

— Ouah, s'est extasiée Nudge, les yeux exorbités.

Depuis le hall, on apercevait trois salles à manger différentes. La Salle des Cristaux scintillait de mille feux avec ses chandeliers, ses candélabres et ses fenêtres à facettes. La salle numéro deux, Salle du Jardin, avait tout d'une forêt tropicale luxuriante et sauvage, aux détails près des tables, des chaises et des serveurs. La troisième et dernière salle, celle des Châtelains, était réservée à ceux qui voulaient jouer les spécimens royaux en bouffant. Les trois salles étaient très hautes de plafonds, lesquels avaient été rehaussés de chevrons. Dans la Salle des Châtelains trônait une cheminée, tellement grande qu'on aurait pu y faire griller un bœuf entier.

J'étais soulagée de voir qu'on n'était pas les seuls enfants... même si nous étions les seuls non accompagnés.

— Puis-je vous aider ? (Une grande femme blonde, belle comme un mannequin, nous a jeté un coup d'œil avant de regarder plus loin qui nous accompagnait.) Vous attendez vos parents ?

— Non, ai-je répondu. Il n'y a que nous. (J'ai laissé échapper un sourire.) Est-ce qu'on peut avoir une table pour six, s'il vous plaît ? C'est moi qui régale. Avec l'argent de mon anniversaire.

Nouveau mensonge. Nouveau sourire.

— Euh... très bien, a conclu l'hôtesse d'accueil.

Elle nous a conduits à une table de la Salle des Châtelains, tout au fond, près des cuisines. En cas de besoin, ces dernières feraient une bonne sortie de secours, donc je n'ai pas pinaillé.

Elle nous a distribué de grands menus, très chics, tandis que l'on grimpait sur nos chaises.

— C'est Jason qui va s'occuper de vous, a-t-elle annoncé avant de nous lancer un dernier regard incertain.

— Max, c'est troooooooooooooop top, s'est exclamée Nudge avec excitation, cramponnée à son gigantesque menu. C'est la première fois qu'on mange dans un endroit aussi beau.

Compte tenu du nombre de fois où nous avions fait les poubelles pour trouver à manger, c'était un euphémisme.

Fang, Iggy et moi étions au plus mal dans nos baskets. Nudge, Gazzy et Angel ne s'étaient jamais mieux portés, eux.

En fait, j'aurais peut-être pu apprécier la Salle des Châtelains sans la foule, l'impression qu'on se faisait remarquer, les adultes, ma paranoïa et la perspective de dépenser beaucoup d'argent.

Mais retour à la carte. J'ai éprouvé un soulagement en constatant qu'ils avaient un menu enfant.

— Vous attendez vos parents ?

Un petit serveur trapu, les cheveux roux lissés en arrière – Jason de son prénom – se tenait debout, aux côtés d'Iggy.

— Non, il n'y a que nous, ai-je répété.

Après un léger froncement de sourcils, il nous a jaugés d'un coup d'œil.

— Ah. Avez-vous fait votre choix ?

— Vous savez ce que vous voulez manger ? leur ai-je fait à tous les cinq.

Le Gasman a levé les yeux.

— Il y a combien d'escalopes de poulet dans une portion ?

Jason semblait froissé.

— Je pense qu'il y en a quatre.

— Je ferais mieux d'en prendre deux alors, a conclu le Gasman. Je vais prendre la salade de fruits et deux verres de lait aussi.

— Deux plats de poulet pour vous seul ?

Le Gasman a fait signe que oui à Jason.

— Avec des frites. Pour commencer.

— Je voudrais un milk-shake au caramel, a lancé Angel.

— D'abord, tu prends des aliments solides, Angel, ai-je exigé. Il faut manger correctement pour reprendre des forces.

— D'accord, a dit Angel de façon aimable, et, après un battement de paupière, elle a levé la tête vers Jason. On le fait pas exprès. On a faim, c'est tout.

Jason a tressailli de surprise et il a rougi. À présent, il se balançait d'un pied sur l'autre.

Angel examinait le menu.

— Je voudrais ce truc-là, la côte de bœuf. Et tout ce qui va avec. Et un coca. Et une limonade.

— La côte de bœuf pèse cinq cents grammes. Ça fait un demi-kilo de viande, a tenu à préciser notre serveur.

— Han, han, a laissé échapper Angel, l'air de se demander où il voulait en venir.

— Elle s'en sortira. C'est une grosse mangeuse, ai-je expliqué. Nudge ? Qu'est-ce que tu veux ?

— Les lasagnes *primavera*, a-t-elle déclaré. Et je crois que je vais en prendre deux. C'est servi avec une salade et du pain, hein ? Oh ! Et je voudrais du lait. C'est d'accord ?

Elle me regardait et j'ai donc fait oui de la tête.

Jason était planté là... Il devait croire qu'on le faisait marcher.

— Des lasagnes. Deux fois ?

— Vous devriez peut-être prendre des notes, ai-je suggéré. (J'ai attendu qu'il ait fini de prendre leur commande par écrit et j'ai dit :) Je vais commencer par le cocktail de crevettes, puis le filet mignon à l'érable avec le chou, les pommes de terre et tout et tout. La salade maison avec la vinaigrette au bleu. Et une limonade et un thé glacé.

Jason, docile, prenait tout en notes, mais à sa tête, c'était comme si on lui infligeait la pire des tortures.

— La bisque de homard, a commandé Fang. Ensuite, la côte de bœuf et une grande bouteille d'eau.

— Les spaghettis avec les boulettes de viande, a fait Iggy.

— Ça fait partie du menu enfants, a tiqué notre serveur nerveusement. C'est réservé à notre jeune clientèle de moins de douze ans exclusivement.

Iggy donnait l'impression d'en avoir assez.

— Qu'est-ce que tu penses du carré d'agneau ? me suis-je empressée de proposer. C'est servi avec des pommes de terre, des épinards et une sauce au vin et au romarin.

— OK, ça va, a accepté Iggy, irrité. Je voudrais deux verres de lait et du pain en plus.

Jason a baissé son calepin pour nous observer.

— Ça fait beaucoup de nourriture rien que pour vous six. Vous ne croyez pas que vous avez commandé trop de plats ?

— Je comprends votre inquiétude, ai-je pris la parole, à bout de nerfs ou presque. Mais ça ira. Contentez-vous de nous servir, s'il vous plaît.

— Il faudra que vous payiez pour tout ce que vous avez commandé, que vous le mangiez ou pas.

— Ouais, on est au courant. En général, c'est comme ça que ça se passe dans n'importe quel restaurant, ai-je dit lentement, avec une patience forcée.

— Ça va vous faire une sacrée addition, a-t-il insisté.

Ce n'était pas très prudent, ça, mon vieux.

— On a pigé, ai-je sorti dans un effort vain de rester calme. On sait compter, vous savez. On vous demande juste de nous apporter ce qu'on a commandé. Merci.

Jason m'a considérée froidement puis il s'est dirigé, raide comme un piquet, vers les cuisines.

— J'adore cet endroit, a lâché Fang d'un ton pince-sans-rire.

— Est-ce qu'on a commandé trop de choses ? a interrogé Angel.

— Non, l'ai-je rassurée. Il n'y a aucun problème. C'est juste qu'ils ne doivent pas être habitués aux gros mangeurs.

Une subalterne nous a apporté deux corbeilles de pain et de petites bouteilles d'huile d'olive. Même elle semblait sceptique.

J'ai serré la nappe blanche entre mes mains et après ça, tout est allé de mal en pire.

104

— Bonjour.

Un homme en costume-cravate s'était matérialisé au niveau de mon coude, Jason à ses côtés.

— Bonjour, ai-je répondu avec méfiance.

— Je suis le gérant. Puis-je vous aider ?

Était-ce une question piège ?

— Eh bien, je ne crois pas. À moins que vous soyez en rupture d'un plat en particulier qu'on a commandé.

— À ce propos, a fait le gérant, il semblerait que vous ayez commandé une quantité inhabituelle de plats. Nous ne voudrions surtout pas que vous gaspilliez ou que vous trouviez l'addition exorbitante parce que vous avez eu les yeux plus gros que le ventre.

Il a laissé échapper un petit rire fabriqué.

— Oh, vous êtes trop gentil, ai-je répliqué, sur le

point de craquer. Mais on a vraiment très faim. Je serais d'avis que vous nous apportiez ce qu'on a commandé et c'est tout, vous voyez ?

Mais ça ne s'est pas franchement passé aussi bien que vous pourriez l'imaginer.

Le gérant a pris un air faussement patient.

— Peut-être seriez-vous plus à votre place dans un autre établissement. Broadway[1] est à deux pas d'ici.

Je n'arrivais pas à y croire.

— C'est pas vrai ? ai-je sorti en faisant la bébête, pour le coup hors de moi. Mais on est *là* et on a *faim* ! J'ai de quoi payer et ce n'est pas l'appétit qui nous manque ; alors, est-ce que vous allez nous servir maintenant, oui ou non ?

On aurait dit que le gérant venait de mordre dans un citron.

— Eh bien, je ne crois pas, non, a-t-il lancé en faisant signe au malabar qui gardait la porte d'entrée.

Super, il ne manquait plus que ça. Je me suis frotté le front.

— C'est complètement débile, a lâché Iggy en colère. Cassons-nous ! Gazzy, on trouvera un resto qui n'est pas tenu par des nazis, OK ?

— D'accord, a consenti Gazzy, à moitié sûr de lui.

Angel a levé les yeux vers le gérant.

— Jason trouve que les airs que vous vous donnez, c'est du chiqué. Et ça veut dire quoi himbo[2] ?

Le garçon a manqué de s'étouffer et il a piqué un fard. Le gérant s'est tourné et lui a jeté un regard furieux.

— Puisque c'est comme ça, ai-je sorti, debout, en

---

1. Grande artère new-yorkaise, connue pour ses spectacles de comédies musicales et sur laquelle on peut manger pour pas cher dans des chaînes.
2. Version masculine de la bimbo, jolie mais pas futée.

flanquant ma serviette par terre, on s'en va. Votre bouffe est probablement pourrie de toute façon.

C'est à ce moment-là que les flics ont débarqué.

Qui avait bien pu les appeler ?

Était-ce des vrais flics ?

Toujours est-il que je n'avais pas l'intention de prendre le temps de leur poser la question.

105

La sortie de secours par les cuisines, vous vous souvenez ? Eh bien, ça aurait pu fonctionner si les flics ne s'étaient pas séparés pour passer par-devant et – vous avez deviné – par-derrière, où se trouvaient les cuisines.

Autour de nous, les gens attablés avaient un trou béant à la place de la bouche. C'était probablement le truc le plus excitant de toute la semaine qui leur soit arrivé.

— On décolle, a lâché Fang et j'ai acquiescé à contrecœur.

Nudge et Iggy paraissaient étonnés. Gazzy faisait un petit rictus et Angel arborait son air décidé.

— Très bien, les enfants, a déclaré une femme flic en se faufilant entre les tables. Vous allez venir avec nous au poste et on va téléphoner à vos parents.

Jason m'a regardée de haut. Ça m'a mise dans une rage folle. Est-ce qu'on pourrait nous foutre la paix, rien qu'une fois ? Sans réfléchir, j'ai empoigné d'un coup la bouteille d'huile d'olive et je l'ai vidée sur sa tête. Le liquide vert pâle a dégouliné sur son visage, tout autour de sa bouche en « O ».

Si ça, ça l'avait surpris, ce qui s'est passé par la suite a dû lui foutre un sacré coup.

En un éclair – un truc que seuls les mini mutants ailés comme nous peuvent faire – j'ai bondi sur une chaise, rebondi sur une table et sauté en l'air en ouvrant grand les ailes. Mais je suis dangereusement retombée en direction du sol. Rien ne valait un bon décollage après un sprint. Pourtant, je suis parvenue à remonter vers le plafond grâce à un nouveau battement d'ailes.

Angel m'a rejointe, suivie d'Iggy, du Gasman, de Nudge et de Fang.

Après un coup d'œil en bas, je n'ai pas pu m'empêcher de rire en voyant la tête des gens. « Étonnés » n'est probablement pas le mot qui convient. Disons plutôt abasourdis, interloqués, stupéfaits, complètement flippés.

— Connard ! a hurlé le Gasman en bombardant le gérant de morceaux de pain.

Fang volait en cercles sous le plafond, à la recherche d'une issue. J'ai vu que les flics s'étaient remis du choc et qu'ils se déployaient.

Franchement, entre vous et moi : c'était bidonnant. Oui, c'est vrai qu'on était dans la merde, que c'était la cata même, mais je dois reconnaître que de voir tous ces visages levés vers nous et la tronche que les gens faisaient était le meilleur truc qui nous soit arrivé depuis qu'on était à New York.

— Par ici ! a crié Fang le doigt pointé vers une lucarne en vitrail.

— Allons-y ! ai-je hurlé à mon tour alors que je remarquais tout juste les flashs des appareils photo braqués sur nous. Oh-oooooooh, mauvaise nouvelle. Fallait vraiment filer.

Fang a rentré la tête dans les épaules et il a mis ses bras autour pour se protéger. Ensuite, il a foncé droit sur la fenêtre. Elle a explosé dans un arc-en-ciel d'éclats de verre.

Iggy, situé juste derrière Nudge, frôlait sa cheville des doigts en guise de repère. Ensemble, ils sont passés après Fang, une fois leurs ailes repliées.

— À ton tour, Angel ! ai-je ordonné et elle est passée elle aussi avec ses petites ailes blanches, pareilles à celles de Céleste.

— Gazzy ! Dépêche !

Je l'ai aperçu qui faisait un dernier piqué pour attraper un dessert laissé à l'abandon sur une table. Il a enfourné un éclair entier dans sa bouche et il a hoché la tête en se dirigeant vers la lucarne. Comme d'hab', c'est moi qui suis sortie en dernier. La seconde d'après, je profitais du plein air pour me dégourdir les ailes et respirer à pleins poumons. Je savais qu'on venait de faire une grossière erreur et qu'on allait le payer cher.

Mais vous savez quoi ? Ça en valait presque la peine.

Vous auriez dû voir leurs tronches...

106

— Direction les arbres, ai-je lâché à l'intention de Fang et il a approuvé d'un signe de tête.

D'emblée, il a dessiné un grand cercle dans le ciel pour prendre la direction du nord. Le temps était brumeux, mais nous n'étions pas encore assez haut pour être hors de vue. Je priais pour que personne ne regarde en l'air. *Ouais, l'espoir fait vivre !*

On s'est posés sur les branches d'un petit érable, le souffle court.

— On s'en est plutôt bien tirés, a sorti Fang tout en enlevant la poussière de verre de ses épaules.

— Tout ça, c'est ma faute, a dit le Gasman, du chocolat sur le visage. C'est moi qui voulais qu'on aille là-bas.

— C'est leur faute, Gazzy, ai-je corrigé. Et je parie

que ce n'était même pas des vrais flics. Ils avaient un petit air familier.

— À quoi tu pensais quand tu as renversé l'huile d'olive sur le serveur, dis ? m'a sermonnée Fang.

J'ai pris une mine boudeuse.

— Moi, j'ai toujours..., a commencé Nudge mais elle n'a pas terminé sa phase.

Je suppose qu'elle allait dire « faim », mais qu'elle s'est aperçue que ce n'était pas franchement le moment.

Même si c'était vrai qu'on avait tous encore très faim et qu'il fallait absolument qu'on mange quelque chose. Une fois l'adrénaline retombée, j'irais chercher une épicerie ou l'équivalent.

— Il y avait des gens qui prenaient des photos, a rappelé Iggy.

— Ouais, ai-je dit toute penaude. Dans la série « catas », je voudrais le numéro un.

— *Et c'est pas fini*, a lancé une voix mielleuse.

J'ai sauté sur mes pieds, me suis agrippée à une branche et j'ai regardé vers le sol.

Notre arbre était cerné par les Erasers.

Malgré moi, j'ai jeté un regard affligé à Iggy. Généralement, c'était lui qui donnait l'alarme avant tout le monde. S'il n'avait pas entendu ceux-là arriver, ça signifiait qu'ils étaient apparus comme par enchantement.

L'un d'eux a fait un pas en avant. J'ai retenu mon souffle en le reconnaissant. C'était Ari.

— Mais t'es un vrai pot de colle, ma parole.

— Tu m'ôtes les mots de la bouche, a-t-il rétorqué avec un sourire féroce.

— Je me souviens de l'époque où tu avais trois ans, ai-je repris sur le ton de la conversation. Tu étais tellement mignon… avant que tu grandisses et que tu te transformes en loup.

— Comme si tu t'étais jamais intéressée à moi, a-t-il fait. (Ça m'étonnait, cette pointe d'amertume qu'il avait dans la voix.) Moi aussi, j'étais enfermé, comme toi, et tu m'as tourné le dos.

Les bras m'en sont tombés.

— Mais tu étais normal et tu avais un père. Jeb.

— Ouais, le fils de Jeb, a-t-il grondé. Pour ce qu'il faisait attention à moi. Qu'est-ce que tu crois que j'ai fait pendant que toi, tu jouais au papa et à la maman avec *mon* père ? Que je me suis volatilisé ?

— On dirait qu'il a toujours une dent contre toi, a lâché Fang à mi-voix.

— Ari, je n'avais que dix ans, ai-je dit lentement. Est-ce que c'est pour ça que tu nous cours après comme ça ? C'est la raison pour laquelle tu veux nous tuer ?

— Évidemment que non. (Ari a craché par terre.) C'est mon boulot, d'être à vos trousses. L'histoire ancienne, ça rend juste le tout plus marrant.

Il a souri d'un air suffisant.

Je lui ai fait un doigt.

Il avait entamé sa métamorphose et, quand il a souri, son museau a paru se séparer en deux, comme celui d'un chien. Il a sorti un truc de derrière son dos. Un petit truc avec une fourrure brune et deux ailes…

— Céleste ! s'est écriée Angel tandis qu'elle descendait déjà.

— Angel, NON ! ai-je crié, relayée par Fang :

— Ne bouge pas !

Mais mon bébé a sauté et elle a atterri délicatement sur le sol, à moins de deux mètres d'Ari.

Les autres Erasers ont bondi vers elle, mais Ari a

brusquement levé la main pour leur dire de ne pas avancer. Ils se sont donc arrêtés, mais sont restés prêts à bondir, leurs yeux froids de loup braqués sur Angel.

Ari a agité Céleste comme pour taquiner Angel et elle s'est avancée.

J'ai foncé à terre, un concentré de stress coulant dans mes veines. Cette fois encore, les Erasers ont fait un brusque mouvement vers l'avant et Ari les a retenus.

— Si tu la touches, je te tue, l'ai-je menacé, les poings serrés.

Ari a souri d'un air narquois. Les derniers rayons du soleil faisaient luire ses cheveux noirs, bouclés. Il a secoué Céleste une nouvelle fois. Angel, juste à côté de moi, a frissonné.

— Rends-moi mon ours.

Elle parlait d'une petite voix très profonde.

Ari s'est mis à rigoler.

Angel a juste eu le temps de faire un pas de souris, avant que je la rattrape par le colback.

— Rends. Moi. Mon. Ours.

Cette fois, Angel avait une drôle de voix. Comme si ce n'était pas la sienne. Elle fixait Ari droit dans les yeux. Il a perdu son sourire, remplacé par une expression de confusion. Je me suis souvenue de la façon dont Angel avait influencé cette femme pour qu'elle lui achète Céleste.

— Tu es..., a entamé Ari avant de s'étrangler et de se mettre à tousser, la main sur la gorge. Tu...

— Lâche cet ours tout de suite, a fait Angel, dure comme la pierre.

Malgré lui, Ari a ouvert sa main puissante et couverte de griffes, et Céleste est tombée par terre.

J'ai à peine eu le temps de suivre Angel au moment

où elle s'emparait de Céleste pour rejoindre l'arbre dans un bond.

J'ai cligné des yeux. Je me demandais si j'avais l'air aussi surpris qu'Ari.

Le temps – quelques secondes – que les autres Erasers se remettent en mouvement, Angel avait déjà filé. Ari a tendu le bras et un Eraser a foncé dedans.

— Je vous ai donné un ordre ! a-t-il aboyé à ses troupes. Alors obéissez ! (Il s'est retourné pour me regarder, l'air pensif.) Vous devez obéir coûte que coûte, même si ça vous paraît débile, a-t-il dit sur un ton normal et direct comme s'il me parlait à moi. Même si je sais que vous mourez d'envie d'exploser ces oiseaux.

Un Eraser a laissé échapper un bruit bizarre – mélange d'impatience et de faim – et j'ai eu toutes les peines du monde à m'empêcher de trembler.

Ari s'est approché de moi, comme pour me renifler, comme on sent une proie.

— Ton heure est arrivée, mon petit oiseau, a-t-il murmuré. Et c'est moi qui vais finir le boulot.

— T'excite pas trop vite, le chien-chien.

Il a ouvert la bouche pour dire quelque chose, mais au lieu de ça, il a incliné la tête et il a appuyé un doigt sur son oreille, comme pour mieux écouter quelque chose.

— Le Directeur veut nous voir, a-t-il aboyé à l'intention de ses troupes. Maintenant !

Après un dernier, long regard vers moi, il a tourné les talons et suivi le reste de sa bande. Tous ensemble, ils se sont volatilisés dans l'ombre de la tombée du jour.

107

En haut, dans son arbre, Angel se cramponnait à Céleste en lui parlant tout bas.

— Je les ai entendus qui parlaient du Directeur de l'École, a fait Nudge. Qui est-ce ?

J'ai haussé les épaules.

— Une personne très importante et très méchante.

Une des nombreuses personnes à nos trousses. Je me suis demandé si c'était Jeb, notre faux père. Notre ancien sauveur, passé au statut de traître.

— Ça va ? a interrogé Iggy.

Je l'ai aperçu qui s'agrippait à une branche sur laquelle ressortaient ses jointures blanches. Je lui ai donné une petite tape du pied.

— Au poil, ai-je répondu. Mais je veux qu'on se tire d'ici sans perdre une minute.

Pour finir, on s'est installés au dernier étage d'un immeuble de quatre-vingt-dix étages en construction dans le nord-est de l'île. Des fenêtres avaient déjà été posées aux soixante-dix premiers étages ou presque, mais ici, tout en haut, il n'y avait qu'armature en pierre sèche et matériaux d'isolation. Grâce à d'énormes trous béants, on avait une vue imprenable sur l'East River et Central Park.

Je suis allée avec Nudge chez l'épicier du coin et après, on s'est trimballées avec nos trois gros sacs pleins jusqu'à notre cachette. Elle était venteuse, mais au moins, on y était en sécurité et on ne risquait pas d'être dérangés. On a regardé le coucher du soleil avant de se rassasier enfin. J'avais un peu mal à la tête, mais pas trop.

— Je suis fatiguée, a sorti Angel. J'ai envie d'aller dormir.

— Bonne idée. Essayons de nous reposer, ai-je déclaré, après cette longue et sale journée.

J'ai brandi mon poing gauche et les autres ont empilé le leur sur le mien à tour de rôle. Ce petit rituel, qui nous liait les uns aux autres, avait quelque chose de rassurant.

Le Gasman et moi, on a déblayé quelques débris qui gênaient pendant qu'Iggy et Fang déplaçaient des pierres sèches pour boucher les trous et nous protéger du vent. On a fini par se faire un petit coin douillet où passer la nuit. Passé dix minutes d'ailleurs, tout le monde dormait.

Sauf moi.

Comment faisaient les Erasers pour nous trouver si vite ? J'ai scruté mon poignet gauche, bercée par l'illusion que le simple fait de l'examiner allait faire remonter ma puce à la surface. Si ça se trouve, j'étais aussi visible qu'un phare dans la nuit et je ne pouvais rien y faire. À moins d'abandonner les autres pour partir dans une autre direction. Les Erasers nous pourchassaient mais ne nous tuaient pas. Pourquoi Ari les avait-ils arrêtés aujourd'hui ?

Et que se passait-il avec Angel ? Visiblement, ses pouvoirs de télépathie étaient de plus en plus développés. J'ai poussé un grognement pour moi-même en imaginant Angel, avec sa volonté de fer, qui exigeait des cadeaux d'anniversaire, des bêtises à manger avant le dîner, un nombre débile de vêtements branchés.

Tu vois toujours tout en noir, Max, a fait ma Voix.

Tiens, ça faisait longtemps.

Ça ne sert à rien de se faire du souci. Tu n'as aucun contrôle sur ce qui arrive à Angel. Pour sauver le monde, il n'y a que sur toi que tu aies prise. C'est la seule solution. Dors un peu, Max. Il est temps que tu apprennes deux ou trois choses.

Apprendre quoi ? Mais avant même de pouvoir poser la question, j'ai perdu connaissance, comme si quelqu'un avait appuyé sur le bouton « arrêt » de ma télécommande.

108

Le lendemain matin, en ouvrant pour la première fois les yeux, les journaux ainsi qu'un petit déjeuner m'attendaient.

— Ouah ! ai-je bredouillé.

— On est allés chercher le petit déjeuner, a expliqué Fang en prenant une bouchée de son *muffin*, parce que tu dormais comme une souche.

Dès la première bouchée, j'ai senti une certaine tension planer autour de moi.

— Et quoi d'autre ?

Fang m'a indiqué les journaux d'un petit signe.

— Je croyais que tu les avais achetés pour lire les B.D., ai-je lancé comme je tirais sur la pile.

Auparavant, notre stratégie pour garder la vie sauve

avait consisté à ne pas se faire remarquer et à se cacher le plus souvent possible. Mais je suppose que le fait d'avoir notre photo en première page du *New York Post* sous les grosses lettres du titre qui disait « Miracle ou illusion ? Super héros ou monstres génétiques ? » a réduit cette stratégie à néant.

Fang avait acheté quatre journaux différents et, sur chacun d'entre eux, des photos floues de nous en train de voler gaiement au restaurant s'étalaient en première page.

— Suis tombé dessus quand on est sortis acheter à manger, a raconté Fang entre deux aspirations de jus de fruit à la paille. F'rait mieux de rester planqués quelque temps.

— Merci du conseil, Docteur Watson, ai-je lâché, irritée.

C'est vrai, quoi ? Ça l'aurait tué de faire une phrase complète, une fois de temps en temps ? J'ai jeté un œil au *New York Times*. Au bas d'une autre photo floue, un commentaire disait : « Personne n'a revendiqué ce qui pourrait être le plus grand canular de l'année...

J'ai fini par pousser un soupir avant de revenir à mon *muffin*.

— Le résultat, c'est qu'on va passer aussi inaperçus que des lanternes dans la nuit. Donc on dirait qu'on va devoir oublier l'Institut, au moins pour un temps.

Je me sentais tellement frustrée que j'aurais pu hurler.

— On pourrait peut-être se déguiser, a proposé le Gasman.

— Ouais, avec des lunettes et des faux nez, a approuvé Angel.

Je leur ai souri à tous les deux.

— Vous croyez ? Vraiment ?

109

Cet après-midi-là, il a fallu s'aventurer dehors pour acheter autre chose à manger. Comme on n'avait pas six paires de lunettes et six faux nez sous la main, on y est allés tels quels.

Chez le traiteur le plus proche, on a fait le plein de sandwichs, boissons, chips, cookies, etc. N'importe quoi, tant qu'on pouvait le manger en marchant.

— Je suis d'avis qu'on quitte la ville dès qu'il fera nuit, ai-je dit à Fang.

— Pour aller où ?

— Pas très loin, ai-je répondu. Je suis toujours décidée à percer le mystère de l'Institut, si on peut dire. On pourrait peut-être monter un peu au nord. Ou aller en bord de mer.

— Hé ! Vous !

J'ai reculé sous le coup de la surprise et j'ai laissé tomber ma canette au moment où un jeune type avec une coiffure iroquoise surgissait devant nous. Nudge m'est rentrée dedans par-derrière. Fang, lui, s'est figé sur place.

— Vous, vous là, vous êtes parfaits ! a-t-il lancé, tout excité.

Eh bien, ça faisait toujours plaisir à entendre. Mais qui était ce taré ?

— Parfaits pour quoi ? a demandé Fang, froid et calme.

Le type a fait un signe de son bras tatoué maigrichon en direction d'une devanture de magasin dont l'enseigne disait : « Envie de changer de look ? Par ici ! »

— On fait une soirée spéciale relooking ! a expliqué le mec comme s'il nous annonçait qu'on venait de gagner un million. Je vous offre un relooking gratuit, à condition que notre styliste puisse faire ce qu'il veut.

— Du genre ?

Nudge était visiblement intéressée.

— Maquillage, coupe de cheveux, la totale ! a promis le type dans un bonheur extatique. Le seul truc qu'on ne peut pas faire sans une autorisation de vos parents, ce sont les tatouages.

— Ça, déjà, on oublie, ai-je fait dans ma barbe.

— Je veux le faire ! a repris Nudge. Ça a l'air sensas'. On peut, Max ? S'il te plaît, s'il te plaît ? Je veux changer de look !

— Euh...

J'ai tilté sur deux adolescentes qui sortaient de la boutique. Palme d'or pour l'excentricité, sans hésiter. Je parie que leurs propres amis ne les auraient pas reconnues...

Youhouuuuuuuuuu, y'a quelqu'un ? Pas reconnues ??? Mais oui... bien sûr !!!

— Je suis partante, ai-je brusquement sorti. (J'ai vu les yeux de Fang s'écarquiller légèrement. Je lui ai décoché un regard qui en disait long.) On adorerait ça, changer de look ! Lâchez-vous, qu'on soit méconnaissables !

6ème Partie

Et ton papa et ta maman, ils sont où ?

110

— Wahouuuuuu, elle est trop, s'est exclamée Nudge tandis que je lui montrais le dos de ma nouvelle veste en jean.

Bien sûr, il faudrait découper de grandes fentes pour laisser passer mes ailes, mais elle était quand même super.

J'ai contemplé Nudge en souriant. Elle ne ressemblait tellement plus à la Nudge que je connaissais. Ça me faisait bizarre chaque fois que je posais les yeux sur elle. On lui avait fait un brushing pour raidir les boucles généreuses de ses cheveux châtains, après les avoir coupés en dégradé. On lui avait également fait des mèches blondes. Quels changements radicaux ! En moins d'une heure, elle était passée du stade d'adolescente débraillée à celui de quasi-top modèle miniature. Je n'avais jamais réalisé à quel point elle pourrait devenir une superbe femme. Si elle en avait le temps évidemment.

— Eh, regardez un peu ça !

Le Gasman avait revêtu une tenue de camouflage de la tête aux pieds.

— Excellent, ai-je lâché, le pouce levé.

Après notre passage entre les mains expertes du coiffeur, cette halte dans un magasin de fringues d'occasion était la touche finale de notre radicale transformation physique. Certaines des mèches blond pâle de Gazzy avaient été teintes en blanc. On lui avait également coloré les pointes en bleu foncé et mis du gel dessus. Sur les côtés, ses cheveux avaient été coupés super court.

— Pourquoi je n'ai pas pu me faire raser le crâne à l'arrière pour écrire « Va te faire voir » au milieu ? s'est-il plaint.

— Parce que.

J'ai ajusté son col.

— Iggy s'est bien fait percer l'oreille, lui.

— Gazzy, j'ai dit non !

— Mais c'est la mode ici. Tout le monde fait ça, a-t-il ajouté en imitant à la perfection son coiffeur.

— Non-non-non.

Il a poussé un soupir, exaspéré, et il est allé se mettre à côté de Fang. Lui aussi avait les cheveux courts maintenant, à l'exception d'une très longue mèche qui lui tombait sur les yeux. Son coiffeur lui avait fait un balayage moucheté dans les bruns, si bien que ses cheveux ressemblaient comme deux gouttes d'eau au plumage d'un faucon. Drôle de coïncidence... Dans le fameux magasin d'occasion, il avait troqué sa traditionnelle tenue noire contre une tenue noire légèrement différente.

— J'aime bien ça, a fait Angel en me montrant une robe à froufrous.

Je lui avais déjà acheté un pantalon cargo et un T-shirt, et elle avait choisi une doudoune bleue en polar.

— Hum, ai-je lâché en observant l'espèce de tutu.

— C'est tellement joli, Max. S'il te plaît...

J'étais curieuse de savoir si oui ou non je m'en apercevrais si jamais elle m'influençait avec son nouveau don. Elle me faisait de grands yeux, ronds et innocents.

— Et Céleste l'aime vraiment bien aussi, a-t-elle ajouté.

— Ce qu'il y a, Angel, ai-je expliqué, c'est que je ne suis pas persuadée qu'un tutu soit franchement *pratique* dans notre cas... Tu sais, rapport au fait qu'on est en cavale et tout...

Elle a examiné le tutu tout en fronçant les sourcils.

— Ouais, je suppose que tu as raison.

— On peut y aller ? a demandé Iggy, légèrement impatient. Ce n'est pas que je n'aime pas faire du shopping, mais bon...

— On dirait que t'as mis les doigts dans la prise, lui a lancé le Gasman.

Les cheveux couleur banane-fraise d'Iggy, comme ceux de Gazzy, étaient couverts de gel au niveau des pointes, teintes, dans son cas, en noir.

— Vraiment ? a sorti Iggy. Ça déchire !

Il s'était fait percer l'oreille avant même que j'aie eu le temps de dire « ouf ». Son petit anneau en or était la seule chose pour laquelle j'avais dû débourser.

Quand on est ressortis, l'après-midi touchait déjà à sa fin. Je me sentais libre et heureuse, en dépit du fait qu'on ait mis l'Institut de côté pour un temps. J'aurais parié que même Jeb ne m'aurait pas reconnue.

La coiffeuse avait pris ma longue tresse et avait tout simplement donné un grand coup de ciseau dedans. Du coup, mes cheveux flottaient désormais en couches duveteuses. Au moins, ils ne me tomberaient plus dans les yeux quand je volais. Plus besoin de cracher des petites mèches de cheveux en plein milieu des séquences évasions.

En plus de ça, elle m'avait fait de larges mèches rose fluo et s'était bien lâchée, malgré mes protestations, sur le maquillage. Je ne semblais donc pas seulement totalement différente, j'avais également l'air d'avoir vingt ans de plus. Ça aidait de mesurer un mètre soixante-dix.

— Il y a un petit parc, là-bas.

Fang le pointait du doigt.

OK, ai-je fait d'un signe de tête. On y aurait moins de lumière que dans la rue et assez de place pour décoller. Cinq minutes plus tard, on s'élevait au-dessus de la ville, laissant les lumières, le bruit mais aussi l'énergie new-yorkaise derrière nous. C'était génial de pouvoir battre des ailes, grandes ouvertes. On se sentait tellement mieux, plus gracieux, plus cool qu'au sol.

J'accomplissais de grandes boucles pour m'amuser. Virages à droite, virages à gauche. C'était comme de zigzaguer à vélo, mais dans les airs. Je respirais à pleins poumons, profitais des nouvelles sensations que me procuraient mes cheveux coupés court et légers. La coiffeuse appelait ça la coupe « coup-de-vent ».

Si seulement elle savait.

111

La géographie new-yorkaise s'étalait sous nos yeux. De l'autre côté de l'East River, on apercevait Long Island, une île bien plus grande que celle de Manhattan. Alors qu'on survolait ses côtes, le soleil s'est couché. On distinguait à peine les crêtes blanches des vagues au moment où elles se brisaient sur le rivage.

Au bout d'une heure et demie, on a aperçu une longue plage plongée dans la quasi-pénombre, à quelques lumières près, qui signifiaient que l'endroit était habité mais pas surpeuplé. Fang m'a fait un signe d'approbation et on a commencé notre descente, grisés par la vitesse à mesure qu'on perdait de l'altitude. On n'avait rien à envier aux montagnes russes.

— OK, ça m'a l'air bon, a déclaré Fang pendant qu'il

reluquait la plage juste après notre atterrissage en douceur sur le sable fin.

La plage était sauvage et dénuée de parkings adjacents. Le mieux, c'était qu'elle était fermée aux deux extrémités par de gros blocs de roche. Ainsi, on était encore plus en sécurité. Enfin, d'autres rochers, énormes, affleuraient à la surface du sable à une trentaine de mètres environ et nous conféraient une protection naturelle.

— Aaaah, c'est bon d'être chez soi, ai-je lâché sur un ton pince-sans-rire en enlevant mon nouveau sac à dos.

J'ai fouillé à l'intérieur pour trouver quelque chose à manger et j'ai fait passer ce qu'on avait, avant de m'effondrer sur un morceau de bois flottant épais. Vingt minutes plus tard, nous nous couchions en boule sur le sable, à l'abri des rochers, après avoir fait notre signe de ralliement.

Je n'ai pas pu m'empêcher de faire une petite grimace lorsque la Voix s'est glissée dans ma tête. *C'est l'heure de prendre une leçon*, a-t-elle dit.

L'instant suivant, j'ai sombré dans un profond sommeil exactement comme si une vague m'avait emportée avec elle. Au loin, je percevais toujours des bribes de phrases confuses en langues étrangères auxquelles je ne comprenais rien. Finalement, j'ai entendu la Voix dire : *Tout ça ne concerne que toi, Max. Il faut que tu saches.*

112

La mer. Encore un truc nouveau pour nous. Jusqu'à quatre ans plus tôt, quand Jeb nous avait délivrés, on avait grandi enfermés dans les cages d'un labo. Ensuite, on s'était cachés tout le temps pour éviter à tout prix qu'on nous fasse subir d'autres expériences.

Mais à présent, on faisait quelque chose de différent tous les jours. C'était la fête !

— Un crabe ! a crié le Gasman en pointant une vague du pied. Angel s'est approchée en courant pour mieux voir, Céleste dans les bras, ses pattes arrière frôlant tout juste l'eau.

— *Cookie ?* a demandé Iggy, un sac à la main.

— Ce n'est pas de refus ! ai-je répondu.

Le matin même, j'avais tempéré mon apparence un chouia, avant d'aller faire un tour avec Nudge dans la ville la plus proche. On avait fait le plein de victuailles à un petit commerce familial qui vendait des cookies maison.

Ma mission – impossible ? – consistait à trouver d'aussi bons cookies aux pépites de chocolat que ceux que j'avais faits avec Ella et sa mère. De ce fait, j'en avais rapporté deux douzaines du magasin.

J'en ai pris un premier et j'ai mordu dedans.

— Hummmm. (Je m'efforçais de ne pas en perdre une miette en parlant.) Une note de vanille, ça, c'est sûr. Un peu trop de pépites de chocolat. Un parfum de sucre brun indéniable. Il est honnête, mais pas à tomber par terre. Sans prétention mais généreux. (Je me suis tournée vers Fang.) T'en penses quoi, toi ?

— L'est bon.

Il y a vraiment des gens qui sont incapables d'apprécier un cookie à sa juste valeur.

— Sur une échelle de un à dix, je lui donne sept, ai-je poursuivi d'un air appliqué (je prenais ma mission très au sérieux). Même s'ils étaient tout chauds, tout juste sortis du four, il leur manquerait toujours un *je-ne-sais-quoi*[1]. Ma mission ne s'arrête pas là.

Iggy a rigolé et puis il a fouillé dans un sac à la recherche d'une pomme.

Nudge nous a rejoints en courant, son pantalon mouillé remonté sous les genoux.

— C'est le *top* comme endroit ! J'adore trop la mer ! Quand je serai grande, je serai scientifique et j'étudierai les océans. J'irai dans la mer pour faire de la plon-

1. En français dans le texte.

gée et je ferai des découvertes et je serai embauchée par *National Geographic*[1].

Bien sûr, Nudge. Et moi je serai présidente des États-Unis.

Nudge est retournée dans l'eau au trot, suivie d'Iggy qui marchait, lui, d'un pas tranquille.

— Ça leur plaît d'être ici, a constaté Fang, un regard posé sur eux.

J'ai approuvé d'un signe de tête.

— Le contraire m'aurait étonnée. Air pur, calme et tranquillité, plage. Faudrait être difficile pour ne pas aimer ! C'est trop bête qu'on ne puisse pas rester.

Fang n'a rien dit pendant quelque temps et puis :

— Imagine qu'on soit en sécurité ici. Si on était sûrs que personne ne viendrait nous chercher. Tu voudrais rester ?

Sa question me surprenait.

— Tu sais bien qu'il faut qu'on trouve l'Institut. Et si on découvre quoi que ce soit, les petits voudront partir à la recherche de leurs parents. Et pis, si on se retrouve nez à nez avec Jeb, qu'est-ce qu'on fait ? On l'affronte ? Et le Directeur, qui c'est ? Pourquoi nous ont-ils fait ça ? Pourquoi n'arrêtent-ils pas de me dire que je suis censée sauver le monde ?

Lorsque Fang a levé sa main, je me suis aperçue que j'avais vraiment haussé le ton.

— Et si... ? a dit Fang en prenant son temps, sans même me regarder. Et si... on oubliait tout ça ?

La bouche en O, je le dévisageais. Vous passez toute votre vie avec quelqu'un. Vous croyez que vous le

1. Magazine sur la nature, les animaux.

connaissez et puis un jour, *boum !* il vous lâche un truc pareil, comme une bombe.

— Mais de quoi tu ... ai-je commencé mais au même moment, le Gasman est arrivé avec un bernard-l'ermite vivant qui a fait « ploc » quand il me l'a laissé tomber sur les genoux.

Après, Angel a voulu manger. Je n'aurais pas l'occasion d'attraper Fang par les épaules et de lui hurler dessus :

— Qui êtes-vous et qu'avez-vous fait du vrai Fang ? Une prochaine fois peut-être.

113

Le lendemain matin, Fang est revenu de la ville avec le *New York Post* qu'il a posé à mes pieds avec un petit salut de la tête. J'ai feuilleté le journal. Page six, j'ai lu « Les mystérieux enfants-oiseaux sont introuvables ».

— Pas mal, ai-je lâché, on a tenu deux jours sans créer d'agitation dans un lieu public et sans faire la une de tous les journaux.

— On va nager ! a fait Nudge en donnant deux petites tapes à Iggy sur la main.

Ce dernier s'est levé pour la suivre en direction de l'eau, ainsi qu'Angel et Gazzy.

Le soleil avait percé et ils ne semblaient pas dérangés par la fraîcheur de l'eau. Ça me faisait plaisir qu'ils prennent du bon temps pendant ces petites vacances. Tout ce qu'ils avaient à faire, c'était s'amuser, nager et manger. Pas de stress ni de choses à penser.

Évidemment, moi, je continuais à stresser.

À mes côtés, Fang lisait le journal tout en piochant distraitement dans une boîte de cacahuètes comme un automate. Pendant ce temps, j'observais les petits qui jouaient dans l'eau. Iggy s'est mis à faire un château de sable, juste au bord de l'eau.

Comment se faisait-il que les Erasers ne nous aient pas encore trouvés ? Parfois, ils nous trouvaient super facilement et d'autres fois, comme maintenant, c'était comme si on était trop bien cachés pour eux. Pouvaient-ils me localiser grâce à ma puce ou pas ? Et si c'était le cas, pourquoi les Erasers n'étaient-ils toujours pas là ? C'était comme s'ils jouaient avec nous en nous forçant à rester vigilants... Comme s'ils jouaient avec nous...

Un jeu. Un putain de *jeu*.

Tout juste ce que Jeb avait dit à l'École. Et comme la Voix me le répétait tout le temps, que tout n'était que jeu, qu'on apprend en jouant, que tout ça, absolument tout, n'était qu'un test.

J'avais l'impression que les néons d'une enseigne lumineuse venaient de s'allumer sur mon front. Pour la première fois de ma vie, je me disais qu'en effet, tout ça n'était peut-être qu'un jeu tordu et de la plus haute importance pour les malades qui y jouaient.

Et, bien sûr, j'avais hérité du rôle principal.

Je laissais couler le sable entre mes doigts tout en me creusant les méninges. Bon. Imaginons que tout ça ne soit qu'un jeu. Y avait-il seulement deux camps ? Ou bien se pouvait-il qu'il y ait des agents doubles ?

J'ai ouvert la bouche pour me confier à Fang, mais je me suis retenue au dernier moment. Il m'a lancé un regard intrigué qui, tout à coup, m'a fait froid dans le dos rien que de penser que... J'ai baissé la tête. Je sentais que je rougissais.

Et si nous n'étions *pas* tous dans la même équipe ?

D'un côté, j'avais honte d'avoir ce genre de pensées, mais de l'autre, je ne me rappelais plus combien de fois mon exquise paranoïa nous avait sauvé les fesses.

J'ai jeté un œil en direction de l'eau où Angel éclaboussait le Gasman dans un éclat de rire. Elle a plongé sous l'eau et Gazzy s'est mis à la poursuivre.

Angel avait-elle changé depuis son « passage » à l'École ? J'ai émis un petit bruit de plainte et j'ai laissé tomber ma tête dans mes mains. C'en était trop ! Si je ne pouvais même plus faire confiance à ces cinq-là, alors la vie ne valait plus le coup.

— Mal à la tête ? a interrogé Fang, vigilant mais toujours aussi zen.

Dans un soupir, j'ai fait non de la tête avant de regarder à nouveau la mer. Ma vie dépendait de Fang. J'avais besoin de lui. Il fallait absolument que je puisse lui faire confiance.

Non ?

Gazzy étudiait la surface de l'eau avec une expression confuse. Pour finir, il a levé les yeux vers moi et j'ai lu la panique sur son visage.

Angel n'était pas remontée de sous l'eau.

J'ai piqué un sprint illico presto.

114

—Angel !!! ai-je hurlé avant de me jeter dans l'eau. (Je suis arrivée à la hauteur de Gazzy et je l'ai saisi par l'épaule.) Où est-ce qu'elle a plongé ?

— Juste ici ! m'a-t-il montré. Elle est partie dans cette direction.

Fang m'a rejointe en m'éclaboussant malgré lui. Nudge et Iggy sont arrivés à leur tour. Tous les cinq, on scrutait l'eau. Froide et gris-bleu, elle ne nous laissait entrevoir que quelques centimètres en surface. Une vague est passée entre nous.

— L'idéal serait que l'un d'entre nous ait une vue à rayons x, ai-je marmonné.

Mon sang s'est glacé en sentant un courant presser contre mes jambes sous l'eau. Le vent lissait les draps de la Grande Bleue en direction du large.

— Angel ! hurlait Nudge, les mains en porte-voix.

— Angel !

Je faisais de grands pas dans l'eau, dans l'espoir de la frôler au passage.

Fang poursuivait ses larges mouvements de bras, le visage collé à la surface de l'eau. On plongeait à tour de rôle dans les vagues pendant que les autres continuaient à chercher, plissant les yeux sous l'éclat du soleil.

J'avais la gorge nouée, la sensation d'étouffer. Ma voix n'était plus qu'un bruit rauque, étranglé. Mes yeux me piquaient à cause du soleil et du sel.

On avait couvert le périmètre sur un rayon d'une trentaine de mètres, mais toujours aucun signe d'Angel. Ma petite Angel. J'ai jeté un œil vers le rivage, comme si j'espérais la voir remonter sur la plage en direction de Céleste qui l'attendait sagement, près d'un bout de bois flottant.

Les minutes s'égrenaient. Interminables.

Les courants sous-marins, violents, m'emportaient. Je ne cessais d'imaginer le corps d'Angel, rejeté vers le large, les yeux exorbités de terreur. On ne pouvait pas la perdre maintenant, pas après tout ce qu'on avait traversé, si ?

— Tu vois quelque chose ? ai-je hurlé à Fang.

Il a secoué la tête, sans quitter des yeux la surface de l'eau, sans interrompre ses mouvements de bras.

On a tout passé au peigne fin une deuxième fois. L'eau, la plage, le large.

Après, on a recommencé encore une fois.

Et encore une fois.

J'ai aperçu quelque chose et, un battement de paupières plus tard, j'ai scruté dans la direction avec insistance.

Est-ce que... c'était... Oh ! À des centaines de mètres de là, une petite tête blonde, les tresses mouillées, a surgi de l'eau. J'ai regardé à deux fois pour être sûre. Oui, c'était bien Angel, debout, de l'eau jusqu'à la taille, en train de nous faire signe. Mes jambes se sont dérobées sous moi. Il fallait que je me ressaisisse avant de faire un plat dans l'eau. Angel et moi, on s'est ruées l'une vers l'autre, les autres derrière moi.

— *Angel.* (J'avais même du mal à murmurer, n'en croyant pas mes yeux, une fois tout près.) Angel, où t'étais ?

— Vous ne devinerez jamais... a-t-elle lancé, absolument ravie. J'arrive à respirer sous l'eau.

115

Dans une étreinte, j'ai appuyé le petit corps humide et parcouru de frissons d'Angel contre le mien.

— Angel, ai-je répété à voix basse, m'efforçant de ne pas craquer dans un sanglot. J'ai cru que tu t'étais noyée. Qu'est-ce que tu fichais ?

Elle s'est pressée contre moi en se tortillant et je l'ai ramenée sur la plage. Quand on s'est laissées tomber sur le sable humide, j'ai vu que le Gasman se retenait lui aussi de pleurer.

— Je nageais, c'est tout, a raconté Angel. Et puis, sans faire exprès, j'ai avalé de l'eau et j'ai commencé à tousser. Mais je ne voulais pas que Gazzy me trouve parce qu'on jouait à cache-cache... sous l'eau. Alors je suis restée en dessous et c'est là que j'ai réalisé que je pouvais avaler de l'eau, sans tousser ni rien, et sans ressortir pour respirer.

— Qu'est-ce que ça veut dire, tu *avalais* de l'eau ?

— Je l'avalais et puis je faisais comme ça.

Angel a expiré par le nez et j'ai failli éclater de rire en voyant sa tête.

— L'eau sort par ta bouche ? a interrogé Fang.

— Non, a précisé Angel. Je ne sais pas où va l'eau, mais de l'air sort de ma bouche.

J'ai regardé Fang

— Elle arrive à extraire l'oxygène de l'eau.

— Tu peux nous montrer ? a lancé Fang.

Angel s'est aussitôt levée et elle a trottiné vers le large. Une fois qu'elle a eu de l'eau jusqu'aux hanches, elle a piqué une tête. J'étais à quelques centimètres d'elle, résolue à ne pas la perdre une seconde fois, même des yeux.

Elle s'est agenouillée sous l'eau et elle a pris une grande gorgée avant de se remettre debout. Visiblement, elle avait avalé l'eau, mais de l'air sortait à présent de son nez. Mes yeux étaient braqués sur elle, ronds, très ronds, à la limite de sortir de mes orbites : des filets d'eau de mer sortaient par de petits pores invisibles, au niveau du cou d'Angel, de chaque côté.

— Nom de Zeus ! a sifflé le Gasman.

Nudge a fait un rapport à Iggy sur ce qui se passait et, impressionné, il a laissé échapper un petit sifflement admiratif.

— Et je peux le faire sans m'arrêter et continuer à nager, a précisé Angel.

Elle a frétillé des épaules, déployant ses ailes pour les faire sécher au soleil.

— Je parie que j'y arrive aussi, puisque je suis ton frère, a défié le Gasman.

Après un plongeon, il a pris une grande gorgée d'eau. Ensuite, il a essayé d'expirer de l'air.

Mais il a eu un haut-le-cœur, il s'est étranglé et il a terminé par une violente quinte de toux. De l'eau coulait de son nez et il a failli vomir.

— Ça va ? lui ai-je demandé au moment où il s'arrêtait dans un frisson.

Il a fait oui de la tête, trempé, piteux, malade.

— Iggy, ai-je fait. Mets la main sur le cou d'Angel, là où l'eau sort par ses pores, et dis-nous si tu sens quelque chose. (D'un geste tout léger, Iggy a effleuré sa peau claire, tout autour du cou.) Je ne sens rien, a-t-il conclu.

Ça m'a surprise.

Il fallait tous qu'on essaie, histoire de voir qui y arrivait. Mais personne d'autre qu'Angel n'a réussi. Je vous épargne les détails répugnants, mais je peux vous dire que vous ne risquez pas de me voir nager dans ce coin-là de l'océan avant un moment.

Donc, Angel pouvait respirer sous l'eau. Plus ça allait, plus on se découvrait de nouveaux dons, exactement comme si tout avait été programmé pour se déclencher à différents moments de notre vie. En un sens, c'était comme de passer de simple pion à dame, au jeu de Dames. D'un coup, on se retrouvait plus forts, plus puissants qu'avant.

C'était vachement *space*.

Pas space, *Max*, est subitement intervenue ma Voix. *Divin. Génial. Tous les six, vous êtes des œuvres d'art. Profitez-en.*

Je ne demande que ça moi, me suis-je dit, amère, *mais quand on doit passer son temps à courir pour sauver sa peau, ce n'est pas franchement évident.* Purée ! Des œuvres d'art ou des phénomènes de foire ? Il faut savoir. Verre à moitié plein ou à moitié vide ? C'est clair que j'aurais bien échangé mes ailes contre une vie normale avec des copains et des parents dans la seconde.

Un petit rire cristallin a retenti dans ma tête. *Allez, Max*, a repris ma Voix. *Tu sais comme moi que ce n'est pas vrai. Avec une vie normale et des parents, tu t'ennuierais à mourir.*

— Toi, je ne t'ai rien demandé ! ai-je lâché avec colère.

— Demandé quoi ? a fait Nudge qui m'observait, non sans surprise.

— Rien, ai-je grommelé.

Et voilà, c'est toujours pareil ! Certains ont des dons super, comme lire dans les pensées et respirer sous l'eau, et d'autres se retrouvent avec des voix pénibles qui s'incrustent dans leur tête.

C'était bien ma veine.

Si tu pouvais faire tout ce que tu veux, Max, a annoncé la Voix, *qu'est-ce que tu choisirais ?*

Hummm. Je n'y avais jamais réfléchi. C'est vrai, déjà, je pouvais voler. Peut-être que je choisirais de pouvoir lire dans les pensées, comme Angel. Le seul problème, c'est que je saurais tout ce que pensent les autres, en particulier ceux qui ne m'aiment pas et qui font semblant du contraire. Si je pouvais faire tout ce que je voulais... ?

Peut-être que tu voudrais sauver le monde, a dit la Voix. *Tu y as déjà songé ?*

Non. J'ai froncé les sourcils. *Je laisse ça aux grands.*

Mais ce sont eux qui détruisent le monde, n'est-ce pas, Max ? Réfléchis un peu.

116

— Mais qui voilà ? À la *playa*.

Cette nuit-là, je me suis réveillée au son de la faible voix, mielleuse et menaçante. Mon corps, d'un coup, s'est raidi comme un arc et j'ai tenté de sauter sur mes pieds. Mais une grosse botte, écrasée sur ma poitrine, m'en empêchait.

Ari. Encore lui. Toujours lui.

La seconde suivante, Fang et Iggy se sont réveillés. De ma main libre, j'ai vite réveillé Nudge.

L'adrénaline courait dans mes veines, nouait mes muscles sur son passage. Lorsque Angel s'est réveillée, elle s'est élevée instantanément dans les airs, sans même prendre d'élan. Elle maintenait Céleste bien plaqué tout en planant à quelques mètres au-dessus de nous. Je l'ai aperçue qui regardait partout, affolée.

À mon tour, j'ai regardé tout autour de moi.

Et j'ai eu le souffle coupé malgré moi.

Nous étions cernés par des Erasers. Je n'en avais jamais vu autant. Des centaines et des centaines d'entre eux, littéralement. Apparemment, ils en avaient fait un élevage intensif.

Ari s'est penché sur moi et a murmuré :

— Tu es tellement mignonne quand tu dors... et que tu as la bouche fermée. Mais quel dommage d'avoir coupé tes cheveux !

— Quand je voudrai ton avis, je te ferai signe, lui ai-je craché tout en essayant de me libérer.

Il a gloussé, puis il m'a caressé la joue d'une griffe.

— J'aime les nanas qui ont du cran.

— Lâche-la ! a ordonné Fang en sautant sur Ari par surprise.

Ce dernier était bien plus lourd que lui – il devait peser quarante kilos de plus au bas mot –, mais Fang était dans une rage folle et décidé à passer ses nerfs sur quelqu'un. Il me faisait flipper lorsqu'il était dans cet état-là.

Avec Iggy, on a bondi pour venir en aide à Fang, mais des Erasers nous sont tombés dessus sur-le-champ.

— Nudge et Gazzy... Décollage, ai-je hurlé. Maintenant !

Ils ont obéi sans sourciller et sont allés rejoindre Angel à grands coups d'ailes. Des Erasers avaient tenté de les attraper par les pieds, mais c'était trop tard. Ils avaient été plus rapides. J'étais très fière d'eux, en particulier de Nudge qui grognait férocement.

J'ai eu beau me débattre, quand les Erasers s'y sont mis à trois pour me retenir, je me suis retrouvée coincée, serrée contre eux. Beurk !

— Fang ! me suis-je écriée, mais il ne m'a pas entendue.

Il était occupé à se battre contre Ari qui le griffait au visage, le marquant de lignes rouges parallèles.

En dépit de notre puissance surnaturelle, on n'arrive pas à la cheville des Erasers adultes en termes de masse musculaire. Ari avait pris le dessus sur Fang, mais celui-ci a quand même réussi à lui lacérer l'épaule en retour.

Ari a glapi de douleur et il a montré ses dents. Il a eu un mouvement de recul avant de se jeter une nouvelle fois sur Fang, le cognant sur le coin de la tête. J'ai vu son crâne projeté à gauche puis à droite et ses yeux se fermer. Finalement, il est tombé sur le sable comme un poids mort.

Ari a pris Fang par la tête et il l'a traîné jusqu'à un rocher où il s'est remis à le cogner.

— Fous-lui la paix ! Arrête ! Je t'en supplie... arrête !

Je hurlais littéralement, la vue brouillée par une rageuse folie. J'ai réussi à écrabouiller de toutes mes forces les orteils d'un des trois Erasers qui me tenaient. Il a lâché un gros mot en criant, avant de me tordre le bras jusqu'à ce que des larmes coulent sur mes joues.

Fang a entrouvert les yeux. Voyant qu'Ari était au-dessus de lui, il a pris une poignée de sable et la lui a lancée au visage. Fang s'est levé précipitamment et il a envoyé un coup de pied circulaire en plein dans la poitrine d'Ari. Ce dernier a reculé en titubant, la respiration sifflante. Mais il s'est repris aussi vite et a flanqué un grand coup de coude à Fang. Du sang a coulé de sa bouche et il est retombé à terre.

Je continuais à pleurer en silence, l'une des pattes rêches et poilues d'un Eraser sur la bouche.

Pour finir, la gueule ouverte et les canines prêtes à le déchiqueter, Ari s'est plié en deux au-dessus de Fang

— T'as eu ton compte ? a-t-il fait dans un grognement féroce. Prêt à dire adieu à tes amis les mutants ailés ?

Oh non ! Non ! Non ! Non ! Pas Fang ! Pas lui, non !

— Ari !

J'ai ouvert les yeux en grand. Je connaissais trop bien cette voix.

Jeb. Mon père adoptif. Récemment promu au rang de pire ennemi.

117

J'ai fixé Jeb Batchelder du regard le plus furieux, le plus féroce, le plus haineux qui fût, tout le temps qu'il se frayait un passage parmi les Erasers. Ces derniers s'écartaient pour le laisser passer comme s'il avait été Moïse et eux la mer Rouge. Ça me faisait toujours drôle de le voir... J'étais plutôt habituée à le regretter, pas à le mépriser.

En entendant Jeb, Ari a marqué une pause, la bouche ouverte, fétide et venimeuse à quelques centimètres du cou de Fang. Il avait perdu connaissance, mais respirait encore.

— Ari ! a répété Jeb. Je t'ai donné des consignes.

Jeb a avancé vers moi en gardant un œil sur Ari. Au terme de plusieurs secondes qui n'en finissaient pas, Ari a lentement, très lentement, reculé, laissant Fang, en boule, bizarrement chiffonné, sur le sable.

Jeb s'est arrêté devant moi.

Il m'avait sauvé la vie plus d'une fois. Il nous l'avait sauvée à tous. Il m'avait aussi appris à lire, à faire des œufs brouillés, à faire démarrer une voiture sans les clés. Il fut un temps où ma vie ne pendait qu'à son fil. À cette époque, c'était mon bouclier, mon ancre, la seule certitude constante que j'avais.

— Comprends-tu, maintenant, Max ? m'a-t-il demandé doucement. Tu comprends l'incroyable beauté du jeu ? Personne – ni enfant, ni adulte – n'a jamais ressenti ce que tu ressens. Est-ce que tu comprends en quoi tout cela est nécessaire ?

L'Eraser qui me maintenait a retiré ses doigts de sur ma bouche pour que je puisse parler. J'ai aussitôt craché et touché la chaussure de Jeb.

— Non, ai-je rétorqué d'une voix la plus posée qui soit, malgré mon corps qui, à l'intérieur, hurlait et voulait voler au secours de Fang. Je ne comprends pas. Je ne comprendrai jamais et je ne veux pas comprendre.

Son visage, si familier que j'en avais mal de le regarder, paraissait fatigué. Comme s'il perdait patience. Dommage pour lui.

— Je te l'ai déjà dit, a-t-il repris. Tu vas sauver le monde. C'est pour ça que tu es née. Crois-tu qu'une vulgaire ado de quatorze ans sans formation pourrait faire ça ? Bien sûr que non. Tu te dois d'être la meilleure, la plus forte, la plus futée. L'individu suprême. *Maximum*.

J'ai bâillé et levé les yeux au ciel, sachant pertinemment que ça le foutrait en boule. Il a crispé ses mâchoires de colère.

— Ne me déçois pas en échouant, a-t-il lancé, sévère.

Tu t'en es plutôt bien sortie à New York, mais tu as fait plusieurs erreurs vraiment stupides et graves. Toute erreur a un prix. Il faut que tu apprennes à prendre de meilleures décisions.

— Tu n'es plus mon père, Jeb, ai-je sorti, l'air aussi narquois que possible. Je ne suis plus sous ta responsabilité. Je fais ce que je veux. Et mon nom, c'est moi qui me le suis donné : Maximum Ride.

— Je serai toujours responsable de toi, a-t-il répondu sèchement. Et si tu penses que tu vis ta vie seule, sans personne d'autre aux commandes, alors c'est que tu n'es pas aussi intelligente que ce que je croyais.

— Faut savoir..., ai-je lancé à mon tour, avec une hostilité semblable. Un coup, je suis la meilleure, un coup, je ne le suis plus. Décide-toi !

Il a fait signe aux Erasers de nous relâcher, Iggy et moi. Ari s'est retourné et m'a souri bêtement avant de m'envoyer un baiser.

En réponse, je l'ai gratifié d'un crachat.

— J'ai toujours été la préférée de Papa ! ai-je sifflé tandis que son visage se fermait.

Rapidement, Ari a fait un pas vers moi, les poings serrés. Mais il a été emporté dans la cohue des autres brutes poilues, vers un gros rocher, à l'autre extrémité de la plage. Jeb était parmi eux.

Non, il était l'un d'entre eux.

118

J'ai descendu la plage avec peine, en titubant. Mon épaule me donnait l'impression d'être en feu. Avant de bouger Fang, j'ai tâté son cou pour voir s'il n'était pas cassé. Puis, délicatement, je l'ai retourné sur le dos. Un filet de sang s'est échappé de sa bouche.

— Fang, réveille-toi, je t'en supplie, j'ai fait tout bas.

Les autres m'ont rejointe en courant

— Il a l'air mal en point, a constaté Gazzy. On devrait l'emmener chez le docteur.

Visiblement, il n'avait rien de cassé, à part, peut-être, son nez, mais il était K.-O. J'ai mis sa tête sur mes genoux et j'ai épongé le sang sur son visage avec mon sweat-shirt.

— On pourrait le porter, toi et moi, a fait Iggy comme il passait légèrement ses longues mains pâles sur le corps de Fang, faisant l'inventaire des bleus, des bosses, des poches de sang.

— Pour aller où ? (En disant ça, j'ai senti l'amertume transparaître dans ma voix.) Ce n'est pas comme si on pouvait l'emmener à l'hôpital.

— Pas l'hôpital, a marmonné Fang, les yeux toujours fermés.

Une vague de soulagement est passée sur moi.

— Fang ! ai-je dit. C'est grave ?

— Pas la grande forme en tout cas, m'a-t-il répondu de manière confuse avant d'essayer de se mettre sur le côté en grognant.

— Ne bouge pas ! lui ai-je fait.

Malgré cela, il a tourné la tête pour cracher du sang dans le sable. Là, il a levé la main et il a craché quelque chose dedans, avant d'ouvrir ses yeux troubles.

— Une dent, a-t-il sorti, dégoûté. J'suis tout cassé !

Il a mis sa main derrière la tête, à l'endroit des coups.

Je m'efforçais de sourire.

— Tu as l'air d'un p'tit minou.

J'ai dessiné une moustache autour de ma bouche, pour imiter les traces de griffes d'Ari que Fang avait sur le visage. Il m'a jeté un regard aigri.

— Fang, ai-je repris, la voix cassée. Tu restes avec nous, OK ? Reste en vie, reste avec nous.

Je me suis baissée et je l'ai embrassé sur la bouche. Comme ça, tout d'un coup.

— Aïe, a-t-il lâché, la main sur sa lèvre fendue, puis il m'a regardée, choqué. J'étais aussi surprise que lui.

Et morte de honte en plus. Et rouge écarlate. En levant les yeux, j'ai vu que Nudge et le Gasman me dévisageaient, bouche bée. Heureusement, Iggy ne pouvait rien voir, lui. Quant à Angel, elle était partie chercher de l'eau pour notre blessé.

Gazzy promenait son regard sur nous trois, Fang, Iggy et moi. C'était clair qu'il se disait qu'il était foutu, maintenant que j'avais perdu tout sens des réalités.

Fang s'est péniblement redressé pour s'asseoir, les mâchoires tendues, des perles de sueur sur le visage

— Vache, a-t-il dit avant de tousser. Ça tue !

C'était la première fois qu'il reconnaissait à ce point qu'il souffrait. Il est parvenu à se mettre debout, non sans peine, et il a pris l'eau qu'Angel lui tendait. Il s'est rincé la bouche d'une gorgée qu'il a recrachée sur le sable.

— Je vais m'occuper d'Ari. Je vais lui faire la peau, a-t-il menacé.

119

Ensemble, on a réussi à regagner Manhattan sans tomber en chute libre sous l'effet de nos blessures, de la fatigue ou des deux.

— Ça alors, t'es un vrai macho, ai-je lancé au moment d'atterrir dans Central Park.

Fang semblait exténué. Il était moite de sueur et pâle, mais il avait volé tout du long sans jamais se plaindre.

— Tu l'as dit, bouffi ! m'a-t-il répondu.

Il m'a décoché un regard soutenu qui voulait dire « Je n'ai pas oublié ce que tu as fait ». À savoir, l'embrasser.

J'ai piqué un fard, incroyablement gênée. Je n'avais pas fini d'en entendre parler.

— Tu es sûr que ça va, Fang ? a interrogé Nudge, une note inquiète, très touchante, dans la voix.

Nudge était folle de lui.

À le voir, on aurait pu croire qu'il était tombé d'une falaise. D'énormes bleus violacés rendaient son visage difforme, déjà éraflé sur les joues par les griffes d'Ari. Il se déplaçait par ailleurs avec difficulté et raideur.

— Ça va, ouais. Ça m'a fait du bien de voler. Ça m'a légèrement débloqué.

— Essayons de trouver une planque où l'on pourra crécher et pioncer un peu avant de faire une nouvelle tentative avec l'Institut, ai-je suggéré. Il faut qu'on sache maintenant. On ne peut plus reculer. Pas vrai ?

— Ouais, a dit Nudge. Faut y aller. Faut en finir. Je veux savoir pour ma mère. Et pis d'autres trucs. Je voudrais connaître le fin mot de l'histoire. Bonne ou mauvaise.

— Moi pareil, a fait Gazzy. Je veux trouver mes parents et leur dire ce que je pense d'eux. Quelque chose comme : « *Bonjour Maman, bonjour Papa, vous êtes vraiment des ordures, tous les deux.* »

Je décidai qu'il valait mieux rester sous terre pour plus de sécurité. Une fois dans la station de métro, on a sauté du quai et on a avancé rapidement le long des voies. Je reconnaissais l'endroit. En effet, après avoir marché quelques minutes, on est arrivés dans une énorme caverne, éclairée par des feux et peuplée de sans-abri et de marginaux. Ça faisait du bien d'être chez soi, surtout pour des rats d'égout comme nous.

— Eh ben, ça m'a l'air accueillant tout ça, a sorti Fang en se frottant les mains.

J'ai fait la moue tandis qu'on grimpait sur le rebord en béton. Mais au fond de moi, j'étais heureuse qu'il lui reste assez d'énergie pour faire preuve de sarcasme.

Lessivée par toutes ces émotions, j'ai brandi mon poing gauche pour notre fameux rituel d'avant coucher.

Juste après, Angel est venue se pelotonner contre moi. J'ai vérifié que tout le monde allait bien, en particulier Fang, et je me suis étendue, drapée dans mon désespoir de la tête aux pieds.

En plein milieu d'un feu d'artifice qui s'était déclaré dans mon cerveau endormi, j'ai émergé, mais sans ouvrir les yeux. Machinalement, j'ai tendu la main et elle s'est refermée sur le poignet de quelqu'un.

Toujours par réflexe, je me suis redressée et j'ai tordu le bras de l'intrus dans son dos tout en reprenant mes esprits.

— Du calme, la meuf ! a ordonné le propriétaire du bras, furieux.

Je me suis vite mise debout, à deux doigts de lui arracher le bras. J'aurais pu, vous savez, si j'avais voulu.

Fang s'est douloureusement levé pour me rejoindre, le regard alerte, mais le corps engourdi.

— T'es encore en train de faire foirer mon Mac, a fait le pirate informatique comme je le relâchais. La vache ! Qu'est-ce qui t'est arrivé ?

Il s'adressait à Fang.

— M'suis coupé en me rasant.

Le bidouilleur de service a froncé les sourcils tout en se frottant l'épaule, là où je lui avais fait mal.

— Pourquoi t'es revenue ? a-t-il interrogé, hors de lui. Tu fous en l'air mon disque dur.

— Montre.

Alors il m'a ouvert son ordinateur portable.

Sur l'écran passait tout ce que je voyais dans ma tête : des images, des mots, des photos, des plans, des équations mathématiques.

Le mec a pris une mine renfrognée, l'air plus perplexe, tout compte fait, qu'énervé.

— C'est *space*. Vous n'avez pas d'ordi avec vous.

— Non, a dit Fang. On n'a même pas de téléphone portable.

— Et un *Palm Pilot*[1] ? a repris le type.

— Non plus, ai-je répondu. On n'est pas franchement à la pointe de la technologie, tu vois.

C'est-à-dire que si on avait eu un mouchoir en papier sur nous, ç'aurait été ce qu'on appelle une réelle avancée.

— Une puce-mémoire peut-être ? a insisté le pirate.

Je me suis figée sur place. Mes yeux ont glissé vers Fang, presque malgré moi.

— Quelle sorte de puce-mémoire? lui ai-je demandé comme si de rien n'était ou presque.

— N'importe laquelle. N'importe quelle puce qui aurait des données susceptibles d'interférer avec mon disque dur.

— À supposer qu'on ait une puce, ai-je interrogé prudemment, est-ce que tu pourrais la lire ?

— Si je savais ce que c'est, peut-être. Qu'est-ce que vous avez ?

— C'est une petite puce carrée, lui ai-je expliqué sans le regarder.

— Petite comme ça ?

Il tenait son pouce et son index à cinq centimètres l'un de l'autre environ.

— Plus petite.

Ses doigts étaient à présent à un centimètre de distance.

— Tu as une puce-mémoire de cette taille-là ?

J'ai hoché la tête.

1. Ordinateur de poche.

— Où ça ? Fais voir.

J'ai pris une grande inspiration.

— Elle est à l'intérieur, là. On me l'a implantée. Je l'ai vue sur une radio.

Il m'a observée, médusé. Il a tourné son portable vers lui et l'a refermé.

— Tu as une puce petite comme ça sous la peau, a-t-il voulu vérifier.

À nouveau, j'ai hoché la tête. Visiblement, ça avait l'air pire que d'avoir des poux.

Il a fait quelques pas en arrière.

— Ça, c'est pas une très bonne nouvelle, a-t-il dit lentement, comme si j'étais débile. Une puce de cette taille, ça pourrait être la NSA[1]. Faut pas déconner avec ces trucs-là. M'approchez pas, compris ? Je ne veux pas d'ennuis, moi. En moins de deux, je vais les avoir aux basques. (Il s'est enfoncé dans la pénombre, les mains en l'air comme pour repousser l'ennemi.) Je les déteste ! Je les déteste !

Il a disparu dans les entrailles souterraines des tunnels.

— *Ciao*, ai-je soufflé. J'aimerais pas être à ta place.

Fang m'a jeté un regard courroucé.

— T'es vraiment pas sortable !

J'aurais tellement voulu qu'il ne soit pas cassé pour pouvoir lui flanquer un grand coup.

1. *National Security Agency*, agence qui regroupe des organismes gouvernementaux chargés de la collecte et de l'analyse de tout type d'informations transmises par radiodiffusion, Internet ou autre.

120

On a essayé de dormir un peu. Ce qui, dans notre cas, n'était pas du luxe ! Je me suis assoupie. C'est-à-dire que je ne dormais pas, ça, c'était sûr. Mais je n'étais pas franchement ce qu'on peut appeler – réveillée non plus.

J'avais comme qui dirait été aspirée dans une autre dimension. Là, je sentais mon corps, enfin... à peu près... Je savais où j'étais... mais je ne pouvais ni bouger, ni parler. J'avais l'impression d'être dans un film. J'en étais l'héroïne et je pouvais le voir se dérouler tout autour de moi. Je descendais un tunnel sombre. À moins que ce ne soit le tunnel qui glissait de chaque côté de moi, tandis que je ne bougeais pas. Il y avait des métros dans les deux sens, qui me passaient à côté.

Je réfléchissais en même temps. *Un tunnel de métro. Oui, et alors ?*

Ensuite, j'ai vu une station, celle de la Trente-et-Unième Rue. Le bâtiment de l'Institut était sur cette rue-là. Dans mon rêve de métro à demi éveillé j'ai aperçu, vaguement dissimulée dans la pénombre, une grille rouillée et crasseuse. Je me suis regardée soulever la grille sous laquelle une eau croupie, brune glougloutait. Pouah ! C'était les égouts qui passaient sous la ville.

Youhouuuuuuuuuu.

Le pied de l'arc-en-ciel...

Bien joué, Max, a fait ma Voix.

J'ai ouvert grand les yeux. Fang m'observait avec inquiétude.

— Quoi encore ?

— Je sais ce qu'il faut qu'on fasse, lui ai-je annoncé. Réveille les autres.

121

— Par ici, ai-je lancé, tandis que je cheminais dans les tunnels obscurs.

C'était comme si un plan détaillé avait été imprimé sur mes rétines, lequel, plaqué sur la réalité de notre monde, m'indiquait par où aller. Si on m'avait dit que cet effet de carte devait rester là pour toujours, je serais devenue folle. Mais à ce moment-là, c'était rudement utile.

Il y a autre chose que je devrais dire… J'avais une de ces trouilles. La pire de toute ma vie. Et j'ignorais pourquoi. Peut-être que la réalité me faisait peur. J'avais également un mal de tête lancinant, ce qui me rendait plus dingue encore. Est-ce que j'approchais de ma date d'expiration ? Allais-je mourir ? Allais-je simplement tomber raide morte, emportée loin du monde et de mes amis ?

— C'est la Voix qui t'a parlé de ça, Max ? m'a demandé Nudge d'un coup de coude.

— Si on veut.

— Génial ! a fait Iggy dans sa barbe, mais je l'ai ignoré.

Chaque pas nous rapprochait un peu plus de l'Institut, je le sentais. On était enfin sur le point d'avoir des réponses à nos questions, mais peut-être aussi de mener le combat le plus violent de toute notre vie. Pourtant, notre curiosité était plus forte que tout. On mourait d'envie de savoir qui on était, qui nous avait enlevés à nos parents, qui nous avait greffé de l'ADN aviaire, et pourquoi. J'évitais délibérément la question de mes parents. Je n'étais vraiment pas sûre de supporter la vérité. Mais tout, en moi, brûlait d'impatience d'avoir les autres réponses. Je voulais des noms. Je voulais savoir qui était derrière tout ça, comment ils s'appelaient et où ils habitaient.

— Bon, c'est ici que le tunnel se sépare, ai-je fait. Nous, on prend celui sans rail.

Angel, qui s'en remettait entièrement à moi, avait mis sa petite main dans la mienne. Le Gasman était toujours groggy. Il n'avait pas assez dormi. Iggy avait passé un doigt dans la boucle de ceinture de Fang.

On cherchait une grille rouillée dans le sol. Dans mon rêve, elle était située à l'intersection de deux tunnels, donc elle aurait dû être là. Mais non. Je ne la voyais pas. Je me suis arrêtée et les autres, derrière, ont fait de même.

— Elle devrait être là, ce n'est pas possible autrement, ai-je soufflé, scrutant l'obscurité.

Ne pense pas comme ça, Max, à ce qui devrait ou ne devrait pas être là. Réfléchis à ce qui est *là.*

J'ai serré les dents. *Ça te tuerait de me dire les choses clairement pour une fois ?* Pouvait-on passer à autre chose qu'au « mode devinette » ?

Soit. Qu'y avait-il donc là ? J'ai fermé les yeux pour mieux sentir où j'étais et m'imprégner au maximum de toutes les sensations qui surgiraient. J'avais clairement l'air cruche.

Après, j'ai recommencé à avancer en gardant les yeux fermés. J'espérais *sentir* la direction dans laquelle aller. Instinctivement, j'ai senti qu'il fallait m'arrêter. Ce que j'ai fait. Et puis j'ai baissé les yeux.

Là, juste à mes pieds, j'apercevais le vague contour d'une grande grille couverte de rouille.

Eh ben ! Plutôt douée, ma fille ! me suis-je dit, avant de faire « Par ici » aux autres.

On n'a eu aucun mal à soulever la grille parce que ses boulons se sont désintégrés en une poudre de rouille au moment où Fang, Iggy et moi avons tiré. Une fois délogée, on a placé la grille à l'écart.

Dessous, une bouche d'égout s'enfonçait. Sur l'un des côtés, il y avait une série de poignées en forme de U rouillées. Je me suis assise sur le bord et j'ai commencé ma descente dans les égouts de New York.

Vous parlez d'une destinée.

Le moment était finalement venu de poser une question à la Voix. UNE question ! *Vais-je mourir ? Est-ce que c'est ça, le fin mot de l'histoire ?*

Un ange est passé. Ça a duré longtemps, très longtemps. Dans le genre insupportablement longtemps.

Pour finir, la Voix s'est décidée à répondre. *Oui, Max, tu vas mourir en effet. Comme tout le monde.*

Merci, Confucius.

122

Au risque de vous surprendre, laissez-moi vous dire que les égouts d'une bourgade de huit millions d'habitants ne sont pas aussi agréables qu'on pourrait l'imaginer. Un par un, on est descendus en s'aidant des poignées jusqu'à ce qu'on arrive sur un rebord carrelé et crasseux de soixante centimètres de large environ. Sous nos pieds, le tunnel dessinait une courbe sur quatre ou cinq mètres. Un courant rapide d'eaux usées passait sous le rebord.

— 'Eurk, a lâché Nudge. Dégueulasse ! Quand on sortira d'ici, je veux qu'on m'asperge de désinfectant.

Angel a fourré Céleste dans son T-shirt.

— Max ? a interrogé le Gasman. C'est quoi ça... ? Des rats ?

Charmant.

— Oui. Soit des rats, soit des souris bourrées de stéroïdes.

Je parlais sèchement tout en faisant mon possible pour ne pas hurler ou grimper aux murs comme une gamine peureuse.

— La vache, a fait Iggy, l'air dégoûté. Ils ne seraient pas mieux dans un parc à gambader ?

Devant nous, les tunnels en forme de croix partaient dans quatre directions différentes. Après un moment d'hésitation, j'ai pris à gauche. Quelques minutes plus tard, je me suis arrêtée, n'ayant aucune, mais aucune idée d'où aller ensuite.

Coucou, la Voix ? ai-je pensé. *Un petit coup de pouce, ce ne serait pas de refus, là.*

Je ne me faisais pas d'illusion quant à une réponse, mais au cas où, je m'attendais à un truc du style : *Si un arbre tombe dans une forêt, est-ce qu'il...*

J'ai baissé les yeux, retenant soudain ma respiration, si vite que je faillis m'étouffer. J'étais debout, sur une plateforme translucide, sans équilibre, les jambes en coton et la peur au ventre. Je voyais mon reflet, une Max effrayée, et celui de mes amis, stupéfaits. Lorsque Fang a tendu le bras pour attraper celui de l'autre Max, celle du reflet, je l'ai senti, mais c'était comme s'il n'y avait plus personne avec moi.

Quand finiras-tu par me faire confiance, Max ? a lancé la Voix. *Quand finiras-tu par avoir confiance en toi ?*

— Le jour où j'arrêterai de croire que je suis cinglée, peut-être.

J'ai dégluti un bon coup en tentant de m'agripper à quelque chose. Timidement, j'ai jeté un nouveau coup d'œil en bas à la surface translucide. Sous mon regard se profilaient de légères lignes lumineuses qui balisaient le chemin, à l'endroit où nous étions déjà passés. Puis les lignes s'enfonçaient dans les tunnels, comme si des flèches en néon avaient indiqué « Par ici ».

Très vite, j'ai levé les yeux en l'air, mais tout ce que j'ai vu, c'était la voûte carrelée jaunâtre couverte de crasse et de moisissure. Pas de plafond en verre. Fang me tenait toujours par le bras et me regardait avec insistance.

Je lui ai souri, gênée.

— Tu dois en avoir ras le bol de toujours t'inquiéter quand tu poses les yeux sur moi.

— C'est clair que ça commence à me fatiguer, m'a-t-il fait. C'est quoi, cette fois ?

— Je préfère ne pas t'expliquer, lui ai-je répondu tandis que j'essuyais la sueur moite qui perlait sur mon front. Tu risquerais de me faire interner.

Je l'ai contourné avec précaution et j'ai rouvert la marche aux autres. Certaines parties du tunnel étaient faiblement éclairées par des grilles ouvertes. Mais à d'autres endroits, tout n'était qu'obscurité lugubre. Pourtant, à aucun moment je ne me sentais perdue ou dans le doute. Au bout de ce qui me parut des kilomètres, je me suis arrêtée une nouvelle fois. Une intuition. Ou un truc de feng-shui *maybe*. Ah, ah !

Debout, le regard perdu dans le noir, appliquée, comme les autres, à rester à distance de nos petits copains les rats, j'ai compris ce qu'on faisait là.

Presque entièrement dissimulée dans un mur crado des égouts, je pouvais distinguer une porte métallique grise.

— On y est, les amis, leur ai-je appris. On a réussi.

123

Pas la peine de vous exciter. La porte, évidemment, était fermée.

— OK, ai-je fait calmement. Si l'un d'entre vous est capable d'ouvrir les serrures avec sa tête, qu'il lève la main maintenant.

Personne ne bougea.

— Bon. Iggy, ce sera toi alors.

Je suis allée le chercher pour l'approcher de la porte. Il a passé ses doigts délicats sur celle-ci, le long de ses bords quasi imperceptibles et autour du trou de serrure. Comme si quelqu'un allait se ramener avec la clé !

— D'accord, a fait Iggy dans sa barbe avant de sortir son petit kit de crochetage de serrure de sa poche, comme prévu.

Oui, je m'y attendais même si je le lui avais *définiti-*

vement confisqué deux mois plus tôt seulement, après avoir découvert qu'il avait crocheté la porte de mon placard à la maison.

La maison. Surtout ne pas y penser. *Tu n'as plus de toit. Tu es SDF.*

Iggy a pris son temps avant de choisir un outil et de changer aussitôt d'avis en faveur d'un autre. Angel se balançait d'un pied sur l'autre, l'œil fixé nerveusement sur les rats qui, curieux, s'amassaient autour de nous. De quoi vous filer la chair de poule, ces bestioles.

— Ils vont nous mordre, a-t-elle murmuré en serrant ma main très fort. (Elle donnait de petites tapes affectueuses à Céleste à travers son T-shirt crasseux.) J'arrive à lire dans leurs pensées aussi.

— Non, ma puce, lui ai-je répondu tendrement. Ils ont juste peur de nous. Ils n'ont jamais vu de créatures si gigantesques et... si moches. C'est pour ça qu'ils veulent nous observer de plus près.

Elle m'a gratifiée d'un mini sourire.

— Ah, c'est ça ! Ils nous trouvent moches.

Ça a pris trois minutes à Iggy – un record personnel, comparé aux quatre minutes et demie qu'il avait mises à faire sauter les trois serrures de mon placard.

Iggy, Fang et moi, on a saisi l'arête de la porte avec nos ongles et on a tiré car il n'y avait pas de poignée. Doucement, touuuuuuut doucement, l'immense porte qui pesait une tonne s'est ouverte dans un grincement.

Derrière, on a découvert un escalier, plongé dans la pénombre, qui paraissait s'étendre à l'infini. Bien sûr, il descendait. Bien sûr...

— Génial, il ne manquait plus que *ça*, a grogné Fang entre ses dents. Un escalier qui nous mène tout droit dans les profondeurs du Mal.

— Pfffffffffff, a fait Iggy, pas franchement excité. Toi d'abord, Max.

J'ai posé le pied sur la première marche.

Je dois te laisser là, Max, a fait ma Voix. *Tu es en solo à présent. À bientôt.*

124

Mon mal de tête m'avait reprise, plus fort qu'avant.

— Allez, on avance. Il ne faut pas flancher maintenant, j'ai lancé par-dessus mon épaule.

Contrairement aux égouts où des lumières, au loin, nous avaient éclairés, il faisait nuit noire dans cet escalier. Heureusement, on voyait tous plutôt bien dans le noir. Surtout Iggy...

On aurait dit un escalier sans fin. En outre, il était dépourvu de rampe où s'accrocher. Je suppose que le type qui a construit ça – quel qu'il soit – s'en tamponnait, de la sécurité.

— Tu sais ce que tu fais ? a interrogé Fang.

— On est presque arrivés, ai-je expliqué tout en m'enfonçant un peu plus avant dans l'obscurité. Bientôt, on aura nos réponses.

— C'est ta Voix qui nous a dit de faire ça, pas vrai ? m'a-t-il sorti.

J'étais sur mes gardes.

— Ouais. La Voix a été plutôt réglo jusqu'ici, hein ?

On touchait enfin au but.

— Nous y voilà, ai-je annoncé, au bas de l'escalier, le cœur battant.

— Il y a un mur devant, a prévenu Iggy.

À tâtons, j'ai senti, un mur, à un mètre ou deux, puis une porte, puis une poignée.

— On va avoir besoin de toi, Iggy.

J'ai tourné la poignée, juste pour voir, et hop ! la porte a bougé lentement, en silence.

On ne disait pas un mot. Par la porte ouverte, s'est échappé un courant d'air pur et frais, qui nous a enveloppés de son parfum. Après la véritable infection qui régnait dans les égouts, c'était assez hallucinant.

L'âme d'une Alice au pays des merveilles dans le terrier du lapin, j'ai fait un pas en avant et j'ai senti mes chaussures pleines de crasse s'enfoncer dans une moquette épaisse. Oui, oui, une moquette.

À la lueur d'une faible lumière, j'ai pu distinguer une autre porte que j'ai poussée, au bord du pétage de plombs.

C'était trop beau pour être vrai. Trop facile... Dans le style « facile qui sent pas bon ».

La seconde porte passée, on a pris le temps d'observer la pièce en détail.

On était dans un labo, le même que ceux de l'École, à des milliers de kilomètres de là, en Californie.

— Voilà. L'Institut, ai-je déclaré.

— Hum, et c'est une bonne ou une mauvaise nouvelle ? a demandé Gazzy.

125

— Nom de [Insérez le gros mot de votre choix ici], a lâché Fang, abasourdi.

— Tu l'as dit ! ai-je acquiescé.

Une forêt d'ordinateurs, tous plus hauts que nous, s'élevait dans la pièce, au milieu de tables couvertes de matériel de labo dernier cri. Des diagrammes – que j'avais déjà vus, pour la plupart, pendant mes crises – remplissaient des tableaux blancs. Les machines, en mode veille, ronronnaient.

On s'est avancés entre les tables, l'œil vif pour ne pas en perdre une miette, mais les jambes molles dans nos bottes. Je savais que le bâtiment était plein d'Erasers. Je pouvais les sentir.

Soudain, j'ai aperçu un ordinateur allumé dont l'écran lumineux révélait les données qu'il était en train de traiter. Le moment était peut-être venu... Notre chance de découvrir la vérité sur notre passé, nos parents et tout le toutim.

— Bon, ai-je fait d'une voix calme. Séparez-vous, restez vigilants et couvrez-moi. Je rigole pas ! Je vais essayer de m'introduire dans le système.

Je suis montée sur le tabouret en face de l'espèce de paillasse et j'ai mis la main sur la souris.

Mot de passe ?

Fang a grimacé en m'entendant faire craquer mes jointures. Voyons voir... j'avais le choix entre un million de codes. De quoi s'arracher les cheveux.

J'ai tapé un premier mot de passe.

Je vous épargne la longue listc de tous les codes d'accès que l'ordi a rejetés. Je m'estimais plutôt heureuse de ne pas me faire éjecter après trois mauvais essais. Toujours est-il que ni « École », « Batchelder », « Mère », « Eraser », « Volée », ni un grand nombre d'autres n'ont marché.

— Ça ne sert à rien, ai-je sorti, à bout de nerfs.

Nudge est venue se poster près de moi.

— C'est quoi le problème, Max ?

— De qui on se fout, là ? J'ai zéro chance de trouver le mot de passe. On a fait tout ce chemin pour rien. Je suis vraiment trop nulle ! J'en ai marre !

Nudge s'est penchée et elle a mis un doigt sur l'écran pour le faire pivoter et pouvoir lire ce qu'il y avait dessus. Ses lèvres bougeaient sans bruit, au fur et à mesure qu'elle lisait. J'avais envie de la repousser, mais elle n'avait pas mérité que je sois méchante gratuitement.

Pour finir, elle a fermé les yeux.

— Nudge ? l'ai-je interpellée.

Elle avait étalé sa main sur l'écran, comme pour en absorber la chaleur.

— Youhou ? Qu'est-ce tu fabriques ?

Elle m'a glissé, presque au creux de l'oreille :

— Hum... essaie *X* majuscule, *j* minuscule, *n* minuscule, *P* majuscule, le chiffre sept, *O* majuscule, *H* majuscule, *j* minuscule et le chiffre quatre.

J'avais le regard accroché à elle, tandis que Fang avait le sien posé sur nous, depuis l'autre côté de la pièce. J'ai jeté un œil dans sa direction.

Très vite, pour ne pas oublier ce que Nudge m'avait dit, j'ai entré les lettres et les chiffres qui apparaissaient sous forme de petits points noirs dans le rectangle réservé au mot de passe.

J'ai appuyé sur la touche *Entrée* et l'ordinateur s'est subitement réveillé dans un grand ronron. Une colonne d'icônes s'est affichée à gauche de l'écran.

On avait réussi à entrer.

126

Je ne quittais pas Nudge des yeux, attendant qu'elle rouvre les siens. Après un moment, elle m'a demandé « Ça a marché ? », un grand sourire aux lèvres.

— Ouais, ai-je répondu, incrédule. Comment t'as fait ?

— C'est l'ordinateur, a-t-elle expliqué, apparemment toute contente. Quand je l'ai touché. (Elle a remis la main dessus.) Je peux voir la personne qui travaille ici. C'est une femme. Elle a les cheveux roux, frisés. Elle boit des litres de café. Je la vois entrer son mot de passe. Je le sens dans ma tête.

— Ouah ! Essaie de toucher autre chose, lui ai-je proposé.

Nudge a posé sa main sur une chaise, juste à côté. Elle a fermé les yeux et, au bout d'un moment, elle a souri.

— C'est un mec qui est assis à cette place. Il a la boule à zéro et il se ronge les ongles. Il est rentré chez lui tôt, hier. (En rouvrant les yeux, elle m'a regardée, l'air ravi.) J'ai un nouveau don ! C'est sensas' !

— Tant mieux pour toi, Nudge, ai-je reconnu. Tu nous as sauvé la vie, là.

J'ai essayé de me concentrer malgré la nouvelle stupéfiante du don de Nudge et j'ai parcouru les icônes. Dans la barre de menu, j'ai cliqué sur *Rechercher*. J'ai entré les mots « aviaire », « École », « génétique »...

Et là... wahou... une liste de documents a rempli l'écran.

Mes doigts couraient sur le clavier. Je cherchais des noms, des dates, n'importe quoi qui puisse nous permettre d'établir des liens entre les choses.

Origines. Ça semblait prometteur, alors j'ai cliqué sur le fichier. Je passais les lignes de texte en revue quand, brusquement, je me suis arrêtée, bouche bée, sous le choc.

Sur l'écran figuraient *nos* noms, le nom d'hôpitaux, le nom de villes et... ce qui ressemblait au nom de nos parents. Après, j'ai vu des photos qui semblaient aller de pair avec les noms. S'agissait-il de nos parents ? Oui, c'était forcément eux. Forcément. Oh, la vache ! Enfin la réponse à nos questions.

J'ai cliqué sur *Imprimer* et l'imprimante s'est instantanément mise à cracher des feuilles.

— Qu'est-ce que tu fais ?

Fang s'approchait de moi.

— Je crois que j'ai trouvé quelque chose, ai-je expliqué, hors d'haleine. (Mais je me doutais bien qu'on n'avait pas le temps de lire toutes ces pages sur place.) Je finis d'imprimer et on se tire d'ici. Commence à rassembler les autres. Je prenais les feuilles au fur et à mesure qu'elles sortaient de l'imprimante pour les plier et les fourrer dans mes poches. Je ne savais pas combien il y en avait au juste, mais l'imprimante a fini par s'arrêter après quelques instants. Je mourrais d'envie de tout raconter aux autres. Au lieu de ça, je me suis retenue en me mordant l'intérieur de la joue jusqu'à ce que ça fasse mal. Vous comprenez, maintenant, pourquoi c'est moi le chef ?

— Allez ! ai-je pressé les autres. En route ! On dégage !

— Euh... attends une seconde, Max, a fait le Gasman avec un drôle d'air. Vachement drôle.

127

Le Gasman se tenait près d'une bande de tissu, qui pendait le long d'un mur. Dévoré par sa légendaire curiosité, il avait écarté le rideau. À petits pas, on s'est tous avancés vers lui, les yeux comme des soucoupes.

Alors que j'étais à moins d'un mètre de Gazzy, mon cœur a fait un bond dans ma poitrine. J'ai plaqué ma main sur ma bouche pour ne pas crier. Angel, elle, n'a pas pu s'en empêcher, mais Fang lui a collé une main sur les lèvres.

Le rideau cachait une porte en verre. OK, jusque-là, pas de quoi fouetter un chat.

Mais de l'autre côté se trouvait un autre labo, avec des postes de travail, des ordinateurs et... des cages.

Des cages dans lesquelles reposaient des silhouettes de la taille d'enfants.

Il y en avait des dizaines.
Des dizaines et des dizaines de mutants.
Exactement comme nous.

128

Je n'arrivais pas à parler. Je parcourais la séparation en verre des yeux quand, tout à coup, j'ai repéré un petit carré. Je me suis placée devant et, avec mon irrésistible impulsivité, j'ai appuyé dessus.

La porte a coulissé et l'on s'est glissés de l'autre côté sur la pointe des pieds, les nerfs en pelote.

Comme prévu, des petits mutants dormaient dans des cages et de grandes niches. Ça m'a rappelé des souvenirs d'enfance horribles qui m'ont tordu le bide. J'étais au bord de la crise de nerfs. L'espace d'un instant, j'ai même oublié ma migraine, mais elle a fini par reprendre de plus belle. Mon cerveau me donnait le sentiment d'être au bord de l'implosion.

Je suis allée près d'Angel qui considérait avec tristesse l'intérieur d'une cage. Parmi les centaines d'expériences génétiques menées à terme, nous étions les seuls, avec les Erasers, à avoir survécu. En tout cas, pour autant qu'on sache. Les deux petites créatures couchées au sol, dans leur cage, étaient de grossières erreurs qui n'en avaient plus pour longtemps, ça semblait évident. Certains avaient les organes vitaux – reins, intestins et cœur – qui pendaient à l'extérieur. Les pauvres ! Quel enfer !

— C'est pitoyable, a lâché Fang à demi-mot en voyant un grand chat, un serval ou peut-être un chat-tigre. Je n'avais encore jamais vu de véritable animal dans les labos. Tandis que je me demandais ce qu'il faisait là, il s'est réveillé, les paupières battantes, apparemment toujours endormi, s'est retourné et il s'est rassoupi immédiatement.

Gloups. Le chat avait des yeux *humains*. Et en examinant ses pattes de plus près, j'ai vu des doigts d'homme sous les griffes rétractiles. Bienvenue au musée des horreurs.

Lorsque j'ai détourné les yeux, j'ai aperçu Angel qui lisait la carte d'une autre petite cage. Son occupant, un truc qui ressemblait à un chien, avait l'air de courir dans son sommeil.

— Salut le chien, a murmuré Angel. Salut ! Tu ressembles à Toto, le chien de Dorothée dans *Le Magicien d'Oz*.

J'ai rejoint Nudge, postée avec raideur devant une cage. J'ai regardé ce qu'il y avait dedans.

Cette créature-là avait des ailes.

J'ai cherché Fang du regard et il est venu voir. Face à l'enfant-oiseau, il a poussé un soupir et secoué la tête. Mais, dans ses yeux, je pouvais lire la tristesse. La tendresse aussi. J'avais envie de prendre Fang dans mes bras. Ce que je n'ai pas fait, évidemment.

— Tu sais bien qu'on ne peut pas *tous* les sauver, m'a-t-il fait d'une voix douce.

— Je suis censée sauver le monde, tu te rappelles ? Et je vais commencer par eux.

Et voilà, Max, a soudain fait la Voix. *C'est la différence entre Fang et toi.*

Ne t'avise pas de dire du mal de Fang, toi ! ai-je pensé. *Il a souvent raison. D'ailleurs, il a sûrement encore raison sur ce coup-là.*

Que vaut-il mieux ? Avoir raison ou faire ce qui est bon et juste ? C'est l'une des plus dures leçons.

Bon, bref. Tu m'excuseras, je n'ai pas que ça à faire pour l'instant.

— Ouvre les cages, ai-je intimé tout bas à Iggy qui a fait la même chose avec le Gasman, etc.

J'ai secoué la créature de la cage que je venais d'ouvrir pour la réveiller.

— Prépare-toi à courir, l'ai-je prévenue à mi-voix. On va te sortir d'ici.

La pauvre petite chose m'a regardée sans comprendre.

Plusieurs autres s'étaient réveillées et poussaient contre les barreaux de leur cage dans un concert de petits bruits absolument inédits. On a fait au plus vite pour ouvrir toutes les cages. Finalement, une fois presque tous libérés, les prisonniers sont restés debout, sans bouger, à scruter la porte du labo, l'air confus ou apeuré selon les cas.

Dans une des cages, il restait un enfant de grande taille, agrippé aux barreaux. Ses traits fins laissaient penser que c'était une fille. Elle avait des ailes... Je les distinguais, plaquées de chaque côté. Elle était plus âgée que les autres enfants-oiseaux.

Je me suis dépêchée d'ouvrir sa cage et j'ai fait un bond en arrière en entendant une voix.

— Qui êtes-vous ? Pourquoi vous faites ça ? a-t-elle chuchoté.

— Les enfants n'ont rien à faire dans des cages, ai-je répondu, avant d'ajouter, d'une voix grave : OK, tout le monde, on s'arrache.

129

— Par ici ! a lancé Nudge comme elle tentait de faire sortir le troupeau de mutants hors du labo. N'ayez pas peur.

— Au contraire ! Parce que j'entends des voix, a corrigé Iggy.

— Dépêchez !

J'avais le cœur qui battait la chamade. Mais qu'est-ce que je fabriquais ? Allais-je vraiment m'occuper de tous ces gosses ? J'avais déjà du mal avec ceux que j'avais.

J'y réfléchirais demain.

— Nudge ! Fang ! Angel ! ai-je hurlé. De-hors !

Ils sont passés devant moi en trombe, tout en pressant les autres. On s'est précipités par la première porte et on a traversé la pièce moquettée.

— Allez, on remonte les escaliers. Vite !

Je n'avais pas le quart du huitième de l'ouïe d'Iggy, mais je savais, je sentais que notre petite « fête libératrice » était sur le point d'être découverte. Et je savais aussi que ça allait mal se passer.

Prépare ton plan, Max. Réfléchis. Dépêche-toi.

Oui, la Voix. D'abord les marches et puis les égouts... Je poussais presque les autres pour qu'ils montent plus vite. Une, deux, une, deux... Mais l'un des gosses a subitement paniqué et s'est roulé en boule en pleurnichant. Je l'ai pris sous le bras en passant et j'ai continué à monter les marches deux par deux. Dans ma tête, je me représentais notre itinéraire.

Tout en haut, Fang a ouvert en grand la dernière porte, celle du tunnel où l'on s'est tous engouffrés à sa suite. On venait de passer de l'air frais et pur à une humidité poisseuse, chaude et fétide. Pouah ! Je fronçais le nez.

— Où est-ce qu'on est ? a interrogé la fille-oiseau que j'avais libérée.

Elle devait avoir dans les dix ans. C'était une des seuls qui parlait.

— Dans les égouts... d'une grande ville, ai-je dit en raccourci. Direction l'air pur et le soleil.

— *Pas* tout à fait, a sifflé Ari dans mon dos. D'abord, il faut qu'on cause, toi et moi, Maximum. En souvenir du bon vieux temps.

130

Pétrifiée moi-même, j'ai vu les yeux de la fille s'écarquiller de peur. *Connaissait-elle Ari ?* Délicatement, je lui ai tendu le petit mutant qui pleurait dans mes bras et je me suis retournée pour faire face à Ari.

— Te revoilà, toi ? Qu'est-ce que tu fous là ? Je croyais que Papa te gardait attaché avec une petite laisse.

Il a serré les poings autour de ses griffes.

Il fallait que je gagne du temps. Dans mon dos, je faisais signe aux autres de s'enfuir.

— Alors, Ari... Raconte ! Qu'est-ce qui s'est passé ? ai-je poursuivi pour capter son attention. Qui s'est occupé de toi quand Jeb s'est enfui avec nous ?

Ses yeux se sont écartés, ses canines allongées.

— Les blouses blanches. T'occupe ! J'étais en de

bonnes mains. Les meilleures qui soient. J'avais quelqu'un pour veiller sur *moi.*

J'ai froncé les sourcils...

— Ari, je me demandais... Est-ce Jeb qui a donné son accord pour qu'on te transforme en Eraser ou bien on t'a juste fait ça pendant qu'il n'était pas là ?

Le corps musclé d'Ari tremblait de rage

— Qu'est-ce que ça peut te foutre ? C'est vrai que toi, tu es parfaite. La parfaite recombinée. Et moi je ne suis personne, pas vrai ? Je suis juste le gosse qu'on a laissé derrière.

Malgré tout ce qui s'était passé et même si je lui aurais quand même volontiers filé un coup de pied dans les dents avec le sourire après ce qu'il avait fait à Fang, je n'ai pas pu m'empêcher d'avoir pitié de lui. C'était vrai ce qu'il disait... Dès qu'on avait eu quitté l'École, je n'avais plus jamais pensé à Ari. Je ne m'étais jamais posé la question de savoir pourquoi Jeb l'avait abandonné ou ce qui lui était arrivé.

— On t'a fait des choses terribles parce que Jeb n'était pas là pour te protéger, ai-je dit avec calme.

— Ferme-la ! a-t-il grogné. T'as rien compris. T'es bête comme tes pieds !

— Pas sûr. Je parie que quelqu'un a voulu savoir si un Eraser qui ne serait pas né comme ça vivrait plus longtemps que les autres, ai-je insisté. (Ari serrait et desserrait les poings nerveusement.) Tu avais trois ans quand ils t'ont greffé de l'ADN et ils ont fait de toi un Super Eraser. Pas vrai ?

Ari a fait un mouvement brusque vers l'avant, puis m'a envoyé un coup de patte. En dépit de mes très bons réflexes, je n'ai pas eu le temps d'éviter la gifle, qui m'a éjectée contre le mur crado du tunnel. Un truc qui ressemblait à du pus me collait à la joue.

Je retenais mon souffle, me préparais à l'idée de me prendre une solide raclée. Ce bon vieux Jeb, même s'il était clair, désormais, qu'il était dans le mauvais camp, nous avait enseigné l'art du combat de rue. Bien appréciable dans mon cas. Pas de combat loyal. Jamais. Ce n'est pas comme ça qu'on gagne. Tous les mauvais coups sont permis. Et il faut s'attendre à morfler, car si on se laisse surprendre par la douleur, on est mort.

Je me suis retournée vers Ari. Lentement.

— Si tu étais à l'école avec les gosses normaux, tu serais en CP, lui ai-je lancé, un goût de sang dans la bouche. Enfin... si Jeb t'avait protégé.

— Et toi, tu te serais fait lyncher parce que tu n'es qu'une sale mutante.

Plus la peine de prendre de gants, maintenant.

— Et toi bien sûr, tu es... ? Fais-toi une raison, Ari. Tu n'es pas seulement un grand gamin de sept ans poilu... Et tu ressembles bien plus à un mutant que moi. En plus, c'est la faute de ton père tout ça.

— Ta gueule ! a hurlé Ari, hors de lui.

C'était plus fort que moi. L'espace d'une seconde, j'avais été désolée pour lui.

Mais *une* seconde seulement.

— Tu vois, Ari, ai-je commencé sur le ton de la conversation juste au moment de lui envoyer un coup de pied circulaire.

Ça aurait suffi à défoncer la cage thoracique d'un homme ordinaire. Ari n'a presque pas bougé, lui.

Il a juste fait un demi-pas en arrière. Il m'a re-giflée et j'ai vu des petits oiseaux. Ensuite, il m'a enfoncé son poing dans le ventre. On aurait dit qu'un troupeau de bœufs venait de me passer dessus. Pas le genre de truc qui ferait du bien, hein ?

— T'es morte ! a rugi Ari. Et ce n'est pas une façon de parler.

Il s'est jeté sur moi, toutes griffes dehors et puis... il a glissé.

Sa botte a ripé sur le rebord visqueux du tunnel et il est tombé comme une masse sur le dos dans un grand bruit. Comme si tout l'air qu'il avait dans les poumons l'avait quitté tout à coup.

— Sors-les d'ici ! ai-je crié à Fang en tournant très légèrement la tête, avant de me laisser tomber de tout mon poids sur la poitrine d'Ari.

J'entendais mon cœur battre. Je sentais l'adrénaline serpenter dans mes veines et me changer peu à peu en une *Supergirl*. Je ne pouvais pas oublier le plaisir qu'avait pris Ari en blessant Fang sur la plage.

Ari me poussait et se débattait pour se mettre debout. Il soufflait comme un bœuf atteint de pneumonie. Je lui ai pris la tête à deux mains, le visage déformé par la colère.

Mais il a réussi à se dégager. Il était très rapide. Vraiment très rapide. Plus rapide que moi.

Il m'a flanqué un nouveau coup de poing. Je crois que j'ai entendu une côte se briser. Il allait me réduire en miettes si ça continuait. Pourquoi me détestait-il autant ? Qu'est-ce qu'on leur avait fait aux Erasers pour qu'ils nous haïssent à ce point ?

— Tu n'as pas idée, Maximum. C'est tellement bon de te voir souffrir. Je vais prendre touuuuuuuut mon temps.

Il me prenait pour son punching-ball maintenant. Et

je ne pouvais rien y faire. La douleur, sa force comme sa rage étaient inimaginables.

La seule raison pour laquelle j'étais toujours en vie, c'était qu'Ari continuait de glisser sur le sol crasseux du tunnel.

J'en ai profité, juste au moment où il a re-perdu l'équilibre. C'était une chance unique, une occasion à ne pas rater.

Je lui ai allongé un nouveau coup de pied, dans la gorge cette fois-ci. Un bon vieux coup de pied, bien fort.

Il a eu un haut-le-cœur et il a commencé une chute vers l'avant. Je me suis jetée sur lui, les mains sur sa tête et on est tombé ensemble, au ralenti. J'ai tenu bon, accrochée à lui tandis qu'il tombait de tout son long, en commençant par le derrière, le dos et, pour finir, la tête. Crac ! C'est le bruit qu'a fait son cou. Ça m'a retourné l'estomac. Ari m'a dévisagée, l'air aussi choqué que moi.

— Eh, mais tu m'as fait super mal ! (Je sentais l'âpreté dans sa voix, mêlée à la surprise.) Je ne te ferai jamais de mal, moi. Enfin, pas *comme ça*.

Au même moment, sa tête est retombée lourdement, son corps, tout entier, s'est affaissé, ses yeux se sont révulsés.

— Max ? (Iggy faisait son possible pour paraître calme.) C'était quoi ça ?

— Je... je... (J'étais assise sur la poitrine d'Ari, sa tête toujours dans mes mains.) Je crois que je lui ai brisé le cou.

J'ai avalé ma salive. J'avais envie de vomir tout d'un coup.

— Je crois qu'il est mort.

131

Des éclats de voix furieuses et des bruits de pas lourds sont remontés depuis la cage d'escalier jusqu'à nous.

Pas le temps de penser ni d'essayer de comprendre ce qui venait de se passer.

J'ai bondi sur mes pieds, abandonnant le corps d'Ari sans vie et j'ai pris Angel par la main. Elle a attrapé Iggy et on s'est mis à courir ensemble, suivis de près par Nudge et Gazzy. J'avais mal partout, mais je courais quand même comme une dératée – sans jeu de mots avec les rats. Aucun signe de Fang et des autres mutants qui étaient partis devant.

— On décolle ! ai-je crié en lâchant la main d'Angel qui s'est aussitôt élevée juste au-dessus des eaux d'égout.

Elle avait ouvert grand ses ailes qu'elle battait frénétiquement. Ses baskets ont touché l'eau, mais elle a réussi à remonter et elle s'est enfoncée dans le tunnel, ses petites ailes blanches clignotant dans l'obscurité ambiante. Le Gasman s'est envolé juste après elle, l'air effrayé et pâle, suivi d'Iggy.

Un terrible rugissement a soudain retenti.

— Mon fils !!!

L'écho du cri de souffrance de Jeb a résonné tout autour de moi, comme s'il avait rebondi sur chaque mur en pierre. J'avais du mal à respirer. Avais-je vraiment tué Ari ? Était-il mort à cause de *moi* ? Tout ça semblait si peu réel... Les égouts, les fichiers informatiques, les mutants... et maintenant Ari. Étais-je en train de rêver ?

Non. J'étais bien réveillée, c'était bien moi, cassée de partout, coincée dans une bouche d'égout.

Je me suis tournée vers Jeb, mon héros d'autrefois.

— Pourquoi tu fais ça ? me suis-je égosillée. À quoi ça rime, ce jeu ? Ce test ? Regarde ce que tu as fait.

Jeb me dévisageait. Je revoyais parfaitement l'époque où il avait été un père pour moi, le seul en qui j'avais eu confiance. Qui était-il vraiment à cette époque-là ? Et qui était-il à présent ?

Tout à coup, il a changé de ton, pour dire d'une voix presque douce :

— Max, tu veux des réponses aux mystères de la vie. Mais ce n'est pas comme ça que ça marche. Pour personne. Même pas pour toi. Je suis ton ami. Ne l'oublie jamais.

— C'est déjà fait ! ai-je hurlé avant de lui tourner le dos pour m'en aller.

» Prends à droite ! j'ai fait à Nudge en criant.

Elle a tout de suite viré à droite, s'enfonçant avec grâce dans un tunnel plus large.

Je volais derrière elle. Juste au moment où j'ai failli manquer mon virage et m'écraser contre le mur parce que j'avais tourné trop tard, j'ai entendu un dernier cri. Jeb avait rechangé de ton et s'était remis sur le mode colérique, le visage rouge pompier, comme je pouvais l'imaginer.

— Tu as tué ton propre frère !

132

Les affreuses paroles de Jeb résonnaient dans ma tête. Encore et encore. Mais le pire, c'était ce qu'elles signifiaient et les conséquences qu'elles avaient pour moi, plus terribles chaque fois que j'y pensais. *Tu as tué ton propre frère*. Comment était-ce possible ? Comment ? Fallait-il y croire ou bien cela faisait-il partie de toute cette mascarade ? De ce... test ? Mon test.

On a réussi – sans trop savoir comment – à remonter jusqu'à la rue. Fang nous y attendait. Je me sentais mal, comme si un poids lourd venait de me renverser, mais je me forçais à avancer. Je n'avais pas oublié ce que j'avais dans les poches. Tous ces noms, ces adresses, ces photos... de nos parents ?

— Où sont passés les autres gosses ? Les mutants ? ai-je interrogé Fang.

Il se passait tellement de choses à la fois. C'était difficile de suivre, parfois, mais on n'avait pas le choix.

— La fille avec les ailes les a emmenés. (Il a haussé les épaules.) Elle ne voulait pas rester avec nous. J'ai eu beau insister, elle a refusé. Ça te rappelle quelqu'un ?

Je lui ai fait signe de laisser tomber. Je n'avais plus envie d'en parler pour l'instant. Plus envie de parler tout court, d'ailleurs.

Je revoyais les yeux d'Ari se révulser, j'entendais encore son cou craquer.

— Avancez. Marchez sans vous arrêter, ai-je ordonné en boitant.

Ce n'est que deux minutes plus tard que je me suis rendu compte qu'Angel portait autre chose que Céleste dans ses bras.

— Angel ? (Je m'étais arrêtée en plein milieu du trottoir.) Qu'est-ce que c'est que ça ?

Un petit truc noir et poilu se tortillait sous son bras.

— C'est mon chien.

Elle a haussé le menton comme elle faisait toujours en cas de crise aiguë d'entêtement.

— Ton quoi ? a lâché Fang qui fixait l'« objet » en question.

On a fait un cercle autour d'Angel, quand soudainement, je me suis dit qu'on devait avoir l'air louche.

— Ne restons pas ici, ai-je marmonné. Mais Angel, cette conversation est loin d'être terminée.

À *Battery Park*, au niveau de la pointe de l'île, on a trouvé des espèces de gradins couverts et abandonnés, presque entièrement dissimulés derrière une forêt de rhododendrons et d'ifs. On s'est vite blottis en dessous, à l'abri, juste comme la pluie s'abattait sur la ville pour la laver un bon coup. J'étais vannée. Un vrai citron pressé, sans plus une goutte de jus.

— Bon, ai-je lancé en me redressant un peu. (Je faisais de mon mieux pour faire semblant d'avoir toujours la pêche.) Angel, raconte. Le chien.

— C'est mon chien, a-t-elle simplement annoncé. (Elle parlait avec fermeté, sans me regarder.) Je l'ai trouvé à l'Institut.

Fang m'a jeté un regard qui, en gros, voulait dire : Si tu la laisses garder ce chien, je te tue.

— Angel, on ne peut pas se permettre d'avoir un chien, ai-je dit, avec sévérité.

Le chien s'est dégagé en se trémoussant et il s'est assis à côté d'elle. À première vue, il semblait normal. Il me scrutait avec ses yeux noirs et brillants, me souriait avec son air sympa. Il remuait son petit bout de queue et reniflait avidement, trop content de découvrir ce festival d'odeurs nouvelles.

Angel a attiré le chien contre elle, tandis que le Gasman s'approchait pour pouvoir l'examiner.

— En plus, tu as déjà Céleste, ai-je souligné.

— J'adore Céleste, a reconnu Angel, pleine de sincérité. Mais je ne pouvais pas laisser Total là-bas.

— Total ? a relevé Iggy.

— C'était ce qu'il y avait d'écrit sur la carte accrochée à sa cage.

— Totalement mutant, oui. Vous allez voir que ce chien va nous attaquer par-derrière et nous tuer pendant qu'on dort, a averti Fang.

Le chien a légèrement penché la tête sur le côté. Il avait perdu son « sourire ». Mais, finalement, il s'est remis à agiter la queue. Pas rancunier pour deux sous.

Fang m'a décoché un nouveau regard : si je comprenais bien, c'était à moi de jouer les mauvais flics et de faire respecter la loi.

— Angel, ai-je repris sur un ton cajoleur. On a déjà du mal à se nourrir parfois. Et en plus, on est toujours en cavale. C'est dangereux ce qu'on fait. C'est assez difficile comme ça de s'occuper de nous.

Angel a serré les mâchoires, le regard fixe, sur ses baskets.

— C'est le meilleur chien de toute la terre et l'univers. Na !

J'ai dévisagé Fang en signe d'impuissance.

— Angel.

C'était son tour de prendre un air sévère. Elle a levé les yeux vers lui. Ses grands yeux bleus ressortaient au milieu de son visage sale, sans parler de ses fringues et ses nattes en bataille.

— Tu arrêtes de t'en occuper une fois, une seule, et c'est fini. *Ciao*, *bye-bye*. Compris ? a expliqué Fang.

Le visage d'Angel s'est illuminé. Elle s'est jetée dans ses bras, tandis que je le contemplais, bouche bée. Fang lui a rendu son étreinte et il a vu la tête que je faisais. Il a haussé les épaules et a laissé partir Angel.

— Elle m'a fait ses yeux de chien battu, a-t-il murmuré. Tu sais bien que je ne peux jamais résister.

— Total ! s'est écriée Angel. T'as le droit de rester !

Elle a pris la petite boule de poils noire frétillante contre elle, avant de se reculer pour mieux lui sourire. Total a laissé échapper un aboiement de joie et il a fait un bond.

Et là, il nous a sciés ! On avait le regard braqué sur lui, incrédules, la mâchoire pendante. Il avait presque touché le toit des gradins, situé à quelque cinq mètres du sol.

— Oh ! a lâché Angel au moment où Total atterrissait en s'écrasant par terre. Puis il a recommencé un saut, cette fois pour aller lécher le visage de sa maîtresse.

— Ouais... oh ! ai-je répété.

133

Le soir, on a fait un petit feu de camp au bord de l'eau dans un quartier de New York qui s'appelle *Staten Island*. On était tous en train de lécher nos plaies. Surtout moi qui en avais partout sur le corps. Mais ma passion pour ce que j'avais trouvé à l'Institut compensait la douleur.

— Bon. Tous sains et saufs. Et tous ensemble. (J'ai gonflé mes poumons, puis j'en ai laissé l'air sortir lentement, comme un ballon.) Il se pourrait qu'on n'ait pas seulement trouvé l'Institut mais aussi ce qu'on cherchait. Hé ! Écoutez : j'ai découvert des noms, des adresses et même des photos de gens qui sont peut-être nos parents.

La surprise, mêlée au choc et à la surexcitation, passait sur leur visage. Imaginez que vous ayez entre six et quatorze ans et vous n'ayez jamais entendu parler de vos parents avant ! Moi, je n'arrivais pas à imaginer.

— Qu'est-ce que t'attends ? a demandé Iggy. Allez ! Ouvre ! Et après, quelqu'un m'explique ce qu'il y a dedans, hein ?

J'étais portée par une sorte d'allégresse en ouvrant. Dans mes mains, je n'avais pas seulement les pages que j'avais imprimées à l'Institut, mais également les réponses aux secrets de nos vies, pas vrai ? Les autres se sont positionnés en cercle autour de moi, pliés en deux par-dessus mon épaule pour mieux voir ou occupés à lisser les pages sans faire couler l'encre.

— Max, qu'est-ce qu'il voulait dire Jeb... quand il a dit que tu avais tué ton frère ? a sorti Nudge de but en blanc. (C'était tout Nudge, ça ! Complètement dans sa bulle.) Ça veut pas dire qu'Ari était ton frère... si ? Alors vous étiez frère et sœur... Eurk, eurk, eurk, eurk...

J'ai levé la main en m'efforçant de ne pas laisser la cocotte exploser, après toutes ces émotions refoulées.

— Je n'en sais rien, Nudge, ai-je dit sur un ton calme, forcé. Je n'ai pas envie d'y penser pour l'instant. Je préfère qu'on lise ces pages. Tenez. Le premier qui trouve quelque chose d'intéressant, il crie. D'ac' ?

Je leur ai distribué les bouts de papier froissés.

— Et ton papa et ta maman, ils sont où ? a fanfaronné Gazzy.

134

Angel s'est mise à lire lentement, détachant chaque syllabe.

— Je n'y comprends rien, a-t-elle sorti au bout d'un moment.

Dix secondes en vérité.

D'emblée, le Gasman s'est redressé en criant :

— C'est moi, là ! C'est moi !

— Fais voir, Gazzy.

Il m'a tendu sa pile de feuilles que j'ai immédiatement étudiée. En effet, j'ai trouvé son nom : « F28246eff (le Gasman) ». Mon cœur a failli s'arrêter.

— Et il y a une adresse ! ai-je lancé en faisant glisser mon doigt le long de la page. En Virginie[1] !

— Moi aussi, j'ai une adresse sur ma page. Et des

1. État du sud-est des États-Unis.

noms, a raconté Fang. Et mon nom. *Oh !* Il y a même des photos !

— Montre ! Montre !

Tout le monde s'est ameuté autour de lui et, malgré le fait que Fang soit généralement le calme incarné, il tremblait d'excitation à ce moment-là. Comme nous tous, d'ailleurs. Personnellement, je tremblais comme une feuille. Comme si la température avait chuté de quarante degrés tout à coup.

Nudge pointait du doigt la photocopie que Fang avait dans la main. Sur celle-ci figurait la photo d'un homme et une femme d'une trentaine d'années environ.

— Il te ressemble, Fang. Et elle aussi. Ce sont tes parents ! C'est obligé !

Sa voix s'est étranglée sous le coup de l'émotion. On s'est tous mis à pleurer. Tous sauf Fang évidemment qui s'est contenté de marmonner :

— Peut-être bien que oui, peut-être bien que non.

Finalement, on s'est tous replongés dans la lecture de nos pages, à la recherche de nos parents. Personne ne pipait mot jusqu'au moment où...

— Ils sont là ! Ma mère et mon père ! s'est écrié Gazzy. 177, allée Cortlandt, à Alexandria, en Virginie ! Angel, regarde ! C'est eux là ! Incroyable ! C'est hallucinant ! Je leur ressemble ! Et toi aussi, Angel !

Angel a examiné la photo sans rien dire pendant un moment, et puis son visage s'est contracté et elle s'est mise à sangloter. Je l'ai instantanément prise dans mes bras pour la serrer et lui caresser les cheveux. Angel n'est pas du style à sangloter, alors lorsque je l'ai sentie trembler, ça m'a fait un pincement au cœur. Séquence émotion.

— Il y a aussi un ramassis de chiffres et d'autres trucs

incompréhensibles sur ces pages, a souligné Fang en me sortant de ma rêverie.

J'avais le même genre de choses sur mes pages.

— Pourquoi brouiller une partie des informations seulement ? Ça n'a pas de sens.

— Qu'est-ce qu'on s'en fout ! a lâché Gazzy, tout content. J'ai trouvé ma mère et mon père ! Youpiiiiiiiiiiiiiii ! Je retire ce que j'ai dit sur eux.

Fang, Gazzy et Angel avaient touché le gros lot, mais jusqu'à présent, ce n'était pas notre cas, à Iggy et à moi. Quant à Nudge, elle ignorait toujours si ses parents habitaient dans l'Ouest ou pas.

— Iggy ! Iggy ! Ta mère ! Oh... oooooh... Visiblement, ton père est décédé. Désolé... a raconté le Gasman. Mais ta mère est en vie et elle a l'air chouette.

Il s'est mis à la décrire tout haut.

La seule qui n'était pas comme les autres, sans parents répertoriés dans les fichiers de l'Institut – je vous le donne en le mille – c'était *moi*[1]. Moi, la fille de personne, de nulle part.

Je voudrais tout de même signaler que parce que je suis une fille bien, qui a un véritable esprit d'équipe, je ne me suis pas sentie exclue, le cœur brisé, en miettes, ni rien du tout... Bon, d'accord, je vais faire des efforts pour arrêter de mentir. Je me suis sentie comme ça et mille fois pire encore.

Mais j'ai gardé la tête haute et j'ai souri, poussé des « oh » et des « ah ». J'ai relu les infos, heureuse pour

1. En français dans le texte.

mes amis qui – il faut bien l'avouer – n'avaient pas franchement accumulé les moments de bonheur dans leur misérable vie, courte et bizarre et si dure.

Seulement, avec ma tendance quand-j'ai-quelque-chose-dans-la-tête-je-ne-l'ai-pas-ailleurs, je ne pouvais pas laisser passer quoi que ce soit.

— Mais pourquoi brouiller les autres infos ? ai-je fini par répéter.

Histoire de dire quelque chose et surtout de penser à autre chose.

— C'est peut-être parce que les blouses blanches voulaient qu'elles restent toujours secrètes, a lancé Fang avec sa voix caverneuse sortie tout droit de *La Quatrième Dimension*[1], celle qu'il prenait pour parler de choses extraordinairement bizarres... contrairement à celles qui n'étaient pas plus bizarres que d'habitude.

— Tu veux dire... qui finançait tout ça par exemple, ai-je dit en réfléchissant à haute voix, ou le nom des hôpitaux qui leur ont donné des bébés. Ou les scientifiques tarés qui les ont aidés. Les clés de l'Empire du Mal.

— Mille sabords ! a sorti Iggy, tout excité. Avec ces infos, on pourrait tout révéler sur eux. On pourrait envoyer ce qu'on sait à un journal. Et le type, là, avec sa casquette, il pourrait en faire un film... Vous savez... comme *Bowling for Columbine*[2].

Rien qu'à l'idée, j'avais le cœur à l'envers.

— Moi, je m'en fous de tout ça, a fait Nudge. Je veux juste trouver ma mère et mon père pour de bon.

---

1. Série de science-fiction américaine datant des années 1960.
2. Gazzy fait ici référence au célèbre documentaire de Michael Moore sur la violence et les armes aux États-Unis.

Hé ! Héééééééé ! Mais c'est moi là ! (Elle examinait les informations qui entouraient N88034gnh – Monique – en retenant son souffle.) Vous savez quoi ? (Ses yeux sautaient de page en page.) Toutes ces adresses sont en Virginie et dans le Maryland, à Washington. Toutes proches les unes des autres. En plus, Washington, c'est là qu'est le Gouvernement, nan ?

— Troooooop cool, a fait Iggy, visiblement déjà perdu dans sa rêverie éveillée. On commence par retrouver nos parents. C'est la grosse réunion. On se prend dans les bras, on s'embrasse et tout le monde est content. Après, on va détruire l'École et l'Institut et régler leur compte à tous ces fils de... je veux dire tous ces salauds qui nous ont foutus en l'air. Ce serait le top. On pourrait liquider tous ces enfoirés d'Erasers d'un seul coup. Et hop !

— Alors... qu'est-ce qu'on va faire ? a voulu savoir Gazzy, sur un ton soudain très grave. Pour de *vrai* ?

— Moi je ferai pareil que Max, a annoncé Angel. Et Céleste et Total aussi.

En entendant son nom, Total a frétillé de la queue et léché la main d'Angel. Quoi qu'on ait pu lui faire subir à l'Institut, il ne donnait pas du tout l'impression d'être revanchard. Il s'était mis à lécher Céleste...

Ce pauvre nounours avait mortellement besoin d'un bain. Tout comme nous. Mais au moins, nous étions sains et saufs et c'était ça l'important, me suis-je dit, en passant en revue les troupes. J'éprouvais de la reconnaissance à cette pensée.

— OK, on va à Washington, ai-je fini par décréter. Et on va tous prendre un bain. Et puis on cherchera nos parents. On a toutes les adresses, hein ?

— You-houuuuu ! a chanté le Gasman en frappant dans la main d'Iggy, qui ne s'y attendait pas.

Je les ai contemplés en souriant. Je les aimais tellement tous les cinq. Je voulais tant qu'ils soient heureux. Je pouvais bien faire ça pour eux. Même si en vérité, j'avais la sensation qu'un grand trou noir me dévorait de l'intérieur. Je venais de tuer quelqu'un. Mon propre frère, peut-être. Et maintenant, on allait découvrir l'histoire de notre passé ainsi que la raison pour laquelle on était ici. Finalement, je n'étais plus sûre de vouloir tout savoir. Notamment parce que je ne savais pas qui étaient mon père et ma mère.

Mais tout cela ne comptait pas tant que ça, vous ne trouvez pas ? Ces gosses, là, c'était eux ma famille. Je leur devais bien ça. Essayer d'exaucer leurs vœux.

Même s'il fallait que je meure pour y arriver.

Très tard, ce même soir, à moins que ce ne fût très tôt le lendemain matin, j'ai tenté de parler à la Voix. Peut-être bien que pour une fois, juste une fois, elle daignerait me répondre.

J'ai deux questions pour toi, ça marche ? Rien que deux. Bon, disons trois. T'écoutes ? Où sont mes parents ? Comment ça se fait que je sois la seule à ne pas avoir de dossier ? Pourquoi ai-je ces terribles migraines ? Et qui es-tu ? Es-tu un ennemi à l'intérieur de moi ? Ou bien mon ami ?

La Voix m'a répondu sur-le-champ : *D'abord, ça fait plus de trois questions, Max. Et parfois, c'est la façon dont tu vois les gens qui fait qu'ils sont pour toi des amis ou des ennemis. Mais si tu veux vraiment savoir, je me considère comme ton ami, un ami proche qui t'aime beaucoup. Il n'y a personne qui t'aime plus que moi, Max. Maintenant, écoute. C'est moi qui pose les ques-*

tions. Pas toi. Toi tu es là... La voix a laissé échapper un petit rire. *Pour la balade*[1], *pour être l'incroyable, l'indescriptible Maximum Ride.*

1. Jeu de mots, en anglais, avec « *ride* », la balade, la promenade, etc.

Épilogue

Il n'y a rien de meilleur au monde que de voler aux premières lueurs du jour, disons aux alentours de six heures.

Même à cinq mille mètres d'altitude, je parvenais toujours à distinguer la couleur des voitures qui avançaient comme des fourmis sur l'autoroute du New Jersey. Quel bonheur de pouvoir à nouveau tournoyer dans les airs, de déployer mes ailes en grand, de détendre mes muscles courbatus. On volait chacun de notre côté, dispersés, dans un ballet imprécis qui nous amenait dans le sillon de l'un puis de l'autre. On souriait sans raison particulière, juste heureux d'être réunis dans le ciel, loin au-dessus de la terre, de ses mystères, de nos blessures.

Total avait l'air d'apprécier le sifflet du vent dans sa

fourrure et l'altitude ne semblait pas encore le gêner pour respirer. Je sentais que les autres étaient excités à l'idée de retrouver leurs parents et je savais que je leur tiendrais la main tout le long du chemin, aussi long soit-il.

Fang m'a jeté un regard par-dessus l'épaule. Son visage semblait calme, impassible. Pourtant, je pouvais presque sentir les frissons d'impatience qui couraient sur ses plumes. Je lui ai décoché un sourire et il a eu des étincelles dans ses yeux sombres.

Fang. Il fallait que je réfléchisse un peu à lui.

Et à moi.

Une fois à Washington, ce serait ou bien génial, ou bien la cata. Iggy était persuadé que de retrouver ses parents lui assurerait la sécurité, la liberté et le bonheur pour l'éternité. Moi j'étais moins naïve.

Savoir, savoir est un redoutable fardeau, Max, a fait ma Voix. Un soupir m'a échappé. T'es toujours là, toi.

C'est une arme à double tranchant, a repris la Voix. *Ça peut t'aider comme ça peut te mettre plus en danger que tu ne l'as jamais été.*

C'est bon, j'avais pigé. Mais ce n'était pas ça qui allait m'en empêcher.

Max, ta mission dépasse le simple fait de trouver les parents de tes amis. Concentre-toi sur la façon d'aider le monde, pas juste ta famille.

J'ai stabilisé mes ailes et je me suis laissé porter pendant longtemps, très longtemps par un courant d'air chaud ascendant. C'était comme de flotter sur un nuage. La meilleure des sensations possibles et imaginables. Si seulement vous pouviez essayer avec moi. Une autre fois peut-être.

Tu sais, la Voix, ai-je finalement pensé. *Mon monde à moi, c'est justement ma famille.*

À suivre...

Composition MCP - Groupe JOUVE - 45770 Saran
N° 252470W

*Impression réalisée sur CAMERON par
BRODARD ET TAUPIN
La Flèche
en janvier 2008*

« Pour l'éditeur, le principe est d'utiliser des papiers composés de fibres naturelles, renouvelables, recyclables et fabriquées à partir de bois issus de forêts qui adoptent un système d'aménagement durable. En outre, l'éditeur attend de ses fournisseurs de papier qu'ils s'inscrivent dans une démarche de certification environnementale reconnue. »

N° d'impression : 44719
20.16.1435.5/01 – ISBN : 978-2-01-201435-0
Loi n° 49-956 du 16 juillet 1949 sur les publications destinées à la jeunesse.
Dépôt légal : février 2008